성격심리학 101

성격심리학 101

Gorkan Ahmetoglu, Tomas Chamorro-Premuzic 지음
정미경, 김동현 옮김

Σ 시그마프레스

성격심리학 101

발행일 | 2016년 12월 28일 1쇄 발행

지은이 | Gorkan Ahmetoglu, Tomas Chamorro-Premuzic
옮긴이 | 정미경, 김동현
발행인 | 강학경
발행처 | (주)시그마프레스
디자인 | 김은경
편집 | 이호선

등록번호 | 제10-2642호
주소 | 서울특별시 영등포구 양평로 22길 21 선유도코오롱디지털타워 A401~403호
전자우편 | sigma@spress.co.kr
홈페이지 | http://www.sigmapress.co.kr
전화 | (02)323-4845, (02)2062-5184~8
팩스 | (02)323-4197

ISBN | 978-89-6866-866-1

PERSONALITY 101
by Gorkan Ahmetoglu, Tomas Chamorro - Premuzic

＊ 책값은 책 뒤표지에 있습니다.

이 도서의 국립중앙도서관 출판시도서목록(CIP)은 서지정보유통지원시스템 홈페이지(http://seoji.nl.go.kr)와 국가자료공동목록시스템(http://www.nl.go.kr/kolisnet)에서 이용하실 수 있습니다.(CIP제어번호 : CIP2016031148)

역자 서문

누구나 자신에 대해서든 다른 사람에 대해서든 성격에 대해 관심이 많다. 그 관심만큼이나 성격이 우리의 삶에 깊숙이 관여하고 있다는 사실에 대해서도 잘 알고 있다. 성격에 관심을 가지고 있는 사람들은 이전과는 다르게 그동안 많이 접해 온 통속적인 심리학적 내용보다는 과학적인 연구 결과들을 근거로 한 성격에 대해 알기 원하고 그 안에서 답을 찾으려고 한다. 이런 면에서 이 책은 성격과 관련된 내용이나 이슈와 함께 최근 연구 결과를 조합하여 과학적이면서도 이해하기 쉽게 기술되었다. 특히 성격을 누구나 겪을 수 있는 생활의 현장과 연계하여 설명하고 있기에 실제적이고 공감이 가는 부분이 많다. 즉, 성격이 직업 선택에서 행복과 대인 관계 그리고 종교적·정치적 태도, 건강과 같은 영역에 이르기까지 우리의 삶에 어떤 영향을 미치는지를 설명하고 있다. 그래서 일까? 이 책을 번역하면서 나를 생각해 보게 되고 내 주위의 사람들을 생각해 보게 되고 내가 속해 있는 현장들을 생각해 보게 되면서 많은 상황과 사람들이 이해되기도 했다.

이밖에도 이 책은 다양한 현장에서 적용하고 있는 성격 검사와 관련된 논쟁들과 연구 방법론에 대한 설명 그리고 성격심리학이 나아갈 앞으로의 방향에 대해서도 서술하고 있다. 이렇듯 내용이 폭넓고 구체적이고 간결하기에 번역자들은 이 책은 단지 심리학을 공부하는 학생에 국한하는 것이 아닌 모든 분야의 전문가나 일반 대중들도 같이 볼 수 있는 전문 서적으로서 충분한 역할을 할 수 있다는 생각을 했고, 그렇게 해야 한다는 사명감에 많은 정성을 쏟았다.

이 책은 김동현(1부)과 정미경(2부와 3부)이 장을 나누어 번역하였으며, 저자들이 전달하고자 하는 내용들의 의미를 훼손시키지 않기 위해 원문에 충실하려고 노력하였다. 그럼에도 독자들이 이해하기 어려운 부분이 있다면 그것은 역자들의 미숙한 번역 탓임을 미리 말씀드린다.

이 책을 통해 인간 본성의 본질에 대한 많은 부분을 이해하고 성격은 우리가 생각하는 것보다 훨씬 많이 개인의 삶에 영향을 주고 있다는 것을 이해할 수 있길 바란다. 끝으로 이 책을 위해 애써 주신 (주)시그마프레스 강학경 사장님께 감사드리며 특히 꼼꼼하고 세심하게 교정을 해 주신 편집부 직원 여러분께 감사함을 전하고 싶다.

2016년 12월

역자 정미경, 김동현

저자 서문

누구나 사람에 대해 잘 알고 싶어 한다. 학생들이 심리학을 공부하고 싶어 하는 이유는 자기 자신에 대해 알고 싶고, 어떤 주어진 상황에서 왜 그런 행동을 하는지를 알고 싶기 때문이다. 성격심리학은 인간 본성의 본질에 관심을 갖는 학문이기에 이러한 질문에 충분한 답을 준다. 즉, 주어진 상황 속에서 사람들이 어떻게 행동하는지 그리고 왜 그렇게 행동하는지 알려주며 사람들에게 미래에 무엇을 해야 하는지 알려주기도 한다. 또한 성격이 일관적인지 변하는 것인지에 대해서도 말해준다.

성격과 관련된 책들이 많이 나오긴 했으나, 사람들이 관심을 갖고 있는 성격과 관련된 내용이나 이슈에 대해 과학적이면서도 이해하기 쉽게 쓰여진 책은 없었다. 즉, 성격과 관련된 책들은 대부분이 학교에서 교과서로 쓰이는 책이거나 통속적인 심리학 내용을 다룬다. 학교에서 교과서로 쓰이는 책은 초보자들이 읽기에는 길고 내용도 복잡하다. 통속적인 심리학 내용을 다룬 책들은 개인의 성격에 대한 최근 연구 결과들이 언급되지 않고 있다는 단점이 있다. 이 책은 이러한 두 범주를 연결시켜 일반 대중들이 읽기 쉬울 뿐 아니라 최근의 연구들을 근거로 성격에 대해 설명하고자 하였다.

이 책은 사람들이 가지고 있는 성격의 차이점과 유사점 그리고 개인차를 유발하는 원인에 대해서도 독자들이 쉽게 이해할 수 있도록 기술되어 있다. 또한 지금까지 알려진 성격에 관한 과학적 연구에 기반을 두었고, 최신 연구에서 알려진 이론적 사실들이 포함되어 있다. 이와 함께 성격심리학의 현 주소와 미래 방향에 대해서도 서술하고 있다.

끝으로, 우리는 독자들이 이 책을 읽은 후 사람에 대한 선입견이 달라지기를 바란다. 성격은 종종 대화의 주제가 된다 — 성격은 친구, 파트너, 직장 동료를 설명하는 데 사용되기도 한다 — 하지만 우리 각자가 가지고 있는 성격에 대한 대부분의 신념은 연구 결과로 보고된 증거에 근거를 두고 있지 않다. 여러분이 이 책을 읽는 목적이 무엇이든 간에, 이 책을 통해 성격에 대한 더 많은 지식을 얻기를 바란다. 또한 그 외의 성격 관련 책(참고문헌 참고)에도 관심을 가져주길 바란다.

차례

성격은 어떻게 측정되는가

제2부 성격이 중요한가

성격과 사회적 영향

성격과 개인적 영향

성격과 직업적 영향

제3부 논쟁과 앞으로의 방향

성격에 대한 논쟁들

Chapter 8 앞으로의 방향과 연구

성격심리학 101

1

성격이란 무엇이며
어떻게 형성되는가

성격이란 무엇인가? 그리고 우리는 왜 성격을 연구해야 하는가? 성격을 연구함으로써 우리는 인간 본성의 어떤 부분을 이해하게 되는가? 이러한 질문들은 성격에 관심이 있는 사람들이 가지게 되는 본질적인 물음이다. 성격심리학자인 로버트 호건은 성격을 '인간 본성의 본질'에(Hogan, 2007, p. 1) 관계된 심리학의 한 분야로 정의했다.

이러한 관점에서 볼 때 성격이란 심리학에서 가장 본질적이면서 핵심적인 연구 분야라고 할 수 있으며, 이에 따라 성격에 대한 수많은 이론적, 경험적인 연구가 수행되었다. 현재 성격 연구는 심리학에서 신경과학 심리, 임상 심리, 교육 심리, 직업 심리 등 가장 광범위한 분야를 포괄하는 연구 분야이다.

1장에서 우리는 성격 연구의 역사적 배경과 현재 큰 주류를 이루는 성격이론, 즉 지난 세기 동안 이 분야의 주류를 이루었던 주요 이론을 살펴볼 것이다. 또한 성격은 어디서 오는 것인지 그리고 일생 동안 어떻게 발달되는지 2장에서 살펴볼 것이다. 마지막으로 3장에서는 심리학자들이 어떻게 성격을 측정했으며, 현재는 어떻게 측정하고 있는지 그리고 그것이 얼마나 정확한지를 살펴볼 것이다.

성격은 무엇이며 왜 관심을 가지는가

우리는 두 가지 목적을 중심으로 성격을 파악하고자 한다. 첫째, 사람들의 행동을 예측하는 것이다. 특히, 서로 다른 사람들의 행동을 예측하는 것이다. 둘째, 사람들이 하고 있는 행동에 대해 그 이유를 설명하는 것이다. 또한 사람들은 어떤 이유로 다르게 행동하는지를 이해하는 것이다. 넓은 관점에서 보면, '성격'은 앞에서 언급한 두 가지 질문에 대한 포괄적인 대답이다. 사람들은 자신이 가지고 있는 독특한 특성(singularities) 또는 심리적 프로파일에 따른 특성(characteristics)에 따라 행동한다(이 두 단어를 '성격'으로 바꿀 수 있다). 그리고 우리는 각 개인의 프로파일이 미래 행동을 예측할 수 있을 때만 그것이 정확하다고 할 수 있다. 이러한 점에서 성격 이론을 개념화하고 이해하려는 시도는 우리 자신과 우리 주위의 사람들을 이해하려는 욕구를 반영한 것이라고 볼 수 있다. 더욱이 성격은 우리가 어떤 사람인지, 상대방이 우리를 어떻게 인식하는지, 다른 환경 속에서 어떻게 사람들과 관계를 맺는지, 상대방에 대한 인식(그가 어떤 사람인지)이 왜 오랫동안 변화되지 않는 채 그대로 남아 있는지를 설명하는 데 필수적이다. 성격은 사회적 행동의 역동을 일으키는 근간이 되고, 개인 이력에 영향을 주는 핵심적인 요소 (Hogan & Chamorro-Premuzic, 2011)이기 때문에 매우 중요하다. 성격은 일상에서 개인적 차이를 구별하는 가장 중요한 결정 요인이다. 성격은 학문적 및 직업적 성공, 건강과 장수, 결혼 여부와 부부관계 만족도, 음식과 수면 선호도에 영향을 준다(4장 참고).

성격에 나타나는 개인차는 플라톤과 아리스토텔레스 이래로 많은 학자들에게 주된 관심의 대상이었다. 따라서 성격을 바라보는 다양한 관점이 있고, 성격을 개념화하고 측정하는 다양한 방법들이 존재한다. 일반적으로 성격심리학자들은 일상 범주에 속하는 정상적인 행동을 연구한다. 또한 대략 90%에 해당하는 사람들에게서 발견되는 생각과 감정을 연구한다. 그러나 우리가 알고 있는 정상적인 행동에 대한 상당한 양의 지식은 사실 비정상적이고 병리적인 행동(우울증, 정신분열증, 불안장애)을 이해하는 분야에서 가져온 것이다. 이 장의 마지막 부분에서는 일반적으로 심리학자들이 규정하고 있는 정상적인 행동과 비정상적, 병리적, 정신질환적 행동 사이의 차이점을 다룰 것이다. 이 책의 대부분에서는 정상적인 행동과 어떻게 해서 대다수의 사람들이 서로 다른 성격을 가지고 있는지를 설명하는 데 초점을 맞출 것이다. 정신질환에 대해 더 자세히 알고 싶다면 이상심리학(*Abnormal Psychology*)(Kring, Davision, Neake, & Johnson, 2007), 불안 101(*Anxiety, 101*)(Zeidner & Matthews, 2010), 비만 101(*Obsesity, 101*)(Rossen & Rossen, 2011)과 같은 이 분야의 전문 서적을 참고하기 바란다.

성격의 거대이론

성격과 프로이트에 대한 정신역동적 접근

성격심리학자 중에서 엘비스 프레슬리와 같은 인물을 찾는다면 단연 프로이트(Freud, 1856~1939)가 될 것이다. 실제로 프로이트는 심리학 역사에서 가장 큰 영향력을 끼친 인물이다. 그는 가장 광범위하게 인용되는 심리학자이자(Haggbloom et al., 2002), 사회학자로서는 가장 많이는 아닐지라도 가장 광범위하게 인용되는 학자 중 한 명이고, 대부분의 사람들에게 가장 잘 알려진 심리학자이다. 프로이트로 인해서 사람들은 성격심리학자가 사람들 마음속에 있는 비밀을 읽을 수 있다고 생각하게 되었다. 그러나 심리학에 다소 비과학적이고 불분명한 지위를 부여한 것도 상당 부분 프로이트의 역할 때문이다. 현대 성격 연구에 미친 프로이트의 영향력은 재론할 여지가 없지만, 심리적 증상을 다루는 그의 방법적인 측면은 오랫동안 임상 심리학자들과 정신과 의사들로부터 의심을 받아 왔다. 이러한 사실은 성격 연구에 있어 그를 인기 없고 무시해도 좋은 인물로 만들어버렸다. 예를 들어, 영국과 미국에서는 프로이트에 관련된 것을 공부하지 않고서도 심리학을 전공할 수 있다(학자들이 프로이트 관련 자료를 공부하려고 하지 않기 때문에). 여러분은 얼마든지 엘비스를 비난할 수 있을 것이다. 그러나 엘비스를 언급하지 않고 로큰롤의 역사를 가르칠 수 있겠는가?

그렇다면 프로이트의 주요 업적은 무엇인가? 연구에 입문하는 사람들에게 그의 정신분석 이론은 다윈의 진화론과 마찬가지로 인간 행동을 이해하는 데 있어 가장 종합적인 이론 중 하나이다. 다윈은 생물의 종과 자연 관찰을 근거로 이론을 만든 반면에, 프로이트는 임상 관찰(다소 모호한 정신질환을 가진 사람들)을 근거로 마음에 대한 이론을 만들었다. 프로이트는 자신을 마음의 고고학자로 보았고, 왜 사람들이 그러한 방식으로 생각하고 행동하는지를 설명하기 위해 형이상학, 시, 문학을 사용하는 것을 개의치 않았다. 프로이트는 인간 본성에 대해 가장 수수께끼 같으면서도 흥미를 끄는 설명을 제안했다. 인간 행동에 대한 프로이트의 설명이 다소 억지스럽다고 느껴지는 부분이 있지만, 대다수의 사람들은 그의 이론을 비교적 신빙성 있는 것으로 받아들인다. 오스카 와일드는 "나는 어떤 것이든 그것이 터무니없을 때야만 오히려 믿을 수 있다."고 말했다. 다른 심리학 이론들은 프로이트에게 영향을 받았다. 성격 이론도 예외일 수 없다. 인간 행동에 대한 프로이트의 수수께끼 같은 설명은 마치 공상과학 소설과도 같다. 누가 엄청난 공상과학 영화를 본 후에 리얼리티 TV를 보겠는가? 끝으로 프로이트는 욕망, 섹스, 힘과 같은 인간 생활에서 가장 중요한 주제를 다루었다. 대부분의 심리학자들은(특히, 긍정심리학) 이러한 것들이 세상을 지배하고 있다는 사실을 잊어버린 것 같다.

　　프로이트의 포괄적인 성격 이론은 독특하면서도 많은 구성요소들을 가지고 있다. 이 책의 분량을 고려해 볼 때, 프로이트의 성격 이론을 이해하기 쉬운 단일 모델로 설명하기는 어렵다. 그럼에도 성격 이론을 이해하기 위해 구성요소들을 세 가지 모델로 구분하는 것이 효과적일 것이다. 첫 번째 모델의 가장 중요한 요소는 무의식이다. 프로이트는 인간의 실제적인 동기와 욕구는 의식으로부터 감추어져 있거나 무의식적인 것이라고 설명했다. 우리는 X 때문에 어떠한 행동을 한다고 생각하지만 실제로 우리를 움직이게 한 것은 Y 또는 Z이다. 따라서 심리 분석의 중요한 역할은 치료를 통해 지나치게 트라우마를 자극하지 않는 가운데 행동 속에 숨어 있는 실제 동기를 찾아내는 것이다(심리학자들의 주장과 같이 사람들이 불편한 실제 동기를 억압하는 데에는 심리학적인 이익이 있기 때문이다). 이것이 프로이트의 성격 이론과 다른 현대 이론들 간에 차이가 나타나는 부분이다. 프로이트에게 있어서 당신이 알고 있는 '당신'을 아는 것은 거의 가치가 없다. 왜냐하면 '당신'은 당신이 만들어 낸 것이지 실체가 아니기 때문이다(Hogan & Chamorro-Premuzic, 2011). 오늘날 대부분의 성격 연구는 자기 보고식에 의존하여 자료를 수집하고 있으며, 측정 도구들을 통해 성격에 대한 정보를 얻을 수 있다고 생각한다. 그러나 프로이트는 이것이 단지 무의식인 동기를 숨기기 위한 의식적인 조작에 지나지 않는다고 주장한다.

프로이트의 두 번째 모델은 자아의 정신적 구조이다. 프로이트는 자아가 이드(원초적 본능), 자아, 초자아, 이 세 가지로 구성된다고 하였다. 이드는 우리의 인식 깊은 곳의 본능적 욕구와 관련되어 있으며 비이성적이다. 이드는 마치 우리 마음속에 있는 성난 동물 또는 로큰롤 아이 같아서 버릇없는 짓을 하게 만든다(사회화는 이 버릇없는 짓을 못하게 억누르는 역할을 한다). 반면에 초자아는 우리 속에 내재하는 도덕적인 양심이다. 만일 우리가 사이코패스가 아니라면, 본인에게는 즐거움을 주지만 사회적으로는 용인되지 않는 행동을 할 때 죄책감을 느끼게 한다. 마지막으로 자아는 의식하는 상태이며 쾌락을 추구하는 이드와 도덕적인 제약을 가하는 초자아를 '중재'하는 대리자이다. 자아는 쾌락을 추구하는 이드를 조절하고, 초자아가 명령하는 사회적인 규칙과 제재를 따라야 하기 때문에 항상 역동적이다(여기서 심리역동이 유래하였다).

프로이트에 따르면 성인의 성격은 어린 시절 이드, 자아, 초자아의 역동이 반영된 결과이다. 성격은 영원히 지속되는 세 가지 정신 구조의 갈등 속에서 무엇이 나오는가에 따라서 또는 우리의 마음을 지배하는 상충된 힘들을 어떻게 다루느냐에 따라서 결정된다. 예를 들어, 어린 시절 초자아가 강력하게 지배했던 사람들은 규율에 얽매이고, 보수적이고, 엄격한 성인으로 성장하게 된다. 만약 어린 시절 초자아가 너무 약했던 사람들은 사이코패스가 되든지 아니면 비도덕적인 행동들로 고통을 받게 된다. 프로이트는 지나칠 정도로 임상적으로 나타나는 증상들에 관심을 가졌다. 프로이트는 환자들이 나타내는 신체적 증상을 내면에서 휘몰아치는 소용돌이를 다루기 위한 시도로 해석했다. 예를 들어, 성적인 공상(종교적이든지 아니면 도덕적인 이유로)을 받아들이지 못하는 여성은 때로 자신이 불안해하는 이유를 알지 못한 채 매력적인 남성 앞에서 불안감을 느끼게 된다. 프로이트의 천재적인 아이디어 중 하나는 많은 정상적인 행동들을 일상생활에서 정신병리가 표현된 증상으로 간주한 것이다(그의 유명한 책 제목이기도 하다). 이것이 일상생활에서의 말실수가 프로이트의 말실수가 된 이유이며, 꿈이 '무의식으로 가는 지름길'(Freud,

1900, p. 613)이라는 말이 나오게 되었다.

또한 성격은 개인의 성적 발달을 반영한다. 프로이트는 '성생활 (sexuality)'이라는 용어를 성인의 성생활보다는 유쾌한 어린 시절의 경험이라는 의미로 사용한다. 보편적인 심리성적 발달 단계에 발생하는 사건과 반응이 성인기의 성격 형성에 영향을 미친다. 좀 더 자세히 설명하면, 대부분의 사람들은 인생에서 네 단계의 결정적인 심리성적 단계를 거친다. 즉, 구강기, 항문기, 남근기, 생식기를 말한다. 대부분의 단계들은 생물학적인 변화를 동반한다. 첫 번째 단계인 구강기에는 무엇인가를 빠는 (선천적인 반사작용으로) 생물학적 성향이 나타난다. 항문기는 배설을 포함한 근육 통제와 관련이 있다. 남근기는 성감대인 생식 기관들에 초점이 맞춰진다. 생식기는 생물학적으로 사춘기 시기의 성적 에너지 분출과 관련된다. 각 단계마다 심리적 발달이 함께 동반된다. 예를 들어, 각각의 단계에서 나타나는 신체적 변화에 따라 아이를 대하는 부모의 행동도 함께 바뀐다. 여기에는 아이의 어떤 행동을 금지하고 또한 어떤 행동을 허용하고 요구할 것인가에 대한 내용이 포함된다. 신체적인 변화에는 아이가 젖을 빨고, 젖을 떼는 내용이 포함된다. 또한 기저귀를 차는 행위나 배변훈련도 포함된다. 각 단계를 거치면서 아이들은 자신이 쾌락을 얻었던 이전 행동들을 다른 행동들로 대체하게 되는데, 이러한 과정에서 좌절과 갈등이 발생한다.

프로이트는 어린 시절 각 단계에서 나타나는 갈등이 성격에 실질적인 영향을 미친다고 주장한다. 예를 들어, 항문기에 발생하는 중요한 갈등은 배변 훈련이다. 아이는 이 시기에 규칙에 따라 변을 내보내야 한다는 부모의 요구로 인해 갈등을 겪는다. 갈등이 잘 해결되지 않으면 아이는 다양한 반응을 나타나는데, 그중 한 예가 변기에 변을 보기보다는 오히려 거부하는 것이다. 이런 유형의 아이는 성인이 되어 강박적으로 깨끗함을 추구하거나 정리하는 성격을 가지게 된다. 따라서 '항문'이라는 용어는 강박적인 성격(완벽주의자, 결벽주의자)과 관련된다. 요약하면 프로이트는 성격이 이드, 자아, 초자아가 어떻게 구성되는가에 따라 형성되고 또한 심리성적 발달 단계에 나타나는 이들의 역동에 의해 형성된다고 주장한다.

그러나 높은 인기와 흥미로운 주장에도 불구하고 프로이트의 정신분석 이론은 특히, 1950년대 이후, 주요 심리학자들로부터 수많은 비판을 받았다. 왜냐하면 정신분석 이론은 성격에 대한 광범위한 내용을 다루고 인간 본성에 대한 대담한 주장을 하고 있지만, 그 설명이 모호하고 경험적으로 검증할 수 없기 때문이다. 일부 학자들은 인간의 동기를 성적인 것에만 너무 치우쳐서 설명했다고 비판했다. 다른 학자들은 정신분석 이론으로부터 나온 주장들이 신뢰할 수 없는 것이라고 비판했다. 마지막 비판은 실제 검증에서 정신분석 이론을 뒷받침할 만한 경험적 증거가 거의 발견되지 않는다는 점이다. 예를 들어, 심리성적 단계의 여러 가지 사건들이 성인의 성격에 영향을 미치는지 확인한 연구에 따르면, 어린 시절 수유와 배변 훈련의 차이가 성격에 장기적인 영향력을 주지 않는 것으로 나타났다(Beloff, 1957). 더욱이 프로이트는 거의 모든 사람이 신경증을 가지고 있는 것으로 이해했지만, 그는 감정적인 적응에 있어 특성과 같은 중요한 개인적인 차이를 간과하고 말았다. 프로이트 이론은 보편적인 인간 행동을 설명하고 있지만, 많은 부분에 있어 그가 설명한 것은 보이지 않는 인간 행동의 측면이다.

따라서 프로이트 이론은 다소 혼합적이다. 일반적으로 정신역동 이론은 심리학자들뿐만 아니라 성격심리학자들로부터 거의 지지를 받지 못했다. 그러나 이러한 이론적, 경험적 한계에도 불구하고 프로이트의 이론이 미친 영향력은 결코 간과될 수 없다. 정신역동 이론이 단지 몇몇 학자들의 정신 나간 주장으로 무시될 수 없는 또 다른 이유는 이 이론이 현재 성격 이론들보다 훨씬 폭넓게 인간 본성에 대해 다루고 있기 때문이다. 프로이트의 세부적인 관찰과 주장은 비록 경험적인 지지를 받지 못했지만, 그가 제시한 일반적인 주장과 개념은 오랜 시간을 거쳐 여전히 건재하고 있다. 또한 그 영향력은 다른 어떤 이론과 비교되지 않을 정도로 강력해서 학문적 영역을 넘어 다른 분야에도 미치고 있다. 예를 들어, 무의식적 정신 과정이 존재할 뿐 아니라 무의식 과정과 인식 과정 사이의 갈등이 존재한다는 많은 증거가 발견되었다(Chamorro-Premuzic, 2011). 여기서 문제가 되는 것은 프로이트가 쓴 방대한 저서의 독자 수보다 비판자의 수가 훨씬 많다는 점이다. 우리는 프로이트의 성격 이론에 대한 간단한 소개가 여러분들로 하여금 그의 이론을 비판보다는 주의 깊게 살펴보는 계기가 되었기를 바랄 뿐이다.

행동주의

20세기 중반에 행동주의는 인간의 행동과 성격을 이해하는 지배적인 패러다임으로 자리를 잡았다. 행동주의는 수십 년간 심리학 전체를 주도했다. 행동주의는 관찰 가능한 인간의 행동을 이해하기 위해 복잡한 심리학적 설명을 최소화하고자 노력했다. 따라서 행동주의는 보이지 않는 정신 구조를 연구하는 정신분석이나 정신역동 이론과는 매우 상반된다. 사실, 일부 행동주의 학자들이 연구 대상에서 생각이나 마음과 같은 보이지 않는 영역을 제외하고자 했던 이유는 심리학을 자연과학(생물학, 화학 등)처럼 확고한 자리에 올려놓으려고 했기 때문이다. 프로이트가 다소 불분명한 개념인 이드, 자아, 초자아로 인간의 행동과 성격을 설명하려고 한 데 반해, 행동주의자들은 침을 흘리는 개 또는 쥐로부터 도망가는 어린아이와 같이 아주 구체적이고 실제적 것들로 인간의 행동을 설명했다. 행동주의자들은 심리학이 과학의 한 분야가 되기 위해서는 전적으로 관찰 가능한 행동에 초점을 두어야 한다고 주장했다. 이 시점에서부터 정신과학이 행동과학으로 전환되기 시작했다.

손다이크(Thorndike, 1874~1949)와 존 왓슨(John Watson, 1878~1958)은 초기 행동주의의 개척자들이다. 그러나 이 분야에 가장 괄목한 만한 발전을 일으킨 대표적인 학자는 스키너(Skinner, 1904~1990)이다. 프로이트가 심리학자 중에서 가장 잘 알려진 인물이라면 스키너는 적어도 미국에서 훈련이라는 분야에 가장 큰 공헌을 한 학자이다(Korn, Davis, & Davis, 1991). 스키너는 심리학자 중에서 두 번째 또는 세 번째 유명한 인물이다(프로이트와 반두라 다음 아니면 둘 사이).

성격에 대한 행동주의적 관점을 설명하기에 앞서 중요한 두 가지 사실을 먼저 알아둘 필요가 있다. 첫째, 행동주의는 이 분야의 한 특정한 이론으로서 일종의 철학 또는 '인식론'이다. 둘째, 행동주의는 그 자체로 성격 이론이라고는 하기에는 어려운 점이 있다. 오히려 인간(동물)의 행동에 대한 이론에 가깝다. 책 분량의 제약 때문에 이곳에서는 핵심적인 행동주의 이론과 그것이 성격 이론에 시사하는 점들만을 살펴볼 것이다.

왓슨과 스키너와 같은 행동주의자들의 첫 번째 목적은 심리학을 형이상학적, 유사과학(물리적으로 지각하거나 검증할 수 없는)적 학문이 아닌 '존경할 만한' 과학으로 정립하려는 것이었다. 이들은 목표를 이루기 위해서 우리가 관찰할 수 있는 것만 연구해야 한다고 주장했다. 따라서 심리학의 주된 연구 대상은 경험적 자극과 관찰 가능한 효과들이었다. 보이지 않는 '정신 상태'에 대한 연구는 더 이상 필요하지 않았다. 다음은 스키너(1971)의 유명한 이야기이다.

> 우리는 마음 상태가 어떤지를 심사숙고하는 것에서 벗어나 행동과 환경 간의 관계에 직접적으로 다가가기 위해 물리학과 생물학에서 사용했던 방법들을 적용할 수 있다. 추락하고 있는 몸이 느끼는 희열을 자세히 관찰하는 것으로 물리학은 발전되지 않았고, 생기의 본질을 관찰하는 것으로 생물학은 발달되지 않았다. 따라서 우리는 행동을 과학적으로 분석하기 위해 어떤 성격인지, 마음의 상태는 어떤지, 어떤 감정인지, 어떤 계획인지, 어떤 목적인지, 어떤 의도인지 또는 자율적인 사람들의 조건 등을 조사할 필요가 없다(p. 15).

따라서 우리는 '이 사람의 어떤 부분이 그러한 행동을 하게 만드는지'에 대한 질문을 멈추고, '어떤 환경이 이 사람의 행동을 유발시키는지'라는 질문을 던져야 한다. 행동주의자들은 이런 방식으로 행동의 근원을 정신과 사람에서 찾기보다 물리적으로 관찰 가능한 것에서 찾도록 전환했다. 환경은 지금 그리고 여기에 존재한다. 가령, 당신이 입고 있는 옷에 영향을 주는 온도가 한 예이다. 그러나 대개는 학습(조건화된 행동)이 일어나게 했던 과거의 경험을 의미한다. 고전적 조건형성 이론에서는 개가 벨소리를 듣게 되면 자동적으로 침을 흘리는데, 이는 음식이 도착하는 것과 벨소리를 연합시키도록 학습(조건화)되었기 때문이다. 작동적 조건형성 이론에서 학습은 보상과 처벌을 통해 발생한다. 보상을 받는 행동은 미래에 자주 일어나기 마련이고, 처벌받는 행동은 더 적게 일어난다. 만일 당신이 과거에 솔직히 말했기 때문에 그것으로 보상을 받았다면 앞으로 비슷한 상황에서 더 솔직해질 것이다. 반면에 솔직했기 때문에 처벌을 받았다면 앞으로는 솔직하게 말하기가 어려울 것이다.

따라서 행동주의자들은 현재의 모든 행동이 현재 환경에 대한 하나의 기능이며 또한 과거 학습에 의해 강화를 받은 결과라고 설명한다. 이러한 관점에서 성격은 학습된 행동들의 총합으로 볼 수 있다. 엄밀하게 말해서 행동주의자들은 정신 구조(이드, 자아, 초자아 또는 특성)와 관련이 있는 '성격'이라는 용어를 사용하기 꺼려한다. 스키너는 그러한 지속적이고 안정적인 구조는 모두 착각이라고 말한다. 만일 환경이 변하면 행동도 변하게 된다. 만약 환경이 행동을 변화시킨 것이 사실이라면 더 이상 '내적인' 구조는 존재할 여지가 없어지게 된다.

여기서 한 가지 주목할 점은 스키너가 생각과 느낌 같은 내적인 것의 존재 자체를 부인하지 않았다는 것이다. 오히려 스키너는 사람들이 경험한 환경 또는 인생의 역사가 그 내적 상태라고 말한다. 따라서 외부로 보이는 개인적인 차이, 즉 성격은 단지 사람마다 경험한 것이 다르기 때문에 나타난다.

스키너의 행동주의 이론은 — 종종 급진적 행동주의라고 일컫는 — 곧 철학적이고 정치적인 시스템으로 발전했다. 행동주의자들은 "심리학에서 중요한 모든 것들은 본질적으로 미로 속에서 쥐가 선택하는 행동을 분석하는 것과 같은 지속적인 실험과 이론적 분석을 통해서 발견될 수 있다."고 주장했다. 이처럼 행동주의적 원칙에 근거한 연구는 실험 장면에서 정확한 통제를 가능하게 하는 큰 업적을 이루었다. 또한 행동주의의 과학적인 연구 방법은 학습으로서의 심리학이라는 큰 인상을 남겼다. 학습 원리는 임상과 조직 장면과 같은 다른 응용 분야에도 중요한 영향을 미쳤다.

그러나 많은 영향력에도 불구하고 인간의 행동을 설명하는 데 있어 통제된 행동주의적 접근은 오랫동안 지속되지 못하는 한계를 나타냈다. 행동주의 이론으로는 강화 없이 단순히 관찰만을 통해서 학습이 일어나는 장면을 설명할 수 없다고 학자들은 지적했다. 또한 기대, 신념, 감정과 같은 내적 상태를 고려하지 않고, 미래 행동을 예측하는 것은 불가능하다고 주장했다. 헴펠(Hempel, 1996)은 "행동의 유형, 성향, 역량을 구체화하기 위해서는 우리에게 행동주의적 언어뿐 아니라 심리학적인 언어가 또한 필요하다."고 했다(p. 110). 따라서 행동을 결정하는 것은 강화 그 자체가 아니라 강화에 대한 그 사람의 신념일 수 있다.

이러한 온건적 행동주의 이론은 성격 연구에 있어 기억, 감정, 인식과 같은 관찰 불가능한 변수들을 다시 연구 대상으로 부활시켰으며, 결과적으로 행동주의의 이론적 영역을 확장시켰다. 정신분석을 통한 내적 상태와 관련된 개념들을 제거하기 위해 출발한 행동주의, 즉 학습 이론은 모순되게도 관찰이 가능하지 않고, 내적이며, 정신 구조를 연구하는 인지심리학과 사회인지 이론이 탄생하는 계기를 마련했다. 성격에 대한 사회인지 이론은 이 같은 패러다임을 근거로 한다.

사회인지 이론

사회인지 이론은 급진적 행동주의 전통에서 출발하지만 내용적으로는 상당한 차이가 있다. 사회인지 이론은 학습이 성격 형성에 가장 중요한 부분을 차지한다는 점에서는 행동주의 이론과 동일하다. 그러나 행동주의가 등한시했던 정신적인 측면(관찰 가능하지 않은)들, 예를 들어 동기, 개인 에이전시, 자기 효능감 등에 초점을 둔 점에서 큰 차이를 보인다. 이러한 개념들은 사회인지 이론의 핵심적인 주제로, 환경이 행동의 변화를 가져오는 유일한 변인이라고 생각했던 행동주의와 대조를 이룬다. 사회인지 학자들은 동물과 달리 인간은 독특한 인지 능력을 가지고 있기 때문에 인간을 대상으로 하지 않는 연구를 통해서는 매우 제한된 정보만을 얻을 수 있을 뿐이라고 주장한다. 인간은 과거를 회상하고, 현재를 해석하며, 미래를 계획하고 기대할 수 있다. 인간은 이러한 능력을 이용하여 어떻게 행동할지를 결정한다. 이처럼 인간에게는 다양한 '인지 과정들'이 존재하기 때문에 인간 행동 연구에서 이것을 무시하는 것은 가장 중요한 주제들을 버리는 것과도 같다. 행동주의가 심리학에서 관찰 가능한 변수의 중요성을 부각시켰다면, 사회인지 이론은 심리학의 근원적인 주제였던 '정신'의 중요성을 다시 일깨웠다. 중요한 점은 행동의 원인을 환경으로부터 '인간 내면' 혹은 정신으로 다시 전환시켰다는 것이다. 이 것은 심리학 연구에서 중요한 패러다임의 전환이었다.

독일의 유명한 철학자 프리드리히 헤겔(Friedrich Hegel, 1770~1831) 은 생각과 이론은 일정한 주기를 가지고 발전하는데, 새로운 이론은 과 거 이론을 반증하면서 나타나고 마지막 세 번째 이론은 앞의 두 가지 이 론을 통합(철학자들은 **변증법**이라 말한다)하게 된다고 주장했다. 이런 관 점에서 볼 때, 사회인지 이론은 정신역동 이론(정신적인 측면 또는 인지 에 초점을 맞추고 의식보다는 무의식을 강조하는)과 행동주의 이론(행동 의 주요 원인을 경험과 학습으로 보는)을 모두 통합한 이론이다. 따라서 사회인지 이론은 내적인 요인과 외적인 요인 모두를 강조하는 두 패러다 임의 절충안으로 볼 수 있다. 사회인지 이론의 선도자인 앨버트 반두라 (1925~현재)는 인과관계는 쌍방향으로서, 개인은 환경과 경험에 의해 영향을 받으며, 경험과 환경은 정신, 생각, 필요 등 내적 요인들에 의해 영향을 받는다고 설명했다(Bandura, 1986).

이 같은 상호보완적 결정주의는 우리의 일상에서 얼마든지 그 예를 찾아볼 수 있다. 당신이 어떤 파티장에 있는데 오직 한 사람만을 안다고 가정해 보자. 당신은 좋은 인상을 주기 원하고 어색한 모습을 보이지 않 으려고 한다. 그래서 미소를 짓거나, 농담을 하고, 다른 손님들과 서로 어울리려고 노력한다. 이 장면에서 당신이 그렇게 행동하게 된 원인은 무엇이라고 생각되는가? 우리는 환경, 즉 다른 손님들이 당신이 특정한 행동을 하게 만든 요인이라고 할 수 있다. 당신은 그 환경에 적응하기 위해서 그렇게 행동한 것이다. 반면에 우리는 이 장면을 다르게 해석할 수 있다. 당신은 좋은 인상을 주는 것이 필요하다고 믿었고, 남과 다르게 행동하는 것은 어리석다고 믿었기 때문에 그렇게 행동한 것이다. 이러한 해석은 당신의 성격의 특징들을 설명한다. 더욱이 당신의 미소와 사람들과 상호작용할 때 나타나는 당신의 특정한 방식은 만나는 사람들에게 영향을 미쳤을 것이다. 그들은 미소로 답하고, 자신들의 이야기를 나누고, 다른 사람들에게 당신을 소개할 것이다. 결과적으로 이 같은 성공적인 상호 작용은 당신의 기분과 자신감, 다시 말하면 사회적 모임에서 다른 사람과 관계를 맺는 능력에 관한 믿음을 바꾸게 된다. 이 믿음은 경험에 근거한 것일 수도 있지만, 경험은 또한 최초 자신에 대한 신념(물론 이것 역시 이전의 경험에서 유래되었겠지만)에서 비롯된다. 이와 같은 '진퇴양난(catch-22)' 또는 닭이 먼저냐 달걀이 먼저냐의 문제는 인간의 성격을 이해하는 것이 복잡한 과정임을 보여 준다. 여기서 우리가 강조하고 싶은 것은 반두라와 동료들이 사람들을 그저 환경에 따라 변화되는(물고기나 다람쥐처럼) 아무런 영혼 없는 생물체로 보던 행동주의적 관점에서 성격 이론과 심리학을 구해냈다는 점이다.

그렇다면 사회인지론자들은 성격의 구조가 어떤 모습이라고 생각하는가? 본질적으로 사회인지론자들은 개인의 인지와 신념들이 인생의 여정 속에서 서로 다른 방식으로 세상을 보고, 생각하고, 상호작용하는 가운데 획득된다고 생각한다. 구조적인 개념들이 많이 있지만 특히 네 가지가 주목할 만하다.

첫 번째는 유능감과 기술이다. 이것은 산에 오르거나, 상심한 친구를 격려하는 것처럼 사람들이 실제로 할 수 있는 능력과 관련된다. 두 번째는 기대감이다. 이것은 본인 행동의 결과, 다른 사람의 행동, 특정 과제의 성공 가능성에 대한 믿음을 말한다. 만일 당신이 시험에 통과할 능력이 있다고 믿고, 복습을 하게 되면 그 가능성이 더 높아질 것이라고 믿는다면, 복습을 더 하기 마련이다. 반대로 당신이 공부를 해도 실패할 것이라고 생각한다면, 공부를 피하게 될 것이고, 결과적으로 실패하게 될 것이다. 이것이 반두라가 말하는 신념이 자기 충족적이라는 의미이다(헨리 포드는 당신이 할 수 있다고 믿든지 아니든지 그것은 참되다고 했다). 세 번째는 주관적 가치이다. 행동을 함으로써 얻게 될 결과에 대해 얼마만큼 바라고 소망하는가를 말한다. 따라서 당신이 시험을 통과할 것이라는 기대 이외에, 만일 학문적인 성공에 대해 많은 가치를 부여한다면, 당신은 더욱 복습을 철저히 하게 될 것이다. 이것이 바로 사람들이 완벽하게 수행하는 일에 대해 대가를 지불하는 이유이다(대부분의 사람들에게 이것은 단지 '일' 혹은 직업이다). 마지막 개념은 **목표**이다. 이것은 우리 행동이 추구하는 목표이다. 목표는 우리의 행동을 규제하고 지시한다. 목표는 우리가 생활에 대한 통제력을 가지게 한다. 만일 당신이 비록 어렵더라도 달성 가능한 목표를 계획하고 세분화한다면, 당신이 막연하고 쉬운 목표를 계획할 때보다 훨씬 지속적이고 주도적이 된다(Latham, Ganegoda, & Locke, 2011).

사회인지 이론에서 위의 네 가지는 핵심적인 인지 과정으로 이에 따라 다양한 성격이 형성된다. 그렇다면 이 이론은 정신역동 및 특성 등을 비롯한 다른 이론들과 어떻게 다른가? 사회인지론자들은 두 가지 면에서 다르다고 주장한다. 첫째, '맥락 없는' 다른 성격 이론과는 달리 인지 과정은 매우 상황 중심(situation-specific)적이다. 예로 자기 효능감(Bandura, 1977)을 들 수 있다. 이것은 자신이 기대하는 결과를 달성하기 위해 필요한 행동을 할 수 있는가에 대한 개인의 신념이다. 다른 광의의 개념(예 : 정신역동의 동기나 성격의 특성)과는 다르게, 사람들은 각기 다른 상황에서 다른 수준의 자기 효능감을 가진다. 예를 들어, 당신은 높은 수학 점수에 대해서는 낮은 효능감을 가질지라도 주말 데이트에 대해서는 높은 효능감을 가질 수 있다.

둘째, 특성과 인지 과정 사이의 중요한 차이는 **융통성**이다. 이는 변화할 수 있는 능력을 말한다. 앞에서 설명한 대로 사회인지론자들은 대부분의 인지 과정들이 학습을 통해 획득된다고 주장한다. 행동주의자들과 마찬가지로 사회인지론자들은 행동의 대부분이 고전적 조건형성이나 조작적 조건형성을 통해 형성된 것이라고 생각한다. 그러나 대부분의 학습은 사회적 상호작용과 사회를 관찰하는 과정, 즉 모델링을 통해 '강화' 없이도 발생한다는 점에서 행동주의와 대조를 이룬다. 당신은 반두라의 유명한 '보보' 인형 연구(Bandura, Ross, & Ross, 1961)에 대해 잘 알고 있을 것이다(모른다면 유튜브를 참고할 것). 이 연구가 그토록 반향을 일으킨 것은 학습이 조건이나 강화 없이도 일어난다는 점을 강조했기 때문이다. 실험에서 성인 어른이 풍선 인형을 때리고 차는 등 공격적인 행동을 관찰한 아이들은 총을 가지고 놀거나 인형이 아닌 친구들을 때리는 것을 '학습'한다. 반두라의 연구 결과는 행동주의 이론으로 설명될 수 없다. 왜냐하면 아이들이 조건이나 특별한 지시 없이 자신들의 행동을 조작하는 무엇인가가 자신들의 마음속에서 일어나기 때문이다.

　더욱이 성격을 변하지 않는 것으로 보는 다른 이론들과는 달리 사회인지론자들은 일생 동안 성격이 변할 수 있고 실제로 변한다고 주장한다. 기술이나 신념이 부족한 사람들도 새롭게 상호작용할 수 있으며, 세상을 새롭게 관찰할 수 있고, 결과적으로 새로운 기술, 신념, 세상을 보는 관점을 가질 수 있다. 만일 당신이 최근 주말 데이트를 하면서 자신감을 갖게 되었다면, 다음 주말 데이트도 할 수 있을 것이라는 확신을 가지게 될 것이다. 따라서 사람들은 각 영역에서 제각기 다른 유능감과 신념을 가진다. 또한 사람들은 한 영역에서 가지고 있는 기술과 신념을 변화시킬 수 있는 능력을 가지고 있다. 다음 장에서 자세히 살펴보겠지만 이처럼 성격이 상황에 따라 달라지고 변화될 수 있다는 점에 모두가 동의하는 것은 아니다. 실제로 성격이 상황과 시간에 따라 어느 정도 변화될 수 있는지에 대한 연구는 항상 뜨거운 논쟁을 불러왔다. 우리는 다음 장에서 이 내용을 자세히 살펴볼 것이다.

성격에 대한 성향적 접근

특성 이론

앞 절에서 우리는 성격의 주요한 이론들을 살펴보았다. 각각의 이론들은 성격의 본질을 이해하는 데 도움이 되는 많은 정보를 제공했다. 행동과 성격을 형성하는 데 있어 정신역동 이론은 무의식적인 동기 과정을 중요시하였으며, 행동주의는 환경의 영향, 사회인지 이론은 인식의 역할을 강조하였다. 그러나 이론적 명성에도 불구하고 오늘날 성격 이론에서 이 세 가지 이론은 많은 한계를 드러낸다. 예를 들어, 당신이 누군가에게 가장 친한 친구의 성격에 대해서 설명해 줄 것을 부탁했다고 가정해 보자. 친구는 무의식적으로 억눌린 성충동을 가졌다든지, '변화의 바람(Winds of Change)'이라는 노래를 듣고 활발하고 신속하게 움직이기 시작했다든지, 마라톤에서 이길 수 있다는 신념이 그 친구를 승리하게 했다는 대답을 기대하지는 않을 것이다.

반대로 대부분의 사람들은 단순히 형용사 몇 개를 사용하여 그들의 성격을 표현한다. 가령 '친절하다', '수다스럽다', '활기차다', '믿을 수 있다' 등등이다. 이것이 일반인들이 말하는 상식이고 일반적인 심리학적 프로파일이다. 특성 이론은 그렇게 복잡하지 않다(형용사들이 정확하게 선택되었는지 보여 주기 위해 고급 통계학을 사용하는 것을 제외하면). 실제로 사람들이 다른 사람의 성격을 설명할 때 사용하는 단어들은 그 사람의 특별한 성격적 특성을 설명하는 것이다. 예를 들어, 데이트 장면에서 신체적인 특징을 설명하기 위해 사람들이 주로 사용하는 단어는 '키가 크다', '금발이다', '여성이다' 등등이다. 그리고 성격적 특징을 설명하기 위해 '친절하다', '사랑스럽다', '우호적이다(물론 경제적 특징을 설명하는 집주인, 부자라는 단어도 있다)'라는 단어를 사용한다. 앞으로 만나기를 원하는 상대방을 설명할 때, 상대방의 신체적인 특징뿐만 아니라 성격적 특징(키가 크고, 어두운 피부 톤의 남성, 외향적이고 말하기를 좋아하고 야심찬 사람 등)을 포함해서 말한다. 따라서 사람들은 그러한 것들을 성품이라 하는데(심리학자에게는 특성), 이는 성격에 가장 핵심이 되는 부분이다.

심리학자들은 특성이 성격의 필수적인 부분이라고 생각한다. 특성은 성격 연구에 있어서 가장 적합한 분석 단위이다. 하지만 앞에서 설명했던 이론들에서는 특성이라는 개념이 거의 다루어지지 않았다. 사실 앞의 이론들과 특성이라는 개념과는 모순되는 것이 많다. 결과적으로 성격의 특성 이론과 특성적 접근은 또 다른 연구 영역으로 구분된다.

특성이란 무엇인가

특성은 정확히 무엇을 의미하는가? 간단하게 말하자면, 특성은 사람이 행동하고, 생각하고 느끼는 일관된 패턴이다. 만일 당신이 누군가를 "멋지다."라고 표현한다면 그것은 이미 일관된 가정을 하고 있는 것이다. 일관성은 두 가지 요소로 구성된다. (a) 상황에 따른 일관성과 (b) 시간에 따른 일관성이다. 따라서 누군가를 "멋지다."라고 말한다면, 당신은 그 사람이 특정한 상황에서만 멋지거나(파티에서만) 또는 어제 멋진 사람이었다고 말하는 것이 아니다. 이 말을 일반적으로 그 사람이 멋지다는 의미이다(파티에서, 혼자 있을 때, 친구나 가족과 함께 있을 때도). 그리고 상당한 기간 동안(몇 주, 몇 달, 몇 년) 그 성격이 유지된다는 의미이다. 물론 항상 멋질 수는 없다. 하지만 그가 실망스러운 모습을 보일 때면 우리는 피치 못할 이유가 있어서 그랬을 것이라고 생각한다. 그래서 우리는 그를 멋진 사람이라고 계속 생각한다. 잘 아는 대로 만일 누군가가 그 사람의 친구에게든 사랑하는 사람에게든 또는 그 사람 본인에게 욕을 한다면, 비록 가장 멋진 사람이라고 할지라도 좌절하거나 논쟁의 한 복판에 설 수 있다. 따라서 한 사람이 어떤 특성을 가진다는 것은 일상에서 평균적인 사람보다 그와 같은 성향을 많이 나타낸다는 것을 의미한다.

심리학자들은 보통 이러한 '지속 이론'을 성격의 성향적인 관점으로 설명한다. 여기서는 사람들은 성향적으로 일관되게 행동한다는 점을 강조한다. 따라서 특성 이론은 사람들이 주로 과거 경험이나 현재 처한 환경에 의해 영향을 받는다는 이론들과는 대조적으로 성격이 시간과 공간을 초월하여 일관되게 유지된다고 주장한다. 따라서 특성 이론은 생애 전반을 통해서 경험하게 되는 다양한 변화에도 불구하고 사람들의 성격이 어느 정도 일관성을 유지한다고 말한다. 한 개인은 여러 학교에 다니거나, 새로운 친구를 사귀거나, 다른 도시 또는 나라로 이사를 가거나, 결혼하거나, 이혼할 수도 있다. 그러나 사람들은 그 사람이 어떤 사람인지 말할 수 있다. 그리고 그 사람이 이전과는 다르게 행동할 때도 말할 수 있다. 따라서 성격에 나타나는 이러한 일관성은 특성 이론의 중요한 기반이 된다.

특성의 세계

특성 이론에서 두 가지 본질적인 내용은 설명과 분류이다. 다시 말하면 특성은 한 사람이 다른 사람과 어떻게 다른지를 설명할 수 있고, 분류할 수 있게 해 준다. 예를 들어, 당신은 친한 두 친구의 성격이 다른지를 어떻게 설명할 것인가? 만약 데이트 장면이라면 서로 다른 특성 용어를 사용할 것이다. 산체스는 야심이 있고, 단호하며, 성실한 반면에, 잭은 여유를 부리고, 재미를 좇고, 부주의하다. 두 친구를 설명하는 데 있어서 똑같은 용어를 사용할 수도 있다. 잭은 산체스만큼 야심이 없고, 단호하지 않으며, 성실하지 않다. 또는 산체스는 재미있지 않고, 주의가 깊은 편이라고 말할 수 있다. 이처럼 다양한 특성 용어를 사용함으로써 친구들을 설명할 수 있고 구별할 수 있다. 사람의 특성을 구별할 수 있다는 것은(신뢰할 수 있거나 신뢰할 수 없는, 친절하거나 공격적인, 비판적이거나 우호적인) 결정을 내리고 역할을 수행하는 데 매우 중요하다. '구별(classification)'은 사람들의 행동을 예측할 뿐만 아니라 그에 따라 우리의 행동을 바꿀 수 있게 한다.

실제로 구별은 과학적인 분석에서 첫 번째로 중요한 단계이다. 화학에는 원소들의 주기율표가 있고, 동물학에는 생물 종에 따른 분류 체계가 있고, 물리학에는 소립자에 따른 분류 체계가 있다. 이러한 분류 체계 또는 분류학을 이용해서 연구자들은 대상을 단위별로 구분한다. 예를 들어, 생물학자는 생물체가 다양한 형태(크기, 색깔, 두개골의 유무)로 존재하는 것을 알고 있다. 따라서 생물체를 구별할 필요를 느끼게 되고 마침내 특정한 용어를 사용하여 분류한다. 마찬가지로 심리적 특성도 유사한 기능을 한다. 한 사람을 다른 사람과 구별하는 역할이다.

이 부분에서 제기되는 중요한 한 가지 질문은 사람들을 구별하기 위해서 얼마나 많은 용어가 필요한가이다. 친구를 설명하기 위해 얼마나 많은 특성 용어가 필요한가? 적어도 친구의 실제 모습을 나타내기 위한(행동을 예측하기 위한) 용어의 수는 어느 정도인가? 잭과 산체스를 구별하기 위해 몇 개의 특성 용어가 필요한가? 2개? 10개? 50개? 100개? 아마도 당신은 상당히 많은 특성 용어가 필요할 것이라고 생각하기 쉽다.

일부 심리학자들은 사람마다 독특한 특성을 가지고 있기 때문에 많은 특성의 용어가 필요하다고 주장한다. 똑같은 특성을 가진 사람은 존재하지 않는다. 이러한 성격의 표의적인 관점(ideographic view)은 언뜻 보기에는 타당한 것처럼 보일 수 있다. 과연 그런가? 한 사람을 설명하기 위해 몇 개의 특성을 가리키는 용어가 필요한지 잠시 생각해 보자. 아마도 몇 개 용어에 불과할 것이다. 사용하기에 편리하다는 실질적인 이유를 제외하고 특성을 나타내는 몇 개의 용어만으로 과연 한 사람에 대한 충분한 정보를 제공해 줄 수 있을까? 다시 말하면 일부 용어는 여러 특성을 나타내는 용어의 의미까지 이미 포함한다고 할 수 있는가?

다음 장면을 생각해 보자. 만일 당신이 누군가를 아주 친절하다고 설명하고 있는 상황에서 그 사람이 또한 우호적이라고 말하는 것은 제삼자가 그 사람을 이해하는 데 얼마나 도움이 될까? 친절하다는 말과 우호적이라는 말 사이에는 개념적으로 분명한 차이가 있지만 우리는 대개 어떤 사람이 친절하면 또한 그 사람이 우호적일 것이라고 생각한다. 친절하지만 우호적이지 않은 사람을 찾아내기가 어렵다는 사실을 우리는 잘 알고 있다. 따라서 친절한 사람이 또한 우호적이라는 것을 너무나 당연하게 받아들이기 때문에 그 사람을 이해하거나 설명하기 위해서 더 이상 '우호적'이라는 용어를 사용할 필요를 느끼지 않는다. 같은 관점에서 '관대한', '이타적인', '공격적인', '사나운'과 같은 용어도 사용하지 않을 것이다. 왜냐하면 그 사람이 친절하다면 우호적이고 관대한 반면에 공격적이거나 사납지 않을 것이기 때문이다. 이 같은 이유를 간단히 설명할 수 있다. 일반적으로 어떤 특성과 행동들은 함께 나타나기 때문이다. 파티나 모임에 가는 것을 즐기는 사람은 말하는 것을 좋아한다. 계획을 잘 세우고 체계적인 사람은 수업이나 모임에 늦지 않는다. 이것은 매우 중요한 정보가 된다. 그 이유는 무엇일까? 어떤 행동과 특성들이 함께 나타난다는 사실은 본질적으로 이러한 행동들을 포함하는 보다 기본적이고 근본적인 특성이 존재한다는 것을 암시한다.

이 부분을 좀 더 명확하게 알아보기 위해서 팔, 다리, 손가락, 발가락, 긴 몸을 가진 사람이 있다고 가정해 보자. 만약 이 사람을 설명해야 한다면 굳이 모든 부분을 설명할 필요가 있을까? 그렇지 않다. 특성들이 동시에 나타난다는 것을 알고 있기 때문이다. 이 모든 특성들은 본질적으로 근본적인 한 가지 특성을 암시하고 있다. 그것은 바로 신장이다. 만일 당신이 다른 사람에게 친구들을 소개하려고 한다면 그 친구의 키에 대해서 이야기할 것이다. 이때 그 친구가 긴 다리, 긴 팔, 긴 몸, 긴 손가락을 가지고 있다고 굳이 말할 필요는 없다. 상대방은 이미 직관적으로 키가 큰 친구는 다리와 팔 그리고 손가락이 길다고 생각하고 있기 때문이다.

이것이 바로 어떤 특성들이 함께 나타난다는 사실이 중요한 이유이다. 신체적 특성인 키의 경우와 같이 만일 어떤 성격적 특성이 동시에 나타난다면 이것을 포함하는 기본적이고 근본적인 특성이 존재한다고 볼 수 있을까? 눈으로 관찰이 가능한 신체적인 특성과는 다르게 성격적 특성은 관찰이 어렵기 때문에 이 질문에 대한 해답은 그렇게 단순하지 않다. 그러나 성격 특성 이론가들은 해답이 단순하다고 주장한다. 특성 이론에 따르면, 사람의 행동과 특성들은 위계적으로 나열이 가능하다. 위계의 가장 밑 부분에는 특정 상황에서 개인이 보이는 가장 간단한 반응들, 예를 들면 제시간에 글쓰기를 마치는 행동이 있다. 그러나 이러한 반응들이 완전히 무작위로 선정된 것은 아니다. 사람들은 상황과 시간에 따라 비슷한 행동 패턴을 보이기 마련이다. 예를 들어, 어떤 학생은 항상 제시간에 에세이 쓰는 것을 마친다. 이러한 반응 패턴은 습관처럼 보일 수 있다. 더욱이 사람들이 가지고 있는 일련의 습관들은 제각각이다. 어떤 학생은 지속적으로 숙제와 과제를 제시간에 끝내고, 수업 시간에 늦지 않고, 정돈이 잘 되어 있다. 심리학자들에 따르면, 이러한 일련의 습관들은 더 근본적인 특성들을 암시하는 지표이다(마치 키가 긴 다리, 긴 팔, 긴 손가락 등을 말해 주는 지표인 것처럼). 심리학자들은 이러한 특성들이 기본적인 성향들로 설명된다고 주장한다. 최근 특성 이론에 따르면, 모든 인간은 단지 기본적인 성향 또는 특성에서 다를 뿐이다. 이것을 성격의 보편적인 법칙이라고 부른다.

우리는 책 전반에 걸쳐서 이 부분에 대한 증거들을 살펴볼 것이다. 그러나 여기서는 특성 이론이 타당한지에 대해서 초점을 두고 살펴보기로 한다. 다시 말하면, 성격적 특성들이 동시에 나타나기 때문에 근본적이고 기본적인 특성이 존재한다면

1. 우리는 기본 특성들을 구별할 수 있는가? 가능하다면 어떻게 할 수 있는가?
2. 얼마나 많은 기본 특성들이 존재하는가?

성격의 기본 구조 파악하기 앞에서 이야기하였지만 손가락, 다리, 몸 등

신체적 특성들은 쉽게 관찰이 가능한 반면에 성격적 특성들은 관찰이 어렵기 때문에 그 특성을 확인하는 작업은 그리 만만하지 않다. 그럼에도 심리학자들은 이러한 문제들을 해결할 수 있는 여러 가지 방법들을 개발했다. 그중 하나는 통계적 방법을 사용하는 것으로, 성격 용어를 체계적으로 분류하는 분류학과 관련된다. 다시 말하면, 성격을 설명하는 수많은 성격 용어를 우리들이 이해하기 쉽게 체계적으로 정리하는 것이다. 앞에서 살펴본 것처럼, 우리는 직관적으로 어떤 특성들이 함께 나타나는가를 알고 있다. 그러나 직관에만 의존하여 기본 성격 특성을 분류할 수는 없다. 정확하고 객관적인 측정이 필요하다. 이것이 요인 분석이라는 통계적인 분석 방법이 필요한 이유이다. 요인 분석은 많은 변수들 중에서 서로 연관된(동시 발생하는) 패턴들을 찾아내는 통계적 도구이다. 요인 분석은 우리가 직관에 의존하지 않고 누구나 인정할 수 있는 통계적인 방법을 이용하게 한다.

이 방법을 간단하게 설명하기 위해서 서로 연관이 있는 2개의 변인 예를 들어, 키와 무게가 있다고 가정해 보자. 만일 당신이 키가 크다면 당신의 몸무게도 평균 이상으로 나갈 것이라고 예상하게 된다. 이는 키와 몸무게가 연결되어 있기 때문이다(물론 예외적으로 키가 크고 마르거나, 몸무게가 많이 나가고 키가 작은 사람들이 있지만). 통계적인 관점에서 두 변인이 연결된 것을 '상관관계'라고 부른다. 예를 들어, 성격 연구에서 정리정돈 하는 것과 시간 약속을 지키는 것 사이에는 상관관계가 있을 수 있다(또는 정리정돈과 지각 사이에 부적인 상관관계가 있다). 따라서 직관에 의존하는 것 대신 이러한 특성들이 동시에 나타나는지 통계학적으로 측정하면 된다. 물론 변인이 2개만 있다면 단순히 상관계수만 계산하면 될 것이다. 그러나 수백 개의 특성 용어들을 구분하기 위해서는 수백 개 아니 수천 개의 상관관계가 필요할 수 있다. 따라서 요인 분석의 기능은 수많은 특성을 구성하는 상관관계 집단 내에서 일반적인 유형이나 요인들을 찾아내는 것이다. 연구자는 친절, 관대함, 이타성 사이에서 정적 상관을 발견하고 또한 공격성과 사나움 사이에서도 정적 상관을 발견할 수 있다. 또한 연구자는 친절, 관대함, 이타성과 공격성, 사나움 사이에서 부적인 상관을 발견할 수 있다(친절하고 이타적인 사람이 공격적이거나 사납지 않기 때문에). 만약 이 연구자가 계속해서 이러한 특성들이 함께 그룹으로 묶이는 것(상관되는)을 발견한다면, 특성들을 통합하는 하나의 근원이 있다고 결론을 내릴 수 있다. 심리학자들은 이러한 근원을 기본 특성이라고 한다.

요인 분석은 동시에 나타나는 특성들을 구별하기 위한 유용한 도구이고 성격 분류학을 가능하게 만들었다. 가장 기본적인 요인이 무엇인지를 밝혀내기 위해 심리학자들은 여러 가지 도구를 사용하였다. 그러나 대다수의 성격 이론가들은 요인 분석을 통해서 얻어진 요인들이 성격의 기본 구조라는 사실에 동의한다.

어휘 가설 사람의 기본 특성을 요인 분석을 통해서 알 수 있다는 것이 어휘 가설이다. 어휘 가설에 따르면, 가장 중요하고 사회적으로 통용되는 행동들은 결국 언어에 나타난다. 만일 다른 사람을 설명하기(신뢰할 수 있는, 충성스러운, 도움이 되는) 위해서 우리가 사용하는 특정 형용사가 수십 년이 지나도 남아 있다면, 그것은 중요한 행동을 설명하는 데 꼭 필요한 용어이기 때문일 것이다. 불필요한 용어들이나 중요한 행동을 설명하는 것이 아닌 용어들은 일정 시점이 지난 후에 더 이상 사용되지 않을 것이다. 따라서 오랜 시간을 걸쳐 살아남은 이러한 특성 형용사들을 체계적으로 살펴보게 되면 성격의 개인적인 차이에 대한 단서를 발견할 수 있을 것이다(Goldberg, 1990).

성격의 구조 : 16개의 성격 요인　부분적으로 어휘 가설에 근거하여 올포트와 오드버트(Allport & Odbert, 1936)는 첫 번째로 성격 스펙트럼을 구성하는 특성들이 무엇인지 밝히려고 시도하였다. 이들은 55,000 단어가 담겨 있는 영어사전을 열심히 연구했다. 그 결과, 성격적으로 개인들을 비교할 수 있는 18,000개의 단어들을 찾았다. 이 중에서 1/4(4,500개)이 성격 특징을 설명하는 것으로 나타났다(나머지 단어들은 다양한 신체적 특징, 인지적 능력, 재능, 기분과 같은 일시적인 상태를 나타내는 것이다). 이들은 엄청난 양의 단어들을 찾아 냈다. 올포트는 성격에 대해 표의적인 관점을 가지고 있었기 때문에(즉, 각 개인은 저마다 독특한 성격을 가지고 있다), 4,500개의 단어들 가운데 내재하고 있는 보다 근본적인 구조를 알아보고자 더 이상 노력하지 않았다.

　이러한 시도를 한 사람은 레이먼드 커텔(Raymond Cattell, 1943)이다. 커텔의 출발점은 올포트, 오드버트와 비슷했다. 커텔은 올포트와 오드버트가 작성한 특성 목록을 기초로 하여 추가적인 분석을 시도했다. 그러나 커텔은 다른 특성 연구자들과 마찬가지로 특성 개념들 간에는 위계적인 관계가 존재한다고 믿었다. 특히 커텔은 표면적인 특성(피상적인, 관찰 가능한 일상의 행동들)과 근원적인 특성(소수의 기본 특성들로 내적이면서 표면 특성의 근원이 되는) 사이에는 차이가 있다고 믿었다. 커텔은 막대한 양의 올포트와 오드버트의 표면 특성들을 줄여가면서 궁극적으로 그 기본 구조들을 밝혀내고자 하였다. 동의어, 반의어, 일반적이지 않은 단어들을 제외하는(그의 개인적 판단에 근거하여) 등, 수차례의 과정을 거쳐 마침내 커텔은 올포트와 오드버트의 목록을 171개로 정리했다. 커텔은 다음 단계로 통계학적인 분석을 사용했다. 첫 번째로 연구 참가자들에게 171개의 형용사를 가지고 자신들이 알고 있는 사람들을 평가하게 했다. 그리고 상관 분석과 요인 분석을 이용하여 171개의 특성들 사이의 상호 관계를 분석하고 그 숫자를 더 줄여나갔다. 요인을 추가하고 제거하는 길고 복잡한 과정을 거쳐 마침내 16개의 주요 요인을 정리하였다. 커텔은 이러한 분석을 바탕으로 16개의 요인 또는 특성이 성격의 기본 구조라고 결론지었다.

성격의 근본적인 영역을 밝혀내려고 했던 커텔의 노력은 과히 영웅적인 것이었다. 커텔의 이론적이면서 경험적인 작업은 현재 성격 연구의 주춧돌이 되었다. 그러나 현대 성격심리학에서 커텔이 주장한 16개의 성격 특성 모델은 더 이상 최신 이론이 아니다. 가장 중요한 이유는 커텔이 정리한 16개가 서로 연결되어 있기 때문이다. 다시 말하면 요인 분석을 통해 걸러진 적은 숫자임에도 불구하고 16개의 특성이 동시에 나타난다는 것이다. 따라서 성격 이론가들은 16개보다 더 간단하고 기본적인 성격 구조가 존재할 수 있다고 보았다. 이에 많은 연구자들이 연구에 연구를 거듭했다. 이들 중에는 20세기 심리학의 거장인 한스 아이젠크(Hans Eysenck)도 있었다.

성격의 구조 : 아이젠크의 3요인　아이젠크의 성격 이론은 성격심리학에서 확고한 위치를 차지하고 있다. 아이젠크의 이론을 구성하는 중요한 요인들은 다음 장에서 살펴볼 것이다. 아이젠크는 커텔과 마찬가지로 성격은 체계적으로 조사되고 측정될 수 있다고 믿었다. 또한 요인 분석이 성격 구조를 분석하고 제시하기에 가장 좋은 도구라고 생각했다. 그러나 아이젠크는 몇 가지 중요한 면에서 커텔과 차이점을 보였다. 특히 아이젠크는 요인 분석이 성격 구조를 밝히는 유일한 방법으로 보고, 가장 먼저 필요한 것은 요인 분석을 위한 이론 수립이라고 주장했다. 따라서 아이젠크는 연역적인 방법으로 연구를 수행했다. 그는 먼저 이론을 수립하고 이론을 뒷받침하는 자료들을 수집했다. 다음 장에서 그 차이점들을 살펴보기로 하고 지금은 아이젠크와 커텔의 차이점, 즉 기본 특성들의 수를 살펴보기로 한다.

　커텔은 요인 분석을 통해서 성격 구조를 나타내는 16개의 핵심 요인들을 찾아낸 반면에, 아이젠크는 단지 3개만을 찾았다(처음에 아이젠크는 2개라고 생각했다). 이것은 언뜻 보면 이상할 수 있지만 매우 단순한 통계적 방법으로 설명이 가능하다. 커텔의 핵심 요인들은 서로 관련되어 있었다. 아이젠크는 논리적으로 이 요인들이 같은 그룹으로 더 묶일 수 있는지 아니면 독립적인지를 확인하기 위해 두 번째 요인 분석이 필요하다고 보았다. 아이젠크 두 번째 요인 분석을 통해서 서로 독립적이면서 더 이상 단순화될 수 없는 3개의 요인을 발견했다. 아이젠크는 이것을 '으뜸요인(superfactor)'이라고 했는데, 여기에는 신경증, 외향성, 정신증이 해당된다. 또한 '거대한 3'이라고도 불리운다. 아이젠크는 이 세 요인이 더 이상 단순화될 수 없기 때문에 성격의 가장 기본적인 구조라고 주장했다.

사람의 성격을 나타내는 데 단지 세 가지 특성만 필요하다는 사실이 다소 충격적일 수도 있다. 그러나 기본 특성을 분류하는 것은 많은 성격 특성들이 포함될 수 있는 개념적인 공간을 마련하는 것이다. 이것은 마치 세 가지 차원(명도, 색조, 채도)의 기본 구조를 가지고 모든 색을 설명하는 색입체(color solid)와 유사하다. 색입체와 마찬가지로 아이젠크의 세 가지 요인들을 가지고 다양한 사람들의 성격을 설명하는 것이 가능하다. 이러한 분류 체계를 사용하여 간단하면서도 경제적인 방법으로 사람들의 성격을 설명하는 것이 가능해졌다.

그렇다면 아이젠크의 세 가지 특성은 무엇인가? 첫 번째 특성은 신경증이다. 신경증은 한 개인의 감정 수준과 걱정하고, 감동받고, 근심하는 경향을 말한다. 따라서 신경증/감정적인 특성은 분노와 고통의 연장선에 있다고 볼 수 있다. 일반적으로 신경증이 높은 사람들은 걱정이 많고, 스트레스를 자주 받으며, 비관적이고, 두려워하며, 자존감이 낮다. 반대로 신경증이 낮은 사람들은 안정적이고, 침착하며, 낙관적이다.

아이젠크의 두 번째 특성은 외향성이다. 외향성은 한 개인이 얼마나 수다스럽고, 외향적이며, 활동적인지를 평가한다. 따라서 외향성/내향성은 사회성, 활력, 주도성과 같은 연장선에 있다. 외향적인 사람들은 다른 사람과 함께 있는 것을 즐기고, 자신의 감정과 느낌을 잘 표현한다. 외향적인 사람들은 활동적, 긍정적, 외향적이고, 자신감이 넘친다. 반대로 내향적인 사람들은 사람들과의 접촉을 꺼리고, 내성적이며, 조용하다. 내향적인 사람들은 부끄러움을 타고, 자신감이 부족하다.

마지막으로 정신증이다. 정신증은 다른 사람들에 대해 동조하고, 공격하고, 공감하는 정도를 말한다. 정신증이 높은 사람들은 잔인하며, 위험을 즐기고, 충동적이고, 자극적인 것을 추구한다. 정신증이 높은 사람들은 사이코패스 경향을 보이기도 하는데, 이는 사회적인 규율을 따르지 않을 뿐 아니라 심리학적으로 다른 사람들과 분리되어 있기 때문이다. 반대로 정신증이 낮은 사람들은(부드러운 마음을 가진) 다른 사람들을 잘 돌보고, 책임감이 있으며, 사회화가 잘 되어 있어 규율을 잘 순응한다.

성격의 구조 : 5요인 만일 성격심리학이 특성 분류에서 시작하여 실제 생활과 다른 심리학적 구조들을 예측하는 것으로 발전한다면, 기본적으로 개인들 간의 심리학적 차이를 설명하는 데 필요한 특성의 수와 그 본질에 대한 동의가 필요할 것이다. 커텔과 아이젠크가 이 분야에 막대한 공헌을 하였음에도 불구하고 현재 대부분의 심리학자들로부터 지지를 받고 있는 것은 5요인 모델(Five Factor Model, FFM)이다.

커텔의 16개 성격 요인과 아이젠크의 3요인 이론처럼 5요인 성격 이론은 요인 분석을 그 기반으로 두고 있다. 다른 이론들과 마찬가지로 5요인 이론은 어휘 가설에서 출발했다. 즉, 성격의 기본 구조를 언어에 나타난 성격 기술어들을 통해서 발견할 수 있다고 가정한다. 그렇다면 5요인 모델의 차이점은 무엇인가? 답은 간단하다. 바로 연구에서 확인된 엄청난 양의 경험적 증거들이다.

커텔이 처음으로 어휘 분석에 기반을 두고 성격 구조를 밝히려고 노력했던 이후 심리학자들은 보다 근본적이고 독립적인 성격 특성을 찾고자 노력했다. 가장 주목을 받은 연구가는 노먼(Norman, 1967)이다. 노먼은 알포트, 카델, 튜페스, 크리스탈(Alport, Cattell, Tuppes, & Christal 1961/1992) 등의 이전 연구들을 발전시켰으며, 성격의 기본 구조를 설명하는 데 5요인만으로 충분하다고 주장했다. 이후 노먼의 연구 결과는 수많은 연구와 메타분석(수백 수천 개의 연구에서 평균 상관관계를 측정한 것)에서 다시 확인되었다. 5요인은 여러 연구들, 다양한 사람들을 대상으로 한 연구들 그리고 수십 년이 지나도록 높은 타당도와 신뢰도를 나타냈다. 이에 따라 오늘날 많은 학자들은 기본 성격을 5요인으로 분류하는 것에 동의하였다. 5요인에는 신경증(Neuroticism), 외향성(Extraversion), 경험에 대한 개방성(Openness), 우호성(Agreeableness), 성실성(Conscientiousness) 등이 있으며, 영어 약자로 NEOAC 또는 OCEAN이라고 한다.

그렇다면 5개의 요인들은 어떤 것인가? 5요인 중에서 첫 번째와 두 번째에 해당하는 신경증과 외향성은 아이젠크의 것과 거의 동일하다. 세번째 요인은 경험에 대한 개방성이다. 개방성은 콘(Coan, 1974)의 아이디어에서 유래된 것으로, 지적 활동에 참여하고자 하는 경향과 새로운 감각과 아이디어를 경험하려는 경향을 뜻한다. 또한 개방성은 창의성,

지성, 문화적 소양을 말한다(Goldberg. 1993). 개방성은 주로 환상, 미적인 감각, 느낌, 활동, 아이디어, 가치 등으로 구성된다. 일반적으로 경험에 대한 개방성에는 지적인 호기심과 심미적인 감각, 생생한 상상력, 행동에 있어서의 융통성, 전통적이지 않은 태도 등이 포함된다. 개방성이 높은 사람들은 꿈이 많고, 상상력이 풍부하고, 발명가적 기질이 있고, 생각과 의견에 있어 보수적이지 않다. 시인과 예술가들(일부 심리학자들과 심리학 학생들도 포함해서)이 대표적으로 개방성이 높은 사람들이다.

네 번째 요인은 우호성이다. 우호성은 친근하고, 사려 깊고, 예의 바른 행동을 말한다. 우호성이 높은 사람들은 친근함, 돌봄, 신뢰, 정직, 이타주의, 순응, 겸손, 부드러움 등을 특징으로 한다. 또한 우호적인 사람은 잘 돌보고, 친근하며, 따뜻하고, 인내심이 많고 친사회적 성향을 보인다.

마지막으로 성실성이다. 성실성은 능동성, 책임감, 자기훈련과 관련이 있다(이 요인이 당신에게도 적용이 되는가? 만약 당신이 시험 직전에 이 책을 읽고 있다면 아마도 아닐 것이다). 그 외에도 성실성에는 자신감, 질서, 의무감, 성취-노력(achievement-striving), 자기훈련, 자원함 등이 포함된다. 성실한 사람들은 효율성, 조직력, 결정력, 생산성에서 두각을 나타낸다. 말할 것도 없이 성실성은 다양한 형태의 수행 능력과 깊은 관련이 있는 것으로 보고되고 있다.

우리는 얼마만큼의 요인을 사용해야 하는가 5요인 모델에는 아이젠크 모델에 있지 않았던 3개 요인이 추가되었다. 아이젠크 모델에서의 정신증은 5요인 모델로 설명이 가능한데, 낮은 우호성, 높은 개방성 그리고 낮은 성실성으로 볼 수 있다(Digman & Inouye, 1986; Goldberg, 1982; McCrae, 1987). 그러나 아이젠크는 개방성을 하나의 기질로 보지 않고 지능이나 인지적인 능력을 나타내는 것으로 보았다. 또한 아이젠크와 아이젠크(1985)는 우호성을 하나의 독립적인 특성으로 보기보다 낮은 정신증, 낮은 신경증, 높은 외향성이 조합된 것으로 보았다. 이러한 주장들은 여러 연구에서 타당한 것으로 증명되었다. 일반적으로 신경증과 외향성은 다소 중복되는 특성들로 파악되고 있다. 이에 따라 5요인 모델과 3요인 두 모델에서 동일한 특성을 두 가지로 나누어 측정해야 한다는 주장들이 제기되고 있다. 한편 우호성과 성실성은 정신증과 보통의 부적상관($r = -.45$ $r = -.31$)을 보이는 반면에, 개방성은 정신증과 상관($r = -.05$)이 없는 것으로 나타난다(Chamorro-Premuzic, 2011). 결과적으로 신경증과 외향성 이외에 특성들은 서로 다른 특성들임을 보여 준다.

여기서 잠시 성격의 근본적인 구조를 설명하기 위해서 다양한 모델들이 존재하고, 각 모델들은 기본 특성이 몇 가지로 구성되었는가에 대해서 저마다 다른 입장을 취하고 있다는 점을 기억하기 바란다. 이 부분에 대한 결론을 내리기에 앞서 우리는 여러 연구에서 지속적으로 3요인 그리고 대부분은 5요인이 발견된다는 점을 주목할 필요가 있다. 기본 특성이 4개 혹은 6개, 1개, 10개의 요인으로 발견된 경우는 거의 없다. 이것은 통계적인 조작이 아니다. 비슷한 통계 방법을 사용하는 지능 연구를 경우를 살펴보면, 연구자들은 지속적으로 하나의 요인만을 발견할 뿐이다. 또한 앞에서도 이야기한 것처럼 이 요인 구조는 수많은 연구, 문화, 성, 나이를 넘어서 동일하게 나타난다. 결론적으로 3요인으로 볼 것인가 아니면 5요인으로 볼 것인가는 5요인이 3요인으로 압축될 것인가에 대한 연구자의 판단에 달려 있다. 그러나 성격 구조에 대한 3요인과 5요인(가장 잘 알려진) 모델을 가지고 연구자들이 논쟁한 경우는 거의 없다.

5요인의 비판 5요인 모델은 그 인기에도 불구하고 개방성, 우호성, 성실성이 어떻게 발달하고 또한 그 본질이 무엇인지에 대한 이론적 설명이 부족하다는 비판을 받고 있다(Mattew & Deary, 1998). 다시 말하면 5요인을 가지고 개인의 특징을 정확하게 설명할 수는 있지만, 그 차이가 어디에서 오는가에 대해서는 설명하지 못한다는 것이다.

최근 5요인 모델에 대한 비판은 요인들의 관계에 대한 것이다. 5요인들이 서로 관련이 없는 특성이라고 하지만 만일 신경증을 감정적 안정성이라고 가정하여 역으로 채점하여 계산할 경우, 여러 연구에서 5개의 모든 요인들은 서로 유의미하게 정적으로 상호 관련이 있는 것으로 나타났다(Chamorro-Premuzic, 2011). 대개는 '보통' 정도의 상호관련성은 나타난다. 결국 이것은 성격을 구성하는 기본 특성이 최종적으로 하나의 요인으로 압축될 수 있음을 보여 준다. 한편 다른 심리학자들(Digman, 1997과 같은)은 5요인들이 서로 정적으로 관련된 까닭을 사회적으로 타당하게 받아들여지는 사람들의 반응(일부러 좋은 척하는) 때문이라고 설명했다. 왜냐하면 미국과 유럽에서는 5요인에 높은 점수를 받는 것이 낮은 점수를 받는 것보다 바람직한 것으로 생각하기 때문이다(단 신경증을 역으로 채점할 경우).

그러나 5요인 모델은 높은 타당도와 신뢰도를 바탕으로 많은 연구자들의 지지를 받고 있으며, 5개의 기본 특성이 존재하는 것에 대해서도 별다른 이견이 제기되지 않고 있다. 이뿐 아니라 NEO 성격 검사 개정판(NEO-PI-R)을 통해 측정 면에서도 장점이 부각되고 있다(Costa & McCrae, 1985, 1992). 이 검사도구의 가장 뚜렷한 장점은 성격을 측정하는 가장 보편적인 도구이면서 연구자들이 성격과 다른 변인들에 관한 연구를 쉽게 비교하거나 재검토할 수 있다는 점이다. 따라서 5요인은 어떠한 행동이라도 지도상에 표시할 수 있는 '위도와 경도(Ozer & Reise, 1994, p. 361)'와 같은 것이다.

이러한 관점에서 성격을 측정하기 위해 한 가지 측정 도구를 사용한다는 것은 상품, 정보, 지식 등을 거래하고 번역하는 데 기반이 되는 단 하나의 유일한 화폐, 소프트웨어, 언어를 사용하는 것과 같다. 그 외에도 NEO-PI-R 5요인 모델의 장점은 성격에 관한(어휘 가설에 기초한) 일반적 분류 체계를 제공하였으며, 5요인 체계로 번역되는 다른 체계를 구축할 수 있게 했다. 따라서 다른 측정 도구를 사용하여 발견한 요인들도 5요인 용어로 설명이 가능하게 되었다. 이것은 마치 환율에 따라 유로나 달러로 돈을 환전할 수 있는 것과 같은 맥락이다. 예를 들어, 자기 모니터링, 즉 개인 스스로가 자신의 행동을 평가하는 정도는(Snyder, 1987) 높은 우호성, 외향성, 신경증으로 설명될 수 있다. 반면에 권위주의는 (Adorno, Frenkel-Brunswick, Levinson, & Sanford, 1950) 부분적이지만 낮은 개방성과 우호성의 조합으로 설명이 가능하다.

개인-상황 논쟁

특성 이론을 설명함에 있어서 특성 심리학은 한 가지 명확한 가정을 전제로 한다. 특성은 상황과 시간을 초월하여 나타나는 사고, 생각, 행동의 일정한 패턴이라는 점이다. 사실 이 절의 뒷부분에서 살펴보게 될 많은 연구와 이론들은 모두 '지속성'이라는 근본적인 가정에 근거를 두고 있다. 이 가정에는 상당히 직관적인 면이 있다. 사람들이 지속적으로 동일한 행동하기 때문에 우리는 사람들이 저마다 자신만의 성격을 가졌다고 생각한다. 또한 반면에 우리는 직관적으로 사람들이 모든 상황에서 똑같이 행동하지 않을 것이라는 것을 알고 있다. 예를 들어, 당신이 부끄러움을 많이 탄다고 생각하더라도 모든 상황에서 부끄러움을 타지는 않을 것이다. 어떤 파티에서는 소극적인 모습을 보이더라도 다른 곳에서 당신은 사교적인 모습을 보일 수 있다. 새로운 사람들과 만나는 자리에서는 다소 위축된 모습을 보일지라도 친구들 사이에서는 수다스럽게 변할 수 있다. 당신과 약간의 안면만 있는 사람들은 당신을 우호적이라고 평가하더라도 친구들은 당신을 자기주장이 강한 사람이라고 말할 수 있다. 어떤 면에서 당신은 게으른 모습이지만 사람들과 함께 있는 자리에서는 성실한 모습을 보일 수 있다.

이것은 전혀 새롭지 않다. 왜냐하면 아주 당연하기 때문이다. 그러나 여기에 하나의 근본적인 질문을 제기된다. 이와 같이 가정된 일관성은 얼마나 지속되는가? 다시 말하면, 실제로 우리는 모든 상황에서 사교적이고, 우호적이며, 성실한가? 우리가 속해 있는 상황(친구의 생일 파티와 가족 모임), 함께 있는 사람들(친한 친구 혹은 직장 동료들), 가지고 있는 역할(고용인 혹은 남자친구, 여자친구)에 따라 우리의 행동은 변화되는가? 이렇게 상황에 따른 특성이 얼마나 안정적인가에 대한 문제는 30년 전에 이미 연구가 시작되었고, 그것은 개인-상황 논쟁으로 알려져 왔다.

1960년대 이른바 상황주의 운동은 특성 이론에 반대하여 근본적인 공격을 시도하였다. 이 운동의 선두에는 월터 미스첼(Walter Mischel)이 있다. 1968년에 출판된 성격과 평가(*Personality and Assessment*)에서 월터 미스첼은 여러 문헌의 증거들을 통해서 특성 이론의 주장과는 달리 사람들의 행동은 현실에서 일관되지 않을 수 있다고 했다. 예를 들어, 이제는 고전이 되어 버린 아동의 정직에 관한 연구에 따르면, 속이기, 거짓말하기, 훔치기 등의 행동들은 교실, 가정 또는 사회적 상황과 아주 부분적으로만 관련이 있다. 이 연구에 따르면, 한 상황에서(교실에서 컨닝을 한 경우) 정직하지 않은 학생이라 하더라도 다른 상황(운동을 할 때)에서는 정직했다. 사실 다양한 상황에서 정직과 관련된 행동들은 .3 이상의 상관을 넘지 않았다. 미스첼은 많은 연구를 통하여 이런 결과들이 일치된다는 것을 보여 주었다. 미스첼의 결론은 분명했다. 행동은 개인의 특성이 아닌 상황의 특성에 따라 좌우된다.

이와 같은 비판은 성격심리학의 존재 자체에 대한 근본적인 도전을 가져다주었다. 부드럽게 말해서 성격은 그다지 중요한 것이 아니라는 의미이고, 과격하게 말하면 성격이란 존재하지 않는다는 의미이다.

미스첼의 주장은 당연히 많은 특성 심리학자들로부터 거센 비판을 불러 일으켰다. 비판은 몇 가지로 나뉘었다. 일부 심리학자들은 미스첼이 자신에게 유리한 문헌만을 증거 자료로 삼았다고 주장했다. 또한 일부 심리학자들은 그가 실생활에서 발견하였다고 주장한 내용들이 대부분 인위적이고 실험적인 상황에서 도출되었다고 주장했다. 세 번째 비판은 나타난 행동이 본래 가지고 있던 특성 때문에 유래되었는지 아니면 상황 때문에 유래되었는지 실제로 파악하기가 어렵다는 것이다. 식사 이후에 트림을 하는 것은 서양 사회에서는 용납되지 않고 성실성이 결여된 표시인 반면에, 한국에서는 용납할 만한 행동으로 인식된다. 누군가를 손가락으로 가리키거나 사람에게 혀를 내미는 것은 서로 다른 행동들이지만, 두 가지 행동 모두 의도하는 것은 같다(Hogan, 2007).

심리학자들은 미스첼이 성격 특성의 예측 능력, 곧 .3의 상관관계(비록 과소 측정되었지만)의 가치를 간과했다고 지적했다. 이들에 따르면 이 정도 상관관계는 상당히 실증적인 유용성을 가지는 것이다(Schmidt & Hunter, 1998). 사실 의학 실험에서 이 정도의 효과 크기는 매우 신뢰할 만하다. 한 극단적인 예로, 아스피린 섭취와 심장마비 사이에는 .034의 부적상관이 나타나는데, 연구자들은 이것을 가지고 기념비적인 성과를 거둔 것으로 간주하고 있다(Rosenthal, 1990).

그러나 미스첼의 주장에 대한 가장 중요한 비판은 바로 그의 일관성에 대한 개념이다. 비판자들은 미스첼이 개념적 결함 때문에 특성의 진정한 예측력을 실제보다 낮게 측정했다고 주장했다. 미스첼의 연구 결과는 상황에 따라 낮은 일관성을 보이는데, 비판자들은 그것이 한 장면에만 나타나는 특별한 행동들을 측정했기 때문이라고 주장했다. 조금 전

정직에 대한 연구를 예로 들어 보면, 하나의 상황(교실)에서의 부정직한 행동(컨닝)과 또 다른 상황(운동)에서의 부정직한 행동 사이의 상관관계를 측정하였다. 그러나 이론적으로 특성이란 한 번 일어나는 특정 행동을 예측하는 것이 아니라 일반적인 행동을 예측하는 것이다. 만일 교실에서 한 번 일어난 컨닝이라는 행동이 일반적인 행동을 반영하기보다 좀처럼 발생하지 않고 드물게 나타나는 행동을 반영한 것이라면, 부정직한 특성을 측정한 것이 아니다. 분명한 것은 일반적인 행동을 예측하는 것보다 특정한 한 가지 행동을 예측하는 것이 훨씬 어렵다는 점이다. 예를 들어, 한 학생이 오늘 지각했다고 해서 그가 숙제를 늦게 낼 것인지, 미래 목표를 달성하지 못할 것인지, 가끔씩 아르바이트에 지각을 할 것인지를 예측하기란 어려운 일이다. 그러나 만일 이 학생이 대부분의 수업(불가피한 상황이 아니라)에 지각을 한다면, 이런 예측은 훨씬 쉬울 것이다. 따라서 사람들이 상황마다 일관성 있게 행동하는지를 알아보기 위해서는 그 행동이 한 번이 아니라 여러 번에 걸쳐서 측정되어야 한다.

물론 이러한 자료들은 좀처럼 수집하기가 어렵다. 따라서 특성 이론가들에 의해 제기된 앞의 주장들은 이론적인 것으로만 간주되었다. 그러나 지난 10년간 수행된 연구들은 이런 주장에 대한 실제적인 증거를 제공해 주었다. 한 연구에서는 참가자들에게 하루에 여러 번씩 며칠에 걸쳐 현재의 행동, 생각, 느낌을 보고하게 했다. 연구에는 "지난 시간 동안 당신은 얼마나 수다스러웠나요?"와 같은 질문들이 포함되었다. 따라서 연구자들은 표준 성격 질문지를 통해서 한 사람이 얼마나 외향적이고, 우호적이며, 성실한지에 대한 정보 이외에도 다양한 상황과 시간 경과에 걸쳐 그런 행동들이 실제로 유지되었는지에 대한 정보들을 얻을 수 있었다. 이런 정보들을 통해서 시간과 상황에 따라 실제로 행동이 얼마나 많이 혹은 적게 변하는지를 알 수 있었다.

프리슨과 갤러거(Fleeson & Gallagher, 2009)는 15개 연구에 대한 메타분석을 사용하여 연구를 진행했다. 프리슨과 갤러거는 특성이 매일 일어나는 행동을 강력하게 예측하며, 둘 사이의 상관은 .42와 .56 사이라고 발표했다. 그들의 결론은 확실하다.

상관 정도는 .30을 가뿐히 초과하고 .40을 넘기도 한다. 일상의 행동을 예측하는 것과 연결된 이와 같은 증거는(Ozer & Benet-Martinez, 2006) 특성이 행동을 예측하지 않는다는 주장에 강한 의혹을 제기시킬 뿐 아니라 또한 둘 사이의 상관이 .30에서 최대 .40이라는 주장에도 강한 의구심을 가지게 한다. 이처럼 특성이 예측하는 행동에 대한 변량의 크기가 상당한 것을 고려해 볼 때, 특성은 행동을 완전하게 이해하기 위해서 꼭 필요하다(p. 1109).

성격 이상 : 성격이 비정상일 때

앞에서 우리는 다양한 성격 이론을 살펴보았다. 여기에는 성향적 패러다임, 즉 사람들이 성격 특성을 보여 주는 정도에는 양적인 다양성과 변수가 존재한다는 것이 포함되었다. 그러나 지금까지 우리는 일반적이고 정상적인 행동에만 초점을 두었다. 이와는 다르게 비정상적인 행동에 초점을 둔 정신병리 또는 이상 심리학은 우리가 성격을 이해하는 데 있어 또 다른 중요한 역할을 한다. 정신병리는 심리학에서 차지하는 부분이 워

낙 방대하기 때문에 우리는 정신병리 중에서 성격과 관련된 부분, 즉 성격장애를 주로 살펴볼 것이다. 성격장애는 일하고 사랑하는 자신의 능력 또는 상대방의 능력을 방해하는 부적응적인 유형의 행동, 생각, 감정을 말한다. 당신은 성격장애를 정상적인 성격과 비정상인 성격 사이의 교집합 정도로 생각할 수 있다. 비정상적인 성격을 보이는 사람들이 보호시설에 있거나 치료를 받는 경우는 드물다. 대신 사회를 파괴하는 과격한 행동을 보인다.

최근 들어 성격장애와 정신병리가 임상 장면에서 많이 나타남에 따라 성격심리학자들은 점차적으로 '정상적인 것'과 '비정상적인 것' 사이의 관계를 규명하려고 한다. 학자들은 정신질환을 가지고 있는 사람들 특히, 성격장애를 가진 사람들이 근본적으로 다른 사람들과 다른 것이 아니라 단지 정상적인 특성의 가장 끝 부분에 위치할 뿐이라고 주장한다. 성격장애는 '일반적인 사람들의 문화에 대한 기대로부터 벗어난 지속적이고, 만연되어 있으며, 유연하지 않는 행동 패턴'이라고 정의한다(Chamorro-Premuzic, 2011). 이러한 정의는 정상적인 성격 정의와 대조를 이루는 동시에 일탈적인 행동이 둘 사이를 구분하는 유일한 차이임을 강조하는 것이다.

많은 사람들이 이러한 관점(정상과 비정상 사이에는 약간이 차이만 있을 뿐이라는)을 지지하고 있지만, 성격장애를 포함한 이상 심리학에서는 개념적으로 정상 또는 비정상으로만 구별하고 있다. 우리는 다음 네 가지 관점 — (1) 비정상에 대해 정의하기, (2) 성격장애의 가장 일반적인 형태 소개하기, (3) 성격장애의 기원과 원인 토론하기, (4) 치료 여부 알아보기 — 을 중심으로 정신병리와 성격장애를 살펴볼 것이다.

우리는 정상이라는 것을 어떻게 알 수 있는가

우리는 자기중심적이고, 극단적이며, 매우 독특한 성격을 가진 사람들을 알고 있다. 사실, 어떤 사람들은 바로 당신이 그런 사람이라고 생각할 수도 있다. (TV 프로그램에서 보이는) 영화배우나 유명한 대중 가수가 보이는 행동들은 현실과 단절되거나 이상한 것으로 생각된다. 또한 일상적인 생활에서(음악 축제나 기차 여행, 길거리를 걸을 때) 어떤 사람들의 행동들은 비정상은 아니어도 다소 유별나다거나 독특하다는 것을 발견할 수 있다. 그렇다면 우리는 어떤 기준으로 유명 연예인, 친구, 혹은 낯선 사람의 행동을 '비정상'이라고 판단할 수 있을까? 다른 말로 하면, 누군가 심리학적인 치료를 받을 필요가 있다는 것을 우리는 어떻게 판단할 수가 있을까? 이 질문이 중요한 이유는 '정상적'이라고 판단하는 기준이 '보는 사람의 눈에 따라 다르다.'고 주장할 수 있기 때문이다. 또한 우리는 누군가에게 함부로 비정상이라는 낙인을 찍지 말아야 한다. 만약 그런 경우가 발생한다면 우리는 더 이상 사람들을 도울 수 없을 것이다.

그렇다면 비정상적인 행동이란 무엇인가? 비정상에 대한 정의를 내리는 것은 쉬운 일이 아니다. 누군가의 행동이 비정상인지 아닌지를 결정하는 것에는 다양한 의견들이 있다. 그러나 대개 임상 심리학자들은 일탈, 고통, 부적응 등을 비정상으로 판단하는 기준으로 둔다(Davison & Neale, 1998).

첫 번째로 일탈은 사회적 규범(사회에서 기대되는 공식적 혹은 비공식적 규칙들)과 관계된 문제 행동의 발생 빈도 또는 '특이함'을 말한다 (Chamorro-Premuzic, 2011). 만일 어떤 행동이 이상하거나, 일탈적(우리가 기대한 것보다 아주 높거나 낮은)이거나 혹은 사회적 규범을 위반하게 되면, 우리는 이것을 비정상이라고 간주한다. 이러한 행동의 예로는 기차 안에서 다른 사람들을 빤히 쳐다본다든지, 눈에 보이지 않는 사람과 대화하는 것이 있다. 왜냐하면 이러한 행동은 일반적이지 않고, 비공식적인 사회 규범을 위반하기 때문이다.

그러나 '특이함'에 대한 판단 여부는 보기보다 그렇게 간단하지 않다. 첫째로 어려운 과제는 어느 정도의 행동이 비정상적이고 사회적으로 부적절한 행동인가를 결정하는 것이다. 예를 들어, 강박적인 성격장애로 판정받은 사람은 일주일에 얼마나 일을 하는 사람인가? 또 어느 정도 엄격하고 융통성이 없는 사람인가?(다음의 이상 행동 목록을 참고하라) 물론, 이러한 판단은 문화적, 종교적, 심지어 시대적인 요인들에 의해 영향을 받게 될 것이다. 예를 들어, 어떤 문화에서는 부인이 나이트클럽에 가는 것을 반대하는 남편을 강압적이고 비우호적인 사람이라고 생각한다. 반면 어떤 문화에서는 그 남편을 좋은 사람이라고 생각한다. 1940년대만 해도 가족보다 직업을 우선시하는 여성을 심리학적으로 건강하지 않다고 보았다. 그러나 지금은 전혀 그렇지 않다. 따라서 단순히 어떤 행동이 얼마나 일탈적인가를 판단하기 이전에 보다 신중하게 고려해야 할 점들이 있다. 사실 미국이나 영국처럼 같은 문화권이라고 생각되는 곳에서도 사람들이 예측하는 일상 및 사회적 행동에는 중요한 차이가 있다. 가령, 옆 좌석 승객에게 말을 거는 모습은 런던의 '지하철'보다 뉴욕 지하철에서 훨씬 자연스럽게 볼 수 있는 장면이다(평범한 런던 사람들과 뉴요커들의 성격 차이를 보여 주는 하나의 예).

비정상이라는 개념을 정의할 때, 두 번째 기준은 그 행동이 개인의 고통과 관련이 있는가에 대한 판단이다(Davison & Neale, 1998). 신체적으로 혹은 정신적으로 극심한 스트레스를 받는 증상이 나타난다면 그 사람의 행동은 정신적 질병으로 간주된다. 그러나 이러한 접근에도 한계가 있다. 왜냐하면 고통이나 스트레스가 어떤 행동을 비정상이라고 판단할 수 있는 필요조건이나 충분조건이 아니기 때문이다. 모든 정신적인 질병에 고통이 나타나지 않을 뿐더러 반대로 대부분의 경우 정신적인 질병 때문에 고통이 생기는 것이 아니다. 예를 들어, 정신분열 성격장애를 가진 사람들은 비난을 받거나 고립된 상황에서도 좀처럼 격한 감정이나 스트레스를 크게 경험하지 않는다. 반대로 정상적인 사람들이라도 실제 위협 상황(전시에서 군인, 시험을 앞둔 학생, 면접을 앞둔 취업준비생)에서 많은 불안을 경험할 수 있다.

비정상을 정의하는 마지막 기준은 **부적응**이다. 우리가 비정상적인 행동이라고 판단하는 대부분은 개인적으로 아니면 사회적으로 부적응(역기능)하는 경우에 발생한다. 여기에는 일상의 과제, 즉 공부, 일, 다른 사람과 관계를 맺는 일을 방해하는 행동들이 포함된다. 프로이트는 '정상'을 남을 사랑하고 일하는 능력이라고 정의했다. 이런 관점에서 부적응이란 두 가지 주요한 인생의 목적(직업과 관계에서의 성공)을 손상시키는 것이라 볼 수 있다. 성격장애를 가지고 있는 사람들이 나타내는 대표적인 부적응적 행동은 제2축 장애군에 속하는 걱정과 불안이다. 걱정과 불안은 매우 단순한 일상 과제를 마무리하는 것을 방해한다. 마찬가지로 반사회적인 행동들, 예를 들어, 폭력, 공격성, 공공장소에서의 부적절하고도 무례한 행동 역시 사회의 안녕을 해치기 때문에 비정상적인 것으로 간주된다.

그러나 부적응을 비정상을 판단하는 기준으로 삼는 것에 대해 다른 입장을 취하는 경우도 있다. 정상적으로 행동하는 것이 구체적으로 무엇인지 정의하기란 쉬운 일이 아니다. 사실 프로이트의 일과 사랑에 관한 전형적이고 이상적인 예들은 너무나 다양하다. 실제로 사랑과 일에 어느 정도 균형을 맞추어야 하는지에 대한 일치된 기준을 끌어내기란 매우 어려운 일이다. 다시 말해서 얼마나 많은 시간과 노력을 자신의 직업과 사람들과의 관계에 들여야 하는가에 대해 의견이 분분하다. 어떤 문화에서는 30대 이후에 결혼은 하지 않았지만 직업적인 성공을 거둔 여성을 영웅시하는 반면에, 어떤 문화에서('섹스 앤 더 시티'의 영향 때문만은 아니다)는 전혀 그렇지 않다. 그렇다면 학업, 업무 수행, 관계, 사회적 기능에서 얼마나 손상을 입어야 비정상이라고 간주되는가? 분명한 것은 아직까지도 우리는 정상과 비정상 사이를 뚜렷하게 구분 짓는 기준을 찾는 것에 어려움을 겪고 있다는 점이다.

지금까지 우리는 심리학적 이상 행동을 정의하는 각각의 기준과 관련된 문제들을 살펴보았다. 기준에 대해 논의할 때 주관성이란 문제가 관련된다는 사실도 알게 되었다. 그러나 이 주관성이라는 문제는 단순히 정신병리에만 국한되는 것이 아니다. 사실 의료 시술과 신체적인 질병에서도 주관성은 관련된다. 다시 말하면, 우리는 어느 정도의 신체적 상처와 질병이 의사의 도움을 요구할 정도로 심각한 것인지 결정해야 한다. 심리장애에 대한 판단은 관찰 가능한 피해와 더불어 고통에 대한 환자의 주관적인 느낌(혹은 일상생활이 방해받고 있다는 신념)에 의해 영향을 받게 된다. 고통에 대한 주관적인 느낌은 사람에 따라 매우 다양하다. 어떤 사람들은 가장 일상적인 상처에도 의사의 전문적인 도움을 요청하는 반면, 어떤 사람들은 삶을 위협하는 상황에서도 도움을 거절한다.

여러 가지 제약들이 있지만 앞에서 언급한 내용들은 정상적인 행동과 비정상적인 행동을 구분하는 유용한 기준들을 제시한다. 이러한 기준들을 무시하는 이론들(예 : 비정상이라는 개념은 단지 사회적으로 만들어진 것이라는 주장)이 없는 것은 아니지만, 이들 이론들은 실제로 적용하는 면에서 많은 한계를 나타낸다. 다음에서 살펴보겠지만 성격 장애는 보편적일 뿐 아니라(전체 인구의 10~15%; Zimmerman & Coryell, 1989) 그 파괴적인 본성 역시 실제적이어서 교육, 직업, 대인관계 기능을 방해한다.

성격장애의 분류

정상적인 성격과 마찬가지로 성격장애를 논의하기 위해서는 먼저 어떻게 성격장애를 분류하는가를 살펴보아야 한다. 정신장애를 진단하는 일반적인 두 가지 방법으로는 국제질병분류법(ICD)과 정신장애 진단 및 통계편람(DSM)이 있다. 현재 미국에서 사용되고 있는 DSM에는 진단에 필요한 자세한 행동 목록과 소요 시간 등을 기록하고 있다.

성격 분류학에서는 정상적인 성격 요인을 다섯 가지로 분류한 반면에

DSM-IV에서는 성격장애를 10개로 분류한다. 그리고 이들을 다시 A군(특이하거나, 자기중심적인 행동), B군(극적이거나, 감정적이거나, 별난 행동), C군(걱정하거나, 두려운 행동) 등 3개의 군으로 분류된다.

이처럼 차원에 따라 성격장애를 분류했음에도 불구하고 성격장애를 범주별로 구분할 수 있는가에 대한 문제는 여전히 남아 있다. 여기에는 자연스럽게 신뢰도 문제도 제기된다. DSM 초기 단계에서 성격장애에 대한 진단의 신뢰성은 낮은 편이었다. 그러나 최근 연구에 따르면, 장애를 진단하기 위한 구조화된 인터뷰와 구체적인 진단 기준 덕분으로 신뢰도가 눈부시게 향상되었다. 하지만 구조화된 인터뷰를 사용하는 임상가가 소수에 불과하기 때문에 평정자 간 신뢰도는 낮은 편이라고 볼 수 있다.

이외에도 성격장애를 범주로 구분하는 것과 관련해서 적어도 세 가지 주요한 문제가 제기된다. 첫째, 성격장애는 시간이 지나도 안정적인 특성을 지닌다는 사실과는 달리 초기에 성격장애 진단을 받은 사람들 중 절반은 1, 2년이 경과한 후에 동일한 진단을 받지 않는다. 둘째, 이들에게는 경미하지만 장애와 관련된 몇 가지 증상이 여전히 나타난다. 즉, 같은 정도는 아니어도 부적응과 같은 문제들이 남아 있을 수 있다. 셋째, 성격장애 판정을 받은 사람들 중 50% 이상이 또 다른 성격장애를 가진다. 즉, 동반 질환이 나타나는데, 이때 성격장애가 다른 동반 질환의 원인인지 아니면 그 결과인지는 아직까지 모호하다(Kring et al., 2007 참고).

이러한 문제들을 고려해서 주요 성격 연구가들과 임상가들은 다음에 출판될 DSM 버전에서 차원에 따른 성격장애 모델이 제시되기를 기대하고 있다. 여기에는 동반 질환과 신뢰도의 문제도 포함되어야 할 것이다.

또한 메타분석을 포함한 여러 연구에서는 5개 성격 특성의 특수한 조합으로 10개의 성격장애를 설명할 수 있다고 밝히고 있다. 예를 들어, 연기성 성격장애를 가진 사람은 실질적으로 외향성이 높은 반면, 회피성 성격장애를 가진 사람은 낮은 외향성을 보인다(Saulsman & Page, 2004).

이처럼 성격장애에 관한 차원적 접근이 가지는 여러 장점에도 불구하고 몇 가지 고려할 점이 있다. 첫째, 정신병리에 대한 차원적 관점 또는 연속적인(continuum) 관점이 이론적으로도 타당하고 그 밖에 여러 장점이 많지만, 임상 장면에서의 치료를 위해 보다 명확한 기준을 정의하는 것이 필요하다. 예를 들어, 혈압은 가변적으로 움직이지만 치료해야 할 환자를 결정하기 위해 의사들은 고혈압 기준을 정해야 한다. 마찬가지로 임상가들은 정신병리에 대한 진단을 내리기 위해 기준을 가지고 있어야 한다. 기준과 관련하여 임상가들의 자의적이고 주관적인 판단을 완전히 배제할 수는 없지만, 막연하게 증상을 관찰하기보다는 컷오프 점수를 활용하는 하는 것이 정확한 진단을 내릴 수 있는 하나의 방법일 수 있다.

마지막으로 중요한 것은 일부 성격장애들은 정상에 비해 극단적으로 일탈된 증상을 보인다는 점이다. 정신분열 성격장애를 가진 사람들은 그것이 아무리 경미하더라도 다른 사람들이 이해하지 못하는 인지적 이상 증상을 나타내게 된다. 결과적으로 이들은 질적으로 정상적인 사람들과 다를 수 있다. 따라서 차원적 관점의 상점들이 많다고 하더라도 성격장애를 구분하는 작업 역시 중요하다는 사실을 기억해야 한다.

비정상이 발생하는 이유는 무엇인가

"비정상이 무엇인가?"라는 질문은 "비정상이 왜 발생하는가?"라는 질문에 비해 역사가 짧다. 전자의 질문이 20세기 이후에 제기된 반면, 후자의 "왜"라는 질문은 고대 중국, 이집트, 유대, 바빌론, 그리스까지 거슬러 올라간다. 고대 사람들은 지진, 폭풍우, 계절의 변화와 같이 인간의 통제를 넘어서는 현상을 보듯이 이러한 '방해되는' 특성을 신들이 내린 저주, 악마의 소유[종종 악령 퇴출과 천공(사람의 두개골에 구멍을 내는 것)과 같은 무시무시한 의식이나 치료를 시도했다] 탓으로 돌렸다.

그러나 정신적인 질병을 신의 처벌로 보는 이러한 관점은 고대 그리스의 학자들에 의해 점점 사라졌다. 히포크라테스(BC 460~BC 370, 현대 의학의 아버지)는 심리적 질병을 생리적 역기능에서 비롯된 것으로 보았다. 또한 정신장애는 뇌 질병이라고 주장했다. 플라톤(BC 423~BC 347)은 장애는 정신 내부의 갈등이 원인이라고 주장했다. 플라톤은 정신장애는 모두 마음의 문제로 보았다. 오늘날 히포크라테스와 플라톤의 관점들은 정신병리의 체인성(somatogenic) 가설 또는 심인성(psychogenic) 가설과 연결된다. 이 두 가설들은 정신장애의 원인에 대한 지배적인 가설들이며, 끊이지 않는 논쟁 중의 하나인 '천성이나 양육이냐'의 문제와도 맞물린다.

생물학적 이론 : 정신병은 천성인가　지난 50년간 놀라운 기술적 진보 덕분으로 정신병리에 대한 생물학적 원인을 분석하는 연구가 획기적으로 발전했다. 이들 연구 분야는 크게 유전 패러다임과 신경과학 패러다임으

로 구분된다. 유전 연구의 핵심은 특정 장애들이 유전에서 비롯되었는가를 확인하는 것이며 또한 유전자가 비정상적인 행동에 '책임이 있는지'를 확인하는 것이다. 일란성 쌍둥이와 이란성 쌍둥이들에 대한 연구를 통해서(다음 장에서 다루겠지만) 유전은 성격장애에 중요한 원인임이 밝혀졌다.

반면에 신경과학 패러다임은 정신질환의 생화학적 상관관계를 조사한다. 즉, 신경전달물질의 역할, 뇌의 구조와 기능, 정신 질환자의 자율신경 체제의 역할을 확인한다. 신경과학 연구는 상당히 빠른 진전을 보이고 있으며, 앞의 세 가지 측면은 이미 성격장애의 원인을 밝히는 연구에 있어 중요한 역할을 차지하고 있다.

심리학적 이론 : 정신병은 '양육'의 문제인가 체인성 이론이 주로 정신병의 원인을 생물학적 영역에서 찾고자 한다면, 심인성 이론은 정신장애의 원인을 심리적 영역에서 찾고자 한다. 주요한 심인성 이론에는 정신분석, 행동주의, 인지주의 관점이 있다.

20세기 초반 비정상 행동에 대한 정신분석적 이론들이 등장했다. 지그문트 프로이트는 성격장애를 포함한 심리장애는 어린 시절부터 해결되지 못한 갈등과 억눌린 욕구 때문이라고 주장했다. 예를 들어, 강박적 성격장애는 심리성적 발달 단계 중 항문기의 고착화에서 비롯되었다고 설명했다.

행동주의 관점에서 비정상적인 행동은 학습의(역기능적으로) 결과로 본다. 행동주의자들은 비정상적 행동이 단순히 강화 혹은 처벌의 결과라고 생각한다. 예를 들어, 회피성 성격장애는 어린 시절 일반 사람들은 아무렇지 않게 여기는 상황이나 사람들에 대해서 두려움을 가지도록 학습되었기 때문이라는 것이다.

반대로 인지주의자들은 심리장애가 사건에 대한 잘못된 인식과 해석에서 비롯되었다고 생각한다. 예를 들어, 자기도취적 성격장애를 가진 사람들은 깨어지기 쉬운 자존감을 가진다. 건강한 사람들과는 달리 이들은 과장된 자아관을 유지하기 위해 잘못된 인지적 편견을 붙잡는다. 자신의 매력과 능력을 과대평가하고, 끊임없이 성공을 운보다는 자신의 능력 때문으로 생각하고, 다른 사람들에게 비춰진 자신의 모습을 왜곡한다(다른 사람들은 자신을 질투한다고 생각함). 결국 이러한 역기능적인 사고 패턴이 심리장애를 유발한다고 주장한다.

통합적인 접근 심인성 이론과 체인성 이론이 제각기 중요한 시사점을 제공하고 있지만 현재 정신병리학에서 가장 널리 받아들여지는 이론은 통합적 모델인 체질-스트레스(diathesis-stress) 모델이다.

체질-스트레스 모델에 따르면(Cicchetti & Rogosch, 1996; Monroe & Simon, 1991) 심리장애는 생물학적, 심리학적, 사회적 요인의 조합에 의해 발생한다. 간단히 말하면, 정신병은 유전적인 취약성(특이 체질)과 스트레스 받는 사회 경험들(스트레스)로 인해서 발생한다는 것이다. 리네한과 허드(Linehan & Heard, 1999)에 따르면, 경계선 성격장애는 생물학적 특이성과 부적응적인(무시하고, 경멸하고, 처벌적인) 가족 환경이 결합되어서 발생한다.

여기서 꼭 기억해야 할 점은 취약성(성향 혹은 특이 체질)은 생물학적 원인(유전자 수준, 두뇌 구조, 신경전달물질, 호르몬들)뿐 아니라 가난과 심각한 외상 같은 환경적 원인에서도 비롯된다는 것이다. 그러나 스트레스는 항상 환경에서 비롯된다. 여기에는 평범한 사건들(교통체증)뿐만 아니라 충격적인 경험들(사랑하는 사람과의 사별)이 포함된다.

비정상을 어떻게 치료할 수 있는가　심리장애를 치료하는 방법은 크게 두 가지로 생물학적 방법과 심리학적 방법이 있다. 의사가 처방할 수 있는 다양한 종류의 향정신성 약물이 존재한다. 실제로 향정신성 약물 사용은 지난 20년간 급격한 증가를 보였다. 예를 들어, 1988년과 2000년 사이에 성인들이 사용한 항우울제는 3배로 증가하였으며(National Center for Health Statistics, 2004), 이제 향정신성 약물 시장은 수십억 달러의 규모가 되었다(Horne, Weinman, Barber, & Elliott, 2005).

그렇다면 이 약들은 효과가 있는가? 먼저 약물치료 연구는 DSM의 제1축 장애에 초점을 두고 있다는 점을 알아야 한다. 향정신성 약물이 효과적이라는 증거는 많이 있다. 예를 들어, 향정신성 약물(리스페리돈)은 정신분열증에 효과적이다(Koenigsberg et al., 2003). 플루복사민, 리튬, 올란자핀, 항발작성 약물(위키피디아에서 검색 가능) 등과 같은 다양한 약물들이 경계선 성격장애에 효과적인 것으로 알려져 있다(Hollander et al., 2001). 그러나 이런 장애를 가진 환자들이 약을 남용하기 때문인지는 몰라도 약물로만 경계선 성격장애를 치료하는 것에는 한계가 있다.

약물 치료 외에도 여러 심리학적인 치료가 성격장애에 성공적이라는 사례들이 있다. 한 연구에 따르면, 간단한 심리연극 치료가 연기성 성격장애와 걱정/불안 장애로 유발된 증상을 완화시키는 데 효과적이었다(Winston et al., 1994). 이런 종류의 치료에는 현재 부적응적 자각과 행동을 초래한 어린 시절 환자의 특별한 경험들을 떠올리게 하는 과정이 포함된다. 인지행동주의자들은 문제 행동 저변에 깔려 있는 환자들의 비이성적인 사고를 자각하게 만드는 것을 목표로 한다. 환자가 가지고 있는 자신의 사고 과정과 상식적인 가정들(schemata)이 역기능을 야기시키는 원인이라고 인정하다면 이후 다양한 행동 요법들이 추가적으로 투입된다. 예를 들어, 행동 치료의 하나인 사회 기술 훈련은 회피성 성격장애를 가진 사람들이 다른 사람들과의 긍정적인 관계를 형성하는 데 아주 효과적이다(Alden, 1989). 한편 한 메타분석에 따르면, 사이코패스는 거의 치료가 불가능한 것으로 알려졌지만 인지행동 기술들을 도입함으로써 여러 긍정적인 치료 효과를 볼 수 있다(Salekin, 2002).

이러한 연구 결과들은 매우 고무적인 일이지만, 다음 세 가지 면을 고려해 보아야 한다. 첫 번째로 항정신적 약물 사용에 대한 논란이다. 모든 사람에게 약물이 효과가 있는 것이 아니며, 약물로 병을 완치하는 경우는 거의 없다. 게다가 약물에 의한 부작용도 있다(특히 전통적인 항정신성, 항조울 억제제). 약물이 질병을 치료하지 못하고 모든 사람에게 효과를 나타내지도 못하지만, 대신 약물은 사람들이 사회에 적응하여 정상적으로 생활할 수 있게 도와준다. 또한 요즘은 옛날에 비해 약물의 부작용이 거의 없다.

두 번째 비판은 심리치료에 관한 것이다. 심리치료가 효과적이라는 많은 증거들이 있지만, 연구 기준에 대한 논란의 여지가 있다. 특히 대부분의 연구들이 통제 집단을 포함하지 않고 있기 때문에 치료가 효과적이었던 원인을 심리치료 때문만으로 단정하기가 어렵다. 따라서 증상이 좋아진 이유가 치료 덕분인지, 자연 치유인지, 플라시보 효과인지, 다른 요인인지 파악하는 것이 쉽지 않다.

마지막으로 고려해야 할 점은 성격장애의 안정성에 관한 것이다. 실제로 많은 성격장애들은 우리 몸속 깊이 뿌리 박혀 있어서 완벽한 회복을 기대하기가 어렵다. 한 사람의 내재된 성격을 완전히 바꾼다는 것은 사실상 불가능하다. 그럼에도 치료자들은 이들이 삶에 보다 잘 적응하고 살아가는 데 도움을 주고자 특정 행동, 태도, 사고를 변화시키려고 노력한다.

몇 가지 마지막 제언 앞에서 우리는 정상과 비정상의 정의와 이론들을 살펴보았다. 우리가 잊지 말아야 할 것은 정상이라는 개념이 똑 부러지게 한 가지로 정해지지 않는다는 것이다. 정상을 정의하는 방법은 다양할 뿐만 아니라 각각 장단점이 존재한다. 또한 한 가지 분명한 사실은 정상을 정의하지 않으면 득보다는 실이 많다는 것이다. 다시 말하면 만일 우리에게 합의된 기준(비록 완벽하지는 않다고 하더라도)이 없다면, 전문가들(의사, 심리치료사, 심리학자 등등)은 증상을 평가하고 구분하는 준거와 기준을 가지지 못한다. 이것은 마치 "누군가 아프다고 어떻게 감히 단정해서 말할 수 있는가?"라는 이유로 신체적인 질병을 진단하지 않는 것과 같다. 그렇다면 이 문제는 아주 단순해진다. 결국 누가 정상이고 누군가가 정상이 아닌지에 대한 기준에 동의하든지 아니면, 치료를 포기하는 것이다.

비록 정상과 비정상을 정의하는 것은 매우 복잡한 일이지만 여기에 대한 최근 관점은 아무리 심각한 정신질환이라 할지라도 정상적인 사고와 행동이 일탈된 것으로 이해될 수 있다는 점이다. 사실, 편집증과 다소 회의적인 사고를 구별하는 유일한 방법으로는 의심하고 있는 내용이 정확한 사실인지, 생각들이 통제 가능한지, 심리적으로 고통스러운지에 대한 판단뿐이다. 마찬가지로, 비극적이거나 매우 위험한 상황이라면 극도로 슬프거나 불안해도 상관이 없다. 이런 상황에서 기뻐하거나 편안해한다면 오히려 이러한 행동들을 이상하게 여길 것이다. 연구자들은 정상과 비정상을 정확히 구분하기 위해 노력하고 있지만, 성격장애라고 명확히 구분하기 모호한 회색지대가 존재한다는 사실을 부인할 수 없다.

결론

우리는 모두 성격에 관심을 가지고 있다. 성격은 본질적으로 현재의 우리를 만들기 때문이다. 성격은 우리를 다른 사람들과 구별하고 각각 독특한 존재가 되게 한다. 만일 우리가 상황과 시간에 따라 다르게 행동하고, 예측이 불가능하게 행동한다면 성격이란 존재하지 않을 것이다. 그러나 우리는 직관적으로 사람들이 저마다 독특한 방식으로 행동하고, 생각하고, 감정을 표현한다는 사실을 알고 있다.

이 장에서 우리는 가장 주요한 성격 이론들을 살펴보았다. 각각의 이론들을 통해 성격이 무엇인지, 어떤 관점으로 보는지, 어떻게 측정하는지를 소개하였다. 성격을 바라보는 관점은 이론들마다 다르다. 예를 들어 정신역동 이론에서는 성격을 행동이라는 가면 속에 숨겨진 역동 과정과 투쟁으로 보았다. 성격이란 우리가 의식적으로는 인지할 수는 없지만 우리의 생각, 느낌, 행동을 지배하는 그 무엇으로 보았다. 한편 사회인지 이론에는 성격을 일련의 인지(우리의 행동을 지배하는 신념, 기대, 목표)로 보았다. 이러한 인지들은 매우 의식적이어서 지금 그리고 여기에서 일어난다. 사회인지 이론은 어떻게 사회적 관계, 학습 메커니즘, 인지 과정들이 연결되어 성격과 행동을 형성하는지를 설명해 준다. 정신역동 이론과 사회인지 이론의 가장 두드러진 차이점은 성격의 융통성, 유연성에 대한 부분이다. 다시 말하면 정신역동 이론에서는 성격을 어린 시절로부터 고착화된 것으로 바라보는 반면에 사회인지 이론에서는 성격을 유동적이고 끊임없이 변화하는 것으로 보았다.

성격의 유연성에 대한 행동주의적 관점을 다시 설명하였다. 행동주의 관점에서 성격은 단지 과거의 경험과 현재의 상황에 의해 형성된 행동일 뿐이다. 따라서 현재와 미래의 경험들은 미래 행동에 변화를 가져올 수 있다. 이처럼 환경과 행동 사이에 일어나는 무한반복 사이클이 성격의 본질이고 따라서 생각, 행동, 느낌의 안정된 내적 패턴이란 존재하지 않는다. 결과적으로 성격도 없다고 주장한다. 이 관점은 상황주의 운동에서도 받아들여져서 성격은 본질적으로 환상에 지나지 않는다고 주장했다.

행동주의와 상황주의 이론은 사실상 성격 개념 자체를 부정하고, 성격심리학의 이론에 정면으로 도전한다. 사실 1960년대와 70년대에 성격에 대한 연구가 활발하게 진행되지 못한 것도 이들의 영향 때문이다. 그럼에도 경험적인 연구는 계속되었다. 현재 사고, 감정, 행동의 안정된 패턴이 존재한다는 개념은 이미 잘 정립되었다. 또한 대부분의 심리학자들은 이처럼 안정된 패턴이 몇 가지의 보다 광범위한 유형으로 구분될 수 있다는 사실에 동의한다.

이러한 패턴을 다섯 가지 기본 특성으로 유형화한 모델이 바로 5요인 모델이다. 다섯 가지 요인만으로도 다양한 성격을 설명하기에 충분하다. 5요인 모델을 지지하는 많은 경험적인 증거가 발견되었기 때문에 심리학자들은 성격이 다섯 가지 기본 특성으로 이루어졌다는 것을 사실로 받아들인다. 앞으로도 5요인 모델을 뒷받침하는 증거들이 계속 발견될 것인지는 보장할 수 없지만 그럼에도 다음 한 가지 사실은 분명하다. 즉, 5요인 모델은 사람들이 서로 '어떻게' 다른가에 대한 확실한 답을 제시했다는 점이다. 성격에 대한 특성 이론은 실제 우리가 누구이고, 다른 사람들과 어떻게 다른지를 알려주는 가장 유용한 도구임에 틀림없다.

참고

1 다음 장에서 상관관계에 대해 자세히 설명할 것이므로, 여기에서는 두 변수(예 : 특성과 행동)가 관련 있다는 정도로 간단하게 설명했다. 상관이 $r=.1$은 두 변인은 완전하게 관련이 있다는 의미이다. 반면에 상관이 $r=.0$이면 두 변인 사이에는 아무런 관련이 없다는 의미이다.

사람들이 서로 다른 이유는 무엇인가 : 성격의 원인 이해하기

1 장에서는 성격의 주요 이론을 소개하였다. 특히, 성격의 개인적 특징을 잘 설명하고 있다고 평가된 '특성 이론'을 중심으로 살펴보았다. 이 중에서 5요인 모델(FFM)은 사람들의 행동, 사고, 감정의 일관된 패턴에서 나타나는 유사성과 차이점을 설명하는 데 가장 유용한 이론이다. 이는 마치 어느 지역의 온도를 섭씨로 측정하거나 사람의 신장을 미터로 측정하는 것처럼 사람의 성격을 신경증, 외향성, 개방성, 우호성, 성실성(비록 일반인들은 다섯 가지 요인들에 대해 이러한 전문적인 용어를 쓰지 않겠지만) 수준에 따라 설명할 수 있다. 5요인 모델은 한 문화 내에서뿐만 아니라 모든 문화에서 다양한 사람들의 성격을 시로 비교할 수 있게 하는 성격의 일반적 분류 체계이다. 따라서 만약 누군가 "제 친구와 저는 매우 비슷해요."라고 한다면, 5요인 모델은 '어떻게'(예 : 모두 사교적이라든지 또는 외향적이라든지) 같은가를 측정할 수 있다.

성격 연구자들은 사람들이 어떻게 다른가라는 질문 외에도 왜 다른가에 대한 질문의 답도 찾기를 원한다. 예를 들어, 왜 어떤 사람들은 수다쟁이고 외향적인 반면 어떤 사람들은 수줍어하고 내성적인가? 왜 어떤 사람들은 시험을 앞두고도 여유롭고 많은 사람들 앞에서 편안한 반면 어떤 사람들은 같은 상황에서 걱정하고 염려하는가? 이러한 질문들은 사람들이 어떻게 행동을 하는가에 대한 문제라기보다 왜 그런 행동을 하는가에 대한 문제이다. 다시 말하면 누군가의 외향적이고, 우호적이며, 성실한 성격의 배후에 있는 원인을 찾는 것이다. 부모의 양육 방식 때문인가? 그들이 다녔던 학교 그리고 그들이 받은 교육 때문인가? 외향적이고 우호적인 어머니 또는 성실한 아버지에게 받은 유전자 때문인가? 이러한 성격의 원인에 대한 질문들은 심리학에서 가장 오래된 논쟁 중 하나인 천성 대 양육으로 연결된다.

성격의 원인을 이해하고자 할 때 우선적으로 생물학적인 영향이 어느 정도인지 궁금해 한다. 일반인들은 한 개인의 성격은 그가 노출된 경험을 반영하기 때문에 성격은 단지 인생 경험의 결과일 뿐이라고 생각하기 쉽다. 그러나 점점 더 많은 성격 연구자들이 개인 특성의 차이를 만들어내는 유전 및 생물학적 요인들을 강조한다. 쌍둥이 연구에서 분자 유전학에 이르기까지 성격의 생물학적인 기초에 근거한 연구에 더 많은 성격 심리학자들과 신경학자들이 관심을 가지게 되었다. 이 장에서 우리가 심도 있게 다룰 주제는 유전적 요인이 성격에 미치는 영향력에 대한 학자들 간의 열띤 논쟁의 핵심이 무엇인가라는 것이다. 하지만 분명한 것은 천성과 양육이 서로 배타적인 것이 아니라 상호 보완적이며 영향을 주고

받는다는 점이다. 이 책을 저술하고 있던 중 심리학 수업을 듣고 있던 한 학생이 다가와 "자신의 성격을 바꾸는 것이 가능한가요?"라는 질문을 던졌다. 물론 이 질문은 과학적인 면뿐만 아니라 평범한 개인들에게도 매우 중요한 질문이다. 우리 중 대부분은 자신이 바꾸고 싶어 하는 나쁜 행동을 적어도 한 가지 정도 가지고 있다(만약 자신이 나르시즘에 빠졌든지 아니면 정말 완벽한 사람이라면 예외겠지만). 많은 사람들은 자신들의 행동의 유전적인 면들을 바꾸고 싶어 한다. 예를 들어, 지나치게 주도적이라든지, 지나치게 정리한다든지, 지나치게 자신감이 넘친다든지, 너무 친절하거나 무례하다는 점 등이다.

특히 서구 사회에서 자기계발 제품과 서비스가 거대한 시장을 형성한다는 사실은 매우 흥미롭다. 미국에서 조사한 한 시장 보고서에 따르면, 자기계발 시장은 96억 달러 규모이며, 한 해 동안 25%(Marketdata Enterprise, 2005)의 성장률을 나타냈다. 자기계발 제품과 서비스는 성격의 변화에 초점이 맞추어져 있다. 예를 들면, 일을 처리하는 방식의 변화, 생각의 변화, 느낌의 변화 등이다. 어떤 인기 있는 자기계발서는 새로운 습관들을 형성하는 방법을 알려준다. 성공하는 사람들에게 공통적으로 나타나는 습관들을 기록한 코비(Covey, 1989)의 책이 대표적이다. 한편 다른 유형의 책들은 누구나 할 수 있다는(Bannatyne, 2007) 메시지를 강조한다. 책의 주된 메시지는 보다 확고하고, 보다 긍정적이고, 보다 통제적이고, 보다 덜 부정적이 되라는 것이다. 간단하게 말하자면, 자기계발서는 우리가 생각하고, 느끼고, 행동하는 방식, 즉 우리의 성격을 바꿀 수 있다고 설명한다. 이처럼 자기계발 서적과 서비스가 매우 인기 있다는 사실은 성격이 변하는가에 대한 질문 자체뿐 아니라 평범한 개인들에게 중요한 의미를 던져 주게 되었다. 따라서 심리학적이면서 경험적인 물음에 해당하는 질문은 다음과 같다. 사람은 변할 수 있는가?

이 질문에 대한 대답은 복잡할 수 있지만, 사람들은 대개 천성 또는 양육이라는 두 가지 입장 중 하나를 취하기 마련이다. 사람들 중 일부는 성격은 천성적으로 결정이 되기 때문에 사람은 변하지 않는다고 생각한다. 따라서 게으른 사람은 앞으로도 게으르고, 수줍은 사람은 항상 수줍고, 정리가 되지 않는 사람은 계속해서 정리를 하지 못할 것이라고 생각한다. 한편, 다른 사람들은 성격은 다양한 삶의 경험과 환경을 통해서 형성되기 때문에 사람은 변할 수 있다고 생각한다(실제 성격이 바뀌는지 아닌지는 또 다른 문제이다). 따라서 부끄러움을 타는 사람도 외향적이거나 강인할 수 있고, 게으른 사람도 성실할 수 있고, 정리가 되지 않는 사람도 정리되고 효율적인 사람으로 바뀔 수 있다고 생각한다. 하지만 아쉽게도 천성과 양육과의 관계는 그렇게 단순하게 설명되지 않는다. 앞으로 설명할 내용이지만 천성과 양육이 상호작용하여 성격(행동, 사고, 느낌의 안정된 패턴들)을 형성하는 추가적이고도 다양한 방법이 있다. 또한 이러한 관계를 이루는 인과관계는 한 방향으로만 작용하지 않는다.

이 장의 목표는 두 가지이다. 첫째, 성격의 주요한 형성 이론을 설명할 것이다. 성격이 다른 이유는 무엇인지, 사람들이 여러 가지 면에서 다른 이유에 대한 답을 제공할 것이다. 둘째, 첫 번째 질문 후에 제기되는 성격 변화와 발달 문제를 설명할 것이다. 다시 말하면, 사람이 바뀐다면 실제 어느 정도까지 바뀌게 되는가를 다룰 것이다. 마지막 부분에서는 성격 변화에 기여하는 주요한 요인들을 다루게 될 것이다.

유전과 성격

사람마다 성격이 다른 이유를 찾기 위해 심리학자들은 일반적으로 세 가지 분야를 탐구해 왔다. 그것은 유전, 생화학, 진화 분야이다. 이러한 패러다임은 모두 성격의 유전 이론에 초점을 두고 있지만 한편으로 성격의 유전 그리고 환경의 상대적 영향력을 평가하는 데 유용하다.

심리학자들이 성격의 기저에 있는 생물학적 혹은 유전적 요소에 대해 관심을 가진 것은 고대 그리스 시대부터이지만 이 영역에서 엄청난 진보를 나타낸 것은 불과 5~60년 전부터이다. 이 분야에서 가장 놀랄만한 성과를 드러낸 곳은 의심할 바 없이 행동유전학이다. 또한 분자유전학과 진화심리학에서의 최근 연구들은 성격의 유전적 뿌리를 이해하는 데 많은 기여를 했다. 이들 분야에서의 중요한 이론들을 설명하기에 앞서 유전학의 기본적인 원리들을 살펴보기로 한다.

학문으로서의 유전학은 유전자의 분자 구조와 기능을 다룬다. 우리가 유전으로 받는 모든 것(모든 사람에게 나타나는 보편적인 기질과 한 개인에게만 나타나는 기질 모두)은 유전자로 알려진 생물학적 구성 요소를 통해 전달된다. 우리가 유전적 특성에 대해 이야기할 때면 흔히 신체적인 자질들, 즉 머리 색깔, 눈 색깔, 신장 등을 생각하게 되는데, 이는 가시적으로 확인할 수 있는 특성이기 때문이다. 그러나 앞으로 차차 살펴보겠지만, 유전은 단지 신체적인 특성에 국한되지 않고 심리적 특성에까지 영향을 미친다.

유전자는 부모로부터 자녀들에게 전해진다. 우리는 23쌍의 염색체(생물학적 부모로부터 각 쌍의 한쪽씩)를 물려받는다. 염색체는 수천 개의 유전자로 구성된다. 염색체의 주된 기능은 우리의 몸을 구성하고, 유지하고, 조절하는 단백질을 합성하는 것이다. 따라서 유전자는 기관의 생물학적 발달을 이끄는 기본적인 신체 구성 요소라고 할 수 있다. 모든 사람들이 99.9%의 동일한 유전자를 공유한다는 것을 고려해 볼 때(사람과 침팬지는 유전자의 98%를 공유), 특정 유전자가 단백질을 합성하는 방법에 따른 사소한 차이가 가시적으로 구분되는 행동적 차이(우리가 관찰하거나 측정할 수 있는 것)를 만들어 낸다는 사실은 마치 작은 눈덩이가 뭉쳐서 큰 눈덩이가 되는 그림을 연상시킨다. 그러나 유전자가 직접적으로 행동에 영향을 미칠 수 없다는 점에 주목할 필요가 있다. 즉, 지능과 외향성의 차이를 가져오는 유전자는 없다. 유전자는 신체의 생리적 기능(신경 체제나 호르몬 조절 등)에 영향을 미치는 방식으로 행동과 심리에 간접적인 영향을 미친다.

행동유전학

인간 게놈에 대한 기본적인 구성을 어느 정도 이해했다면 이제 성격이 다른 이유에 대한 중요한 정보를 제공해 주는 세 가지 분야를 살펴보겠다. 행동유전학이 그 시작이다.

행동유전학이란 개인의 다양한 차이를 가져오는 유전적 및 비유전적 영향을 탐구하는 심리학의 한 분야로 성격, 지능, 이상심리를 포함한다.

행동유전학은 개인의 차이가 경험(학습, 교육, 습득된 가치관 등) 혹은 '유전적으로 새겨진' 정보에 의해 어느 정도 영향을 받았는지를 탐구한다.

행동심리학에서 밝혀진 두드러진 심리학적 특성은 지능과 인지능력이다. 사실, 지능과 유전 사이의 관련성은 심리학에서 가장 논란을 불러일으키는 주제 중 하나이다. 이것은 그리 놀랄 만한 것이 아니다. 우리가 지능에 있어 개인적 차이가 존재한다고 가정하면, 자연스럽게 "왜?"라는 질문이 따라온다. 다르게 표현하자면, 어떤 사람들이 다른 사람들보다 더 똑똑하다고 말할 때 다음과 같은 질문이 생긴다. 이러한 개인적 차이는 유전자 때문인가 아니면 환경 때문인가?

이 문제에 대한 해답을 구할 때, 한 가지 주의해야 할 점은 상식은 금물이라는 것이다. 두 명의 부모와 두 명의 자녀로 구성된 4인 가족의 전형적인 예를 살펴보자. 부모는 부유하고 똑똑하다고 가정해 보자. 또한 두 아이들 역시 똑똑하다고 가정해 보자. 아이들의 지능이 부모로부터 유전되었다고 주장할 만큼 충분한 증거가 되는가? 신장, 눈 색깔, 다른 신체적 특성의 경우에 있어서는 유전의 영향을 인정할 수 있겠지만 지능 또는 심리적 특성에 대해서는 좀 더 다른 해석을 내릴 것이다. 아마도 이 아이들의 높은 지능에 대한 보다 설득력이 있는 해석은 부모의 높은 사회경제적 지위로 인해 아이들이 받았던 양질의 교육이 될 것이다. 한 걸음 더 나아가 이러한 해석도 가능하다. 부모가 자녀들을 도서, 퀴즈, 도전적 과제, 지적 자극을 주는 환경에 노출했기 때문에 결과적으로 지적 능력이 향상되었다고 볼 수 있다. 따라서 자녀의 지능은 유전보다는 똑똑한 부모가 주는 양육 환경에 의해 간접적으로 영향을 받는다고 볼 수 있다.

앞의 시나리오로 볼 때, 두 가지 대답이 모두 가능하다. 이것은 또한 성격과 다른 심리적 특성에도 적용된다. 우리는 한 개인이 다른 사람들보다 사교적이고, 긍정적이고, 단호한 이유는 유전의 영향 때문이라고 말할 수 있다. 또한 우리는 그들이 주목을 받기 위해 싸워야 하고, 실패가 용납되지 않는 경쟁적인 환경에서 자라왔기 때문이라고 말할 수 있다. 두 가지 주장 모두 논리적으로 타당하다. 그렇다면, 심리적 특성이 유전에 의한 것인지 아닌지를 어떻게 알 수 있을까? 이 문제는 과학에서 예측과 설명 사이의 간격이라는 보다 본질적인 물음과 관련된다. 그래서 아이들이 부모의 성격과 지능을 닮는다는 것을 상식으로 받아들이지만, 그 이유는 분명하지 않다. 다시 말해서, 우리는 부모의 성격과 지능을 보고 그 아이의 성격과 지능을 예측할 수 있지만, 이 둘의 연관성을 설명하는 것에는 다양한 해석이 존재한다.

행동유전학의 과제는 유전과 환경의 상대적 영향력을 확인하는 것이다. 이를 위해 쌍둥이 연구와 입양아 연구라는 두 가지 연구 방법이 시도되었다. 쌍둥이 연구는 생물학적 영향과 환경적 영향을 확인하는 아주 편리하면서도 과학적으로 설득력 있는 방법이다. 쌍둥이 연구는 일란성과 이란성 쌍둥이 사이에 존재하는 차이점을 체계적으로 확인하기 때문에 '자연 실험'이라고 알려져 있다. 일란성 쌍둥이는 같은 수정란에서 만들어져 100% 유전자 일치를 보이는 반면, 이란성 쌍둥이는 다른 수정란에서 만들어져 50%의 유전자 일치를 보인다. 이는 형제간이나 부모 자식 간의 유전자 일치와 같은 확률이다. 연구자들은 두 종류의 쌍둥이들을 지속적으로 관찰하면서 환경적 변인(쌍둥이들이 성장하면서 함께 공유하는 환경)들을 일정하게 유지하는 가운데 개인들 간의 유전적 변인을 조작(실험이 아닌 자연적 방법을 사용하여)할 수 있게 되었다. 만약 성격에 미치는 유전적 영향이 크다면 일란성 쌍둥이가 이란성 쌍둥이에 보다 많이 닮을 것이다. 왜냐하면 일란성 쌍둥이가 유전적으로 유사성이 높기 때문이다. 만약 이란성 쌍둥이에 비해 일란성 쌍둥이에게서 특별한 유사점(성격, IQ, 다른 특성 등)이 발견되지 않는다면, 환경이 성격의 개인차를 만드는 유인한 조건이라는 결론에 이를 수 있을 것이다.

성격이 유전에 의한 것인가를 결정하는 다른 방법은 바로 입양아 연구이다. 입양아 연구는 '사회 실험'으로 불리는데, 연구자들이 유전적 변인을 일정하게 유지하는 가운데 환경적 변인을 조작할 수 있기 때문이다. 태어나자마자 부모와 형제로부터 분리되어 입양된 재스민의 예를 살펴보자. 입양한 부부에게는 이미 두 명의 친자가 있다고 가정해 보자. 오랜 시간이 지나 이제 재스민은 어른이 되었고 다시 자신을 낳아준 부모와 재결합할 기회를 갖게 된다. 그들은 20년 만에 처음으로 만나게 된 것이다. 한 연구팀이 재스민과 그녀의 생리적 가족 및 입양 가족(부모와 형제자매) 모두를 대상으로 성격 테스트를 한다고 가정해 보자. 재스민은 태어난 후 한 번도 생부모를 만난 적이 없다. 연구 문제는 다음과 같다. 과연 재스민은 생부모를 더 닮을 것인가 아니면 양부모를 닮을 것인가?

이러한 사례 연구는 성격에 있어 유전과 환경이 미치는 상대적 영향력을 검증하는 데 매우 유용하다. 만일 환경과 양육 방식이 성격 형성에 중요한 원인이라면 재스민은 생부모보다 양부모와 성격적으로 많은 유사점을 보일 것이다. 만일 유전이 중요한 원인이라면 반대의 결과가 나타날 것이다.

앞의 두 방법보다 강력한 검증력을 갖지만 사례 수가 소수에 불과한 연구가 있다. 그것은 일란성 쌍둥이를 어린 나이에 분리해서 양육하는 방법이다. 연구자들은 유전자가 100% 일치하면서 인생의 대부분을 전혀 다른 환경에서 자라는 일란성 쌍둥이를 관찰하게 된다. 만일 환경이나 인생의 경험이 성격의 중요한 요인이라면, 각기 다른 환경에서 성장한 일란성 쌍둥이는 서로 닮지 않을 것이다. 아니면 적어도 양부모와 유사한 성격적 특성을 많이 보일 것이다. 만일 일란성 쌍둥이에게 어떤 유사한 점들이 나타났다면 그것은 유전적 요인 때문이라고 생각해야 할 것이다.

유전자의 상대적 영향

앞에서 설명한 것처럼, 행동유전학에서 사용된 방법들은 유전과 환경의 상대적 영향력을 검증하는 데 유용한 도구일 뿐 아니라, 이 복잡한 문제를 설명하는 데도 매우 신뢰할 만한 도구이다. 유전적 요인은 통계학적인 면에서 '유전성 추정치(heritability estimate, HE)'라고 지칭한다. 유전성 추정치(HE)는 개인의 성격에 유전적인 영향이 어느 정도나 차지하는지를 알려준다. 만일 일란성 쌍둥이가 이란성 쌍둥이에 비해 어떠한 성격적 유사성을 보이지 않는다고 한다면 또는 입양된 아이에게서 그 생부모와 어떠한 성격적 일치를 발견할 수 없다면 우리는 "유전 가능성이 전혀 없다."라고 평가할 것이다. 다시 말하면, 성격에 대한 유전자의 영향력은 0%가 되는 것이다. 반면 일란성 쌍둥이가 이란성 쌍둥이에 비해 비교할 수 없을 만큼 많은 유사성을 보인다고 한다면 또는 입양아와 생부모의 성격적 유사성이 매우 높다고 한다면 우리는 "유전 가능성이 1에 가깝다."고 할 것이다. 다시 말하면, 성격에 대한 유전자의 영향력은 100%가 되는 것이다.

그렇다면 성격에 대한 유전의 영향력은 얼마나 될까? 이 질문을 해결하기 위해 많은 연구가 진행되었다. 주커만(Zuckerman, 1991)은 높은 검증력을 갖춘 메타분석을 통해서 유전이 성격을 결정하는 가장 실질적인 원인이며, 환경에 대한 영향력은 미미하다고 결론을 내렸다. 문헌 연구를 통해, 주커만은 일란성 쌍둥이들 간의 상관(유사성)이 이란성 쌍둥이들보다 항상 더 높다는 일관된 결과를 발견했다. 더군다나 대부분의 연구에 따르면, 일란성 쌍둥이는 이란성 쌍둥이에 비해 2배 이상의 상관을 보이는 것으로 나타났다. 지난 수십 년간 수행된 영향력 있는 연구들은 유전이 실질적인 원인이라는 일치된 연구 결과를 보고했다. 최근 연구에 따르면, 성격 특성에 미치는 유전 가능성은 0.4~0.6정도로 추정된다(Spinath & Johnson, 2011). 이는 유전의 영향력이 40~60% 정도임을 의미한다(참고로 지능의 유전 가능성은 0.5~0.8임). 측정상의 오차가 크다는 것을 고려해 본다면(측정 도구가 완벽하지 않으므로), 환경의 상대적 영향력은 보다 작다고 할 수 있다. 사실 성격에 미치는 유전의 영향은 상당히 실질적이다. 성격의 유전적인 근거를 가장 강력하게 뒷받침한 연구는 어릴 때 헤어져서 서로 다른 환경에서 성장한 일란성 쌍둥이 형제가 거의 유사한 직업적인 관심과 취미를 가지고 있으며 같은 애완동물을 선호한다는 결과이다(Lykken, Bouchard, McGue, & Tellegen, 1993). 이러한 연구는 많이 수행되지는 않았지만 심리학적 특성에 미치는 유전의 영향력을 우리에게 명백하게 상기시켰다.

여기서 중요하지만 간과되기 쉬운 점 한 가지를 짚고 넘어가기로 한다. 첫째, HE는 한 집단 안에서 개인의 차이를 만드는 유전의 영향력을 추정하는 값이라는 점이다. 즉, HE는 한 개인의 성격에 어떤 유전자가 얼마만큼의 영향을 미치는가를 설명하지는 않는다. 예를 들어, 독서 능력에 대한 HE가 매우 높다고 하더라도 글을 읽을 수 있느냐 없느냐의 문제는 그 아동이 책 또는 다른 읽기 자료에 얼마나 노출이 되었느냐에 따라 영향을 받을 것이다. 따라서 유전성은 한 개인이 특정한 성격을 가질 수밖에 없는 불가항력적인 필연성을 의미하는 것이 아니라 단지 통계학적 경향성만을 의미한다. 둘째, HE는 특정한 시간과 장소에 영향을 받는다. 다시 말하면, 같은 성격적 특성에 대한 서로 다른 HE가 나타날 수 있다. 예를 들어, 한 집단 안의 개인들에게 미치는 환경의 영향력이 매우 다양하고 광범위한 경우(대규모 도시의 경우처럼), HE의 영향력은 감소하기 마련이다. 반대로, 환경 내 조건들이 동일하다면(작은 마을 경우처럼), HE의 영향력은 증가하기 쉽다. 결론적으로 HE는 어떤 특정한 개인의 행동을 설명하는 것이기보다는 해당 연구에 있어 집단 안의 변량(집단 내 개인의 차이)과 관련된 수치로 볼 수 있을 것이다.

환경의 영향

성격의 유전성에 관련된 연구들이 성격의 차이를 가져오는 유전자와 생물학적인 요소의 중요성을 강력하게 입증하였음에도 불구하고, 환경의 영향력에 대한 여지는 여전히 남아 있다. 유전자가 성격의 모든 변량(특성)을 100% 완벽하게 설명하지 못한다는 연구 결과는 또한 환경의 중요성에 대한 증거이기도 하다(비록 앞서 살펴본 것처럼 통계적인 측정 오차를 고려해야 하기 때문에 환경의 영향력을 측정하기 위해 전체에서 유전적 영향력만을 빼는 것은 불가능하지만).

성격 형성에 미치는 환경의 영향력을 살펴보기에 앞서 미리 기억해야 할 점이 있다. 그것은 환경은 공유된 환경과 공유되지 않는 환경이라는 두 가지 범주로 분류된다는 것이다. 공유된 환경이란 한 가족 안의 모든 구성원에게 적용되는 동일한 환경을 의미한다. 공유된 환경에는 같은 집에서 자란 것, 같은 부모, 같은 사회적 지위, 같은 애완용 개 등이 있다. 한편, 공유되지 않은 환경이란 한 개인에게만 해당되는 독특한 환경을 말한다. 여기에는 부모의 다른 양육 방식, 다른 친구들, 다른 학교, 다른 취미 등이 있다.

공유된 환경과 비공유된 환경은 다음의 두 가지 방법으로 측정된다. (a) 같은 가정에서 자랐지만 입양된(생물학적으로 관련이 없는) 형제들의 유사성을 관찰하는 방법(공유된 환경), (b) 서로 떨어져서 자란(비공유된 환경) 형제들(입양되지 않은)과 같은 환경에서 자란 형제들을 비교하는 방법이다. 만약 공유된 환경이 더 중요하다면, 입양되었지만 같은 환경에서 자란 형제들이 더 많은 유사성을 보여야 한다. 그렇다면 연구 결과는 어떻게 나왔을까? 결과는 분명하다. 유전적으로 상관이 없는 형제가 같은 집에서 자란 경우 성격적 유사성은 거의 0에 가깝다(Zuckerman,

1991). 또 다른 증거로는 생물학적인 형제의 경우 그들이 분리되어서 성장하였든 아니면 함께 성장하였든 성격적 유사성에는 별다른 차이를 주지 못했다(Plomin & Daniel, 1987). 결론적으로, 유전과 환경의 상대적인 영향력의 범위는 다음과 같다. 대략적으로 유전적 요인 40%, 비공유된 환경적 요인 35%, 공유된 환경 5% 그리고 나머지는 측정의 오차가 차지한다(Dunn & Plomin, 1990).

다른 요인들에 비해서 공유된 환경(같은 양육 환경)이 상대적으로 낮은 비율을 차지한다는 점은 매우 놀랄 만한 부분이다. 결국, 발달심리학의 많은 이론들은 아이들을 양육하는 데 있어 개인에게 맞는 특수한 전략의 중요성을 강조하게 되었다. 물론 이러한 연구 결과를 가지고 부모의 양육과 양육 태도가 상대적으로 그다지 중요하지 않다고 쉽게 해석할 수 있겠지만 이렇게 해석하는 것은 잘못이다. 오히려 이것은 가족 간의 차이가 가족 내의 차이보다 중요하다는 사실을 암시하는 것으로 해석하는 것이 바람직하다. 본질적으로 앞의 연구 결과는 부모 양육이 중요하지 않다는 것이 아니라 부모가 아이들을 양육함에 있어 개별적인 방법으로 양육해야 함을 강조하는 것으로 받아들여야 한다. 또한 가족 구성원 각각의 독특한 경험들, 예를 들어 다른 친구들, 동료들, 교사들과의 관계 등이 비중 있게 다루어져야 함을 알려준다.

유전-환경의 상호 작용

이제 우리는 유전과 환경의 상대적인 영향력에 대한 대략적인 답을 얻었다고 판단할 수 있다. 마찬가지로 천성이냐 양육이냐의 논쟁에 대한 분명한 답을 얻은 것처럼 보인다. 그러나 환경과 유전의 관계는 그렇게 간단하지 않다. 지금까지 우리는 성격에 미치는 환경과 유전의 상대적이고도 분명한 영향력에 대해 살펴보았다. 그러나 실제에 있어서 환경과 유전은 보다 복잡한 방식으로 서로 영향을 주고받는다. 특히 환경과 유전은 성격에 직접적인 영향을 미칠 뿐만 아니라, 서로 서로 직접적인 영향을 주고받는다. 예를 들어, 양육과 같은 환경적인 요인은 후천적인 성격에 직접적으로 영향을 주지만, 유전과 동떨어져서 효과를 나타내는 것은 아니다. 유전적 성향이 환경(부모)에서 유발되는 반응을 이끌어내기 때문이다. 다시 말하면, 개인의 외모와 행동에 영향을 주는 유전적 구성의 차이가 사람으로부터 다양한 반응을 가져오게 한다. 예를 들어, 매력적인 아이는 부모들과 또래들로부터 매력적이지 않은 아이와는 다른 반응을 일으키게 한다. 더욱이 아이가 평균 이상으로 매력적이라면 분명히 매력적인 반응을 받을 것이고 결과적으로 이것은 아이의 효능감을 향상시키거나 혹은 아이를 망치게 할 것이다. 마찬가지로 사람들을 친절하게 대하는 우호적인 성향의 아이는 비우호적인 아이와는 다른 반응을 부모들과 또래에게 받을 것이다. 부모나 또래들은 어떤 아이에게는 보다 긍정적이고 다정하게 대하는 반면에 어떤 아이에게는 부정적으로 또는 회피적으로 반응한다. 따라서 이러한 반응들은 부모나 또래의 유전적인 성향 때문이기도 하지만 아이의 기질적인 특성에서 비롯된 것이다.

유전적인 성향은 사람들이 어떻게 행동하는지(예 : 우호적이냐/비우호적이냐)에 대해 영향을 주기도 하지만 환경에 대해 어떻게 반응하는가에도 영향을 준다. 걱정이 많고, 내성적인 아이는 깜짝 파티를 불편하게 느낄 것이다. 하지만 침착하고, 외향적인 아이는 같은 장면에서 긍정적인 반응을 나타낼 것이다. 이렇게 다른 반응들은 사람들이 앞으로 이 아이를 대하는 방식에 영향을 준다(예 : 깜짝 파티를 피하기).

마지막으로 유전적인 성향은 우리가 속한 환경을 형성할 뿐 아니라 (환경 안에서의 일반적인 행동이나 반응을 통해), 우리가 어떤 환경을 우선적으로 선택할 것인가에도 영향을 준다. 외향적인 성향의 사람들은 자극적이고 사교적인 환경을 선택할 것이고, 반면에 내성적인 사람은 조용하고 혼자 있는 환경을 선택하게 될 것이다. 이것이 바로 행동유전학자들이 말하는 '적소 찾기(niche-picking)'이다(Chamorro-Premuzic, 2011).

이처럼 이론적이면서 경험적인 증거를 갖춘 행동유전학 모델은 성격적인 차이가 환경과 유전의 상대적인 영향에서 비롯되었기보다 오히려 이 두 가지 요인의 결합이나 상호작용 때문이라고 설명한다. 이러한 유전과 환경의 상호작용을 고려해 본다면 천성 대 양육의 논쟁은 본질적으로 해결될 수 없다. 실제로 개인 간의 차이를 만드는 것은 유전과 양육(또는 양육을 통한 천성)이다. 그리고 각각의 상대적인 영향력은 특정한 상황에 따라 다르게 적용할 수 있다.

분자생물학

지금까지 우리는 성격의 유전성을 뒷받침하는 증거들을 살펴보았다. 그러나 행동유전학의 연구 방법은 여러분이 알아차렸을지 모르지만 이러한 효과들을 간접적으로만 측정할 수 있다. 다시 말하면, 행동유전학은 그 학문명과는 달리 생물학이나 화학적인 측면에서의 연구를 진행하지 않았다. 바꾸어 말하면 성격에 있어서 개인적인 차이를 가져오는 유전자에 대한 직접적인 연구를 하지 않은 것이다. 결과적으로 유전적인 효과는 직접적으로 관찰되기보다 통계적인 확률을 통해 유추되었다.

그럼에도, 최근 분자생물학은 이 분야에서 이례적인 진보를 보이고 있다(Spinath & Johnson, 2011). 분자생물학은 행동의 차이를 가져오는 특정 유전자의 경로를 분석하는 방법을 이용하여 유전자와 성격 특성 사이의 인과관계를 찾고자 한다. 분자생물학은 전형적으로 유전자와 성격의 관련성을 조사한다. 후보 유전자 이론(candidate gene approach)에서는 성격과 특정 유전자의 연관성을 밝혀 내기 위한 통계적 분석을 하기에 앞서 그 성격의 유전자가 위치할 것으로 예상되는 유력한 게놈 후보 지역을 조사한다.

레쉬와 동료들(Lesch et al., 1996)은 신경증(걱정)적인 성격적 차이를 만드는 것으로 알려진 세라토닌 전달 유전자의 한 돌연변이를 밝혀냈다. 이러한 연구 결과는 후속 연구에서도 동일하게 확인되었는데, 뇌 안의 세라토닌 변이가 걱정과 관련된 성격적 특성에 영향을 주는 것으로 나타났다(Sen, Burmeister, & Ghosh, 2004). 일관된 연구 결과는 신경수용체 유전자, 즉 D4 도파민 수용자와 감각 추구 특성 사이에 관련이 있다는 것이다. 이 감각 추구 특성은 아이젠크 모델의 정신증뿐 아니라 5요인 모델의 개방성과 상당 부분 중복된다(Chamorro-Premuzic, 2011). 특히 DRD4 유전자의 DNA 표시자 길이가 감각 추구 경향성을 높이는 한 요인이다. DNA 구조의 대립 유전자가 길수록 감각 추구도 높아지고 반대로 대립 유전자가 짧을수록 감각 추구도 낮아진다. 이것은 감각 추구 특성이 낮은 단계의 도파민을 보상하려는 시도로 해석될 수 있다.

앞에서 언급한 바와 같이, 후보 유전자 연구에서는 후보 유전자들을 파악하는 단계가 필요하다. 이 연구는 중요한 효과를 미치는 '조사되지 않은 유전자'가 자칫하면 간과될 가능성이 있다. 선행 연구들과 비교할 때, 이 점이 분명한 한계로 지적되었기 때문에 최신 방법론에서는 이것을 해결하고자 노력하고 있다. 특히, 최근 분자생물학과 유전학에서 거둔 성과들로 인해 성격 특성과 관련 가능성이 높은 유전자 변종들의 전체 게놈을 탐색하는 것이 가능해졌다. 전장 유전체 연관(genomewide association) 연구는 행동 특성에 차이를 가져오는 수십만 개의 유전자 변이를 다루고 있다. 이러한 연구들은 개인의 행동 특성에 아무런 역할을 하지 않은 것으로 인식되었던 유전자들을 찾아 그 효과를 확인했다. 새로운 연구 방법이 개발된 덕분에 행동 특성에 영향을 미치는 유전자들이 속속 발견되었다. 분자유전학은 개인차를 가져오는 새로운 신경생물학적 증거를 빠른 속도로 발견하고 있다.

이 시점에서 여러분은 마치 연구자들이 공상과학 영화에서나 볼 수 있음직한 누군가의 성격을 유추해 내거나 또는 읽어 내는 '유전자 프로파일'과 유사한 것을 가지고 있다고 상상할 수 있다. 그러나 이것은 사실이 아니다. 이유는 다음과 같다. 첫째, 유전자 프로파일링은 어려운 작업이다. 설령 유전자 후보 지역에 단 하나의 유전자 효과가 나타난다고 하더라도 말이다. 예를 들어 보자. 지금은 매우 잘 알려졌지만, HTT 유전자의 한 특정 유전자 돌연변이가 헌팅턴(Huntington) 질병과 관련이 있다고 하더라도, 연구자들이 초기의 관련성에서부터 특정 유전자를 발견하기까지는 10년의 기간이 소요되었다(Bates, 2005). 더욱 중요한 것은, 한 유전자에 의한 장애와는 다르게, 복합적인 성격 특성은 수많은 유전자들로부터 영향을 받았기 때문이고, 각각의 유전자는 성격에 아주 작은 영향력만을 준다는 사실을 알게 되었다. 분자유전학 연구가 시사하는 것 한 가지는 특정 성격 또는 개인차와 관련된 특정 유전자를 애써 찾지 말아야 한다는 것이다. 성격 특성은 복합적인 행동의 발현이기 때문에 수많은 복합적인 인과관계로 이해되어야 한다. 따라서 성격과 그 원인을 구조적 관점, 즉 수많은 유전자들이 주도적으로 혹은 상호보완적으로 성격에 영향을 주는 것으로 이해하는 것이 바람직하다. 이러한 관점은 분자생물학의 성과들을 평가절하하는 것이 결코 아니다. 각각의 유전자가 미치는 영향이 비록 작을지라도, 개별 유전자들의 조합은 상대방과 다른 성격을 형성하는 데 유전적으로 중요한 역할을 할 수 있기 때문이다. 더욱이 새로운 기술의 눈부신 발전 덕분으로 연구자들은 특정 유전자와 성격을 연결하기 위한 통합적인 게놈을 스캔할 수 있게 되었다. 따라서 미래에는 자기보고식 측정과 유전자 프로파일링의 두 가지 방법으로 자신의 성격을 측정하는 공상 과학 속의 장면이 실제로 벌어질 것이다.

지금까지 살펴본 것과 같이 행동유전학과 분자유전학 모두 우리의 행동에 대한 유전의 중요성을 설명하고 있다. 그러나 이 장의 앞부분에서 설명한 것처럼 유전자와 행동과의 관련성은 직접적이지 않다. 유전자는 두뇌의 발달(구조와 화학 반응)에 영향을 미친다. 따라서 유전자는 두뇌의 기능에 근간을 이루는 주요한 생물학적 과정에 영향을 주는 방법으로 행동에 영향을 미친다. 그렇다면, 유전자에 의해 영향을 받는 구조와 과정은 정확하게 무엇인가에 대한 의문이 남는다. 다시 말하면, 두뇌의 어떤 구조와 과정들이 행동과 성격에 직접적으로 영향을 미치는가? 이것은 다음 절에서 다루게 될 것이다.

성격의 생물학적 기초

성격의 개인차에 대한 생물학적 매커니즘 연구는 행동유전학 연구가 시작된 그 이전부터 수행되었다. 아마도 이 분야에서 가장 주목할 연구자는 한스 아이젠크(1916~1997)일 것이다. 앞 장에서 우리는 성격을 세 가지 유형, 즉 신경증, 외향성, 정신증적 경향성으로 분류한 아이젠크의 성격 유형론에 대해 살펴보았다. 또한 우리는 아이젠크의 이론 정립 방법이 커텔의 방법과 여러 면에서 다르다는 것을 알아보았다. 아이젠크에 따르면 성격은 사람들의 생물적 또는 생리적 차이에서 비롯된다. 아이젠크는 성격 특성에 근간을 이루는 생물학적인 과정을 설명하지 않고서는 어떠한 성격 이론도 완성될 수 없다고 믿었다. 분류학이 어떻게 사람들이 다른가를 설명할 수 있을지는 몰라도, 이론은 왜 그런가에 대한 이유를 설명해야 한다고 아이젠크는 믿고 있었기 때문에 여기에 대한 해답은 반드시 생물학에서 나와야 한다고 주장했다. 그렇지 않다면 우리는 통계적 기법 또는 사회적으로 구성된 카테고리만을 토론하는 위험에 빠지게 된다. 결국 이러한 것들은 성격을 사회적인 탓으로 돌리는 함정에 빠뜨릴 수 있다. 사람들이 존재하는 방식 때문에 그렇게 행동한다는 것은 순환적이고 반복적인 사고이기 때문에 오류일 가능성이 높다. 따라서 아이젠크에게 실질적인 이슈는 평범한 과학자가 물질이 존재함을 보여 주듯이 경험적으로 확실하게 성격 특성이 존재하는 것을 보여 주는 것이다.

아이젠크는 두 가지에 집중하였다. 첫째, 가장 기본적인 성격 특성을 분류하기 위해 커텔과 다른 연구자들이 사용한 방법(설문을 실시하고 요인 분석을 사용하여 통계적으로 분류하는 방법)을 이용했다. 둘째, 성격 특성의 개인차에 대한 생물학적인 연관성을 확인하기 위해 뇌 기능에서 나타난 개인 간의 차이를 강조한 것이다. 아이젠크는 사람들 사이의 행동의 차이를 설명하기 위해서 성격과 뇌 기능 간의 관계를 밝히는 초기 이론들을 발전시켰다.

아이젠크는 외향성을 설명하기 위해 상행망상활성체계(ascending reticular activation system, ARAS)라고 하는 뇌 속의 한 시스템을 소개했다. ARAS는 대뇌피질의 각성 수준을 조절하는 것과 관련된 부분이다. 대뇌피질 각성이란 두뇌의 민감성 및 반응성을 말하는 것으로, 소음, 음악, 사람 등 외부로부터의 자극에 어떻게 반응하는가를 나타낸다. 우리는 앞 장에서 사람들이 외부 자극들을 각각 다른 방식으로 처리한다고 설명했다. 사람들은 다른 방식으로 사건을 기대하고, 인식하고, 해석한다. 또한 사람들은 정보에 생리학적으로 또는 생물학적으로 반응하는 정도가 다르다(얼마나 쉽게 활성화되는지).

사람들은 상황에 따라 또는 하루 일과에 따라(심리학 강의보다는 첫 데이트 전에 각성이 더 잘 일어난다) 다른 각성 수준을 보이기 마련이다. 또한 아이젠크에 따르면, 대뇌피질 각성 수준이 전형적인지 혹은 평균적인지에 따라서도 사람들은 다르게 반응한다. 다시 말하면, 어떤 사람들은 하루 일과 동안 높은 각성 수준을 나타내는 반면에, 다른 사람들은 낮은 각성 수준을 보여 주기도 한다. 여기가 바로 외향성에 대한 개인적인 차이가 나타나는 지점이다. 아이젠크에 따르면, 외향적인 사람들은 전형적으로 대뇌피질의 각성 수준이 낮은 사람들이다. 따라서 이들은 평상시 각성 수준이 낮다. 반면에 내향적인 사람들은 각성 수준이 높다. 따라서 이들은 평상시 더 많이 각성이 되어 있다. 다시 말하면, 동일한 외부 자극이 주어졌을 때(똑같은 상황이라고 가정하더라도), 내향적인 뇌는 외향적인 뇌보다 더 많은 자극을 받는다(Gale, 1973).

외향적인 사람이 내향적인 사람보다 더 활력이 넘치고, 활기차다는 것을 가정해 본다면 내향적인 뇌가 더 많은 자극을 받는다는 주장은 상식에 반대되는 것처럼 보인다. 하지만 여기서의 주장은 외향적인 사람들이 외향적인 환경을 더 추구하는 이유는 그들이 가지고 있는 낮은 각성 수준을 보상하려고 하기 때문이라는 것이다. 이와 반대로 내향적인 사람들이 외적인 자극을 피하는 이유는 이미 상승한 대뇌피질의 각성 수준을 줄이거나 유지하려고 하기 때문이다. 이러한 '보상적' 기능은 신체의 자연스러운 반응으로 생물학적 평형 상태 또는 안정된 각성 상태에 도달하기 위한 시도이다. 또한 이것은 생명과 건강을 유지하기 위한 필수적인 반응이다. 이런 관점에서 본다면 외향적인 것과 내향적인 것은 동일하다. 모두 대뇌피질 자극을 가장 적절한 평형 상태로 유지하기 위해 노력한다. 단지 차이점은 외향성의 사람들은 외부 자극을 증가시켜 최적의 상태를 유지하고 내향적인 사람들은 외부 자극을 줄여서 최적의 수준을 유지하려는 것뿐이다.

따라서 아이젠크는 사람들의 성격, 특히 외향성과 내향성은 뇌에서 이루어지는 가장 기본적인 생존 메커니즘이라고 주장한다. 아이젠크의 주장이 함축하고 있는 의미는 무엇인가? 다음과 같은 점을 생각해 볼 여지가 있다. 당신은 TV를 틀어 놓고 공부하기를 좋아하는 사람인가? 그렇다면 당신은 외향적인 사람일 가능성이 높다. 반대로, 주위에 소음이 전혀 없는 아주 조용한 환경에서만 집중할 수 있다면 당신은 내향적인 사람이다. 아이젠크의 이러한 예측은 많은 연구들[친구이자 동료인 에이드리언 펀햄(Adrian Furnham)]에 의해 타당한 것으로 확인되었으며, 결과적으로 성격에 나타난 개인적인 차이의 생물학적 근거를 부각하게 만들었다. 따라서 외향성과 내향성의 차이(클럽을 가는가 아니면 도서관을 가는가)는 환경적인 자극과 뇌 반응 사이에 최적의 균형 상태를 찾기 위해서 사용하는 단순한 보상적인 전략이라고 해석할 수 있다.

이 이론은 흥미롭게도 사람들의 수행 수준을 예측하는 데도 사용된다. 여키스-도슨 법칙(Yerkes-Dodson law, 1908) — 심리학의 아주 오래된 원칙 — 에 따르면, 스포츠, 시험, 공개적인 발표와 같은 퍼포먼스는 중간 단계의 각성 수준에서 최적의 결과를 보인다. 이러한 과제를 잘 수행하기 위해서 당신은 다소 각성된(동기 부여된) 상태가 필요하지만 그러나 너무 지나쳐서는 안 된다. 이것이 바로 인터뷰 전에 너무 많은 커피를 마시지 말아야 하는 이유이며, 시험 중에 지나치게 많은 에너지 드링크를 마시지 말아야 하는 이유이다(특별히 내성적이라면). 만약 당신의 각성 상태가 충분하지 않다면 잠이 드는 것으로 마무리되겠지만, 만약 지나치게 각성이 되었다면 걱정과 불안으로 인해서 제대로 된 능력을 발휘하지 못할 것이다. 같은 맥락에서, 외향적인 사람과 내향적인 사람들은 각성 상태가 높은 수준인가 아니면 낮은 수준인가에 따라 다른 수행 능력을 나타낸다. 예를 들어, 공개적인 발표와 같이 높은 수준의 각성이 필요한 상황은 외향적인 사람에게 유리할 것이다. 반면에 많은 분량의 리포트를 교정하는 일과 같이 낮은 수준의 각성이 필요한 상황은 내향적인 사람에게 유리할 것이다. 중요한 역할을 하는 또 다른 변수로 개인의 수행 능력이 있다. 능력이 있는 사람은 긴장감이 넘치는 상황에서 수행 능력의 '정점'을 찍을 수 있다(그렇지 않다면, 각성이 되지 않을 것이다). 반면, 능력이 부족한 사람들은 외부 압박이 낮은 상태에서 더 잘할 수 있다(실제 시험 이전에 수개월 동안 리허설을 한 경우).

한편 신경증에 관해서 아이젠크는 개인차의 주요한 원인을 변연계, 즉 교감신경계에서 찾았다. 변연계는 주로 감정을 처리하고 감정과 관련된 정보를 다룬다. 따라서 감정적인 자극이 변연계 활동에 영향을 미친다. 감정 자극으로 인해서 각성 수준이 높아지면 강력한 감정을 경험한 것으로 이해될 수 있다. 아이젠크에 따르면, 신경증적인 사람들은 전형적으로 변연계의 각성 수준이 높다. 따라서 감정 정보에 더 민감할 뿐 아니라 이러한 정보를 듣게 되었을 때 불안을 경험할 가능성이 높다. 그러므로 같은 사건이라 할지라도 신경증적인 사람에게는 강한 감정적인 반응을 불러일으킬 수 있다. 예를 들어, 어떤 학생은 시험 전날 밤에 잠을 들 수 없는 반면에, 다른 학생은 바로 잠이 들기도 한다(수면 패턴이 일정하고 시험에 대해 동일하게 걱정을 하는 상황이라 할지라도). 앞의 학생은 변연계의 활동 수준이 기본적으로 높기 때문에 뒤 학생에 비해 걱정을 많이 했다고 볼 수 있다.

아이젠크 이론의 한 가지 큰 장점으로는 실험적으로 검증이 가능하다는 것이다. 만일 내향적인 사람들은 자극이 낮은 환경을 선호하고 이러한 환경에서 외향적인 사람에 비해 높은 수행 능력을 보인다고 가정한다면, 우리는 단순히 내향적인 사람들을 다양한 환경에 노출시키고 수행능력에 차이가 있는지를 검토하기만 하면 된다. 이에 특히 외향성/내향성의 관계에 대한 아이젠크의 가설을 검증하기 위해 수많은 연구가 실시되었다. 대개 연구 결과들은 아이젠크의 이론을 지지하는 것으로 나타났다. 예를 들어, 게일(Gale, 1983)은 내향적인 사람과 외향적인 사람 사이의 '각성 잠재력'의 차이를 조사한 33편의 뇌파기록장치(EEG) 연구를 검토한 후에, 33편 중 22편에서 내향적인 사람들이 외향적인 사람보다 대뇌피질의 각성 수준이 높았다고 보고했다. 그린과 동료들(Geen, 1984; Green, McCown, & Broyles, 1985)은 소음이 높거나 낮은 상황에서 시각신호탐지 과제를 수행하는 능력을 측정하는 방법을 이용해서 내향적인 사람들이 자극에 대해 어떤 반응을 보이는지 검토했다. 연구 결과 내향적인 사람은 소음이 낮은 환경에서 외향적인 사람보다 높은 수행 능력을 보이는 반면에 외향적인 사람들은 소음이 높은 환경에서 내향적인 사람보다 수행 능력이 뛰어났다.

많은 연구에서 아이젠크의 각성 이론이 타당한 것으로 확인되었지만 모든 결과들이 그의 이론을 지지하는 것은 아니었다. 아이젠크의 성격 유형론에 대해 여러 비판의 목소리가 나타나고 있다. 그중 하나는 아무런 관련이 없다고 가정된 신경증과 외향성의 두 특성 사이에 생리학적 상호 의존 과정이 밝혀진 것이다. 또한 아이젠크가 가정한 생물학적 과정에 대한 직접적인 증거가 부족하다는 것이다. 더욱이 아이젠크가 나중에 발표한 신경증은 해결되지 않는 심리 측정상의 논쟁거리로 남아 있다 (신경증은 5요인에서 높은 개방성, 낮은 우호성, 낮은 성실성으로 표현되는 데, 신경증이 높은 사람은 자기 통제력이 부족하고, 반사회적이고 충동적인 성향을 보인다). 그럼에도 이 분야의 탁월한 전문가인 로빈슨 (Robinson, 1996)은 현재의 신경과학적 지식과 연구 방법을 사용하여 아이젠크의 생물학적 성격 이론을 성공적으로 재해석했다.

아이젠크의 이론에 기초한 또 다른 성격 이론은 제프리 그레이(Jeffrey Gray, 1934~2004)의 성격 이론을 들 수 있는데, 이것은 행동 활성 체계 (behavior activation system, BAS)와 행동 억제 체계(behavior inhibition system, BIS) 이론으로 알려져 있다. 그레이는 동물 실험, 특히 쥐 실험을 통해 자신의 모델을 발표했다. 다른 동물들과 마찬가지로 인간은 위험 자극에 대해 적극적이거나 소극적인 방법으로 대처한다. 적극적으로 싸우든가 아니면 소극적으로 도망가게 된다. 이러한 반응 체계는 세 가지 생물학적 단계로 구성되고, 또한 각각의 단계는 두뇌의 특정 부분, 즉 편도선, 복내측 시상하부, 중간 뇌의 중심회색질과 맞대응한다.

그레이(1981)의 성격 이론은 보상과 처벌, 두뇌에 미치는 장기적 효과를 포함한 행동주의의 조건화 이론에 기초를 두고 있다. 그레이는 아이젠크와 마찬가지로 생물학에 근거한 성격 이론을 발달시켰다. 그러나 그레이는 주로 조건화에 의한 발달학적인 효과와 불안을 중심으로 이론을 전개했다. 따라서 아이젠크와 그레이의 성격 이론은 같은 현상에 대해 서로 다른 각도로 설명한다. 한편 그레이 모델은 성격의 개인차를 만드는 신경심리학적인 과정을 좀 더 자세하게 설명한다.

그레이(1982)에 따르면, 행동 활성 체계(BAS)는 개인에게 보상을 기억나게 하고, 행동을 촉진하는 '시작' 신호를 주는 방법으로 행동을 활성화시킨다. 획득하려는 목표가 초콜릿 박스나 담배 꾸러미 혹은 아름다운 여인이든지는 별로 관계가 없다. 왜냐하면 BAS가 그 '대상'을 바라도록 촉진시키고 그것을 얻기 위한 직접적인 욕구와 행동을 자극하기 때문이다. 반면에 행동 억제 체계(BIS)는 하나의 불안 체계로 처벌 또는 별로 보상이 없는 행동을 억제하게 한다. 따라서 BIS는 부정적인 결과에 대한 인식을 증가시켜 개인들이 특정한 행동을 그만두게 한다. 고전적인 예로는 뱀을 두려워하는 것으로 그다음에 뱀을 만지는 것을 억제하는 행동 그리고 도망가는 방법을 권하기도 한다. BIS가 활성화되면 심리학적으로 신경증적 걱정과 우울로 표출된다(Gray, 1987).

그레이는 생물학적으로 사람들이 BAS에 의해 촉진되기 때문에 보상을 얻기 위한 활동을 강제적으로 하게 된다고 주장했다. 만일 작은 보상이라도 받게 되면 다시 BAS에 긍정적으로 피드백을 주게 된다. 또 한편으로 사람들은 BIS로 인해 활동을 감소시키는 것에 '프로그램화'되어 있다. 따라서 우리는 처벌이나 좌절을 가져오는 행동을 피할 수 있게 된다. 벌이나 좌절을 가져오는 행동을 억제하지 못하게 되면 BIS가 더욱 활성화 될 것이다. BIS나 BAS는 망상체에 위치한 각성 메커니즘을 통해 서로 연관되어 있다.

성격 분류학과 관련해서 그레이의 이론이 제공하는 가장 중요한 시사점은 불안과 **충동성** 그리고 신경증과 외향성이라는 두 차원을 분명하게 구분할 수 있다는 것이다. 흥미롭게도, 그레이와 아이젠크의 모델에서 불안은 신경증과 정신증 모두와 다소 부정적인 상관을 나타냈다. 이것이 의미하는 것은 다음과 같다. (a) 외향성과 정신증이 개념적으로 중복되는 부분이 있다(외향적이거나 또는 높은 정신증적인 사람 모두 즉흥적인 경향이 있다). (b) 정신증적 사람들은 위험을 즐기는 성격을 특징으로 하는 반면에, 대척점에 있는 신경증적 사람들은 위험을 기피하는 성격을 특징으로 한다(Gray, 1987). 이런 관점은 오랜 전통을 가진 정신분석학 이론과도 일치하는데, 프로이트의 정신분석 이론에서는 노이로제와 정신병을 구별하고 있다.

동시에 그레이는 정신증을 세 번째 주요한 성격으로 분류한 아이젠크의 의견을 지지하였고, 이 성격이 투쟁-도피 체제와 관련된다고 하였다(Gray, 1991).

그레이의 이론은 개인의 주요한 성격들이 어떻게 형성되는가를 설명하려는 연구자들에게 설득력 있는 이론적 체계를 제공하는 역할을 하였다. 그러나 그레이의 이론은 또 다른 성격 분류에 지나치게 초점을 둔 면이 적지 않다. 그럼에도 그레이의 이론은 사람들이 어떻게 그리고 왜 다른가에 대한 종합적인 해답을 얻기 위해 다른 성격 이론에서는 찾아볼 수 없는 방법들을 강조하였다. 즉, 연구자들로 하여금 심리 측정적/상관 분석적, 인지적/실험적, 생물학적/신경과학적인 연구 방법을 결합시키도록 장려했다.

생물학적 성격 이론은 성격에 대한 원인과 결과를 직접적으로 보여주는 것 같지만 이러한 결론은 자칫 큰 오류에 빠지기 쉽다. 이러한 이론들은 사람들이 왜 그렇게 행동하는가에 대한 원인을 이해하는 데 유용한 지식을 제공하지만 이것만 가지고 행동의 원인과 결과에 대한 전체 그림을 이해하기에는 부족한 면이 있다. 두뇌 기능은 그렇게 단순하게 설명할 수 있을 만큼 단순하지 않다. 두뇌는 다른 체제와 마찬가지로 하나의 체제인데, 상호작용하는 여러 요소들로 구성되어 있다. 만약 체제의 구성요소가 너무나 방대하고 구성요소 간의 상호작용이 복잡하다면, 특정 행동을 일으키는 특정 요소의 역할이 자칫하면 과대 해석될 수 있다. 주커만(1996)은 다음과 같이 말했다. "정신생물학은 단순함을 추구하는 사람들을 위한 것이 아니다(p.128)." 따라서 생물학적 성격 이론들은 어느 정도 성격의 본질을 과도하게 단순화하는 경향이 있다. 이것이 사실이라 할지라도 생물학적 성격 이론들이 성격과 개성에 잠정적으로 영향을 주는 원인에 대한 핵심적인 지식을 우리에게 제공했다는 점은 꼭 명심해야 할 것이다.

진화와 성격

성격에 대한 생물학적 이론을 살펴보면서, 우리는 사람마다 왜 다른 행동을 하는가에 대한 해답을 찾고자 노력했다. 사람들마다 성격적인 차이가 나타나는 원인을 알아보았다. 사람들 사이에 관찰된 차이의 원인이 무엇인가라는 질문에 대한 답이다. 우리는 성격이 적어도 일정 부분 유전에 의한 것이라는 사실을 알게 되었다. 따라서 우리는 성격이 유전에 기초를 두고 있다는 사실을 확신할 수 있다. 그러나 우리의 조사는 조금 더 진행되어야 한다. 예를 들어, 성격에 영향을 주는 유적적인 기초가 발생한 이유는 무엇인지 알아보아야 한다. 다시 말하면, 사람들이 왜 이러한 성격 특성(가령 세 가지 또는 다섯 가지)을 유전으로 물려주는가? 그리고 이러한 유전적인 기질들 사이에는 왜 차이가 존재하는가?

인간의 특정한 성격이 존재하는 원인을 알아보고자 한다면 우리는 불가피하게 그 특정한 성격에 대한 진화론적 배경을 생각해 보지 않을 수 없다. 자연선택에 의한 진화는 오랜 기간에 걸쳐 같은 종 내에서 하나 또는 그 이상의 유전된 특성이 전달되는 유전 변이 과정을 의미한다. 변이는 수많은 세대를 거쳐 진행된다. 생존에 성공한 유전자는 살아남고 재생산되어 다음 세대까지 이어진다. 반면에 유해하거나, 적응에 실패한 유전자는 도태된다. 근본적으로 오늘날까지 인류나 혹은 다른 종에서 존재하는 생물학적 또는 심리학적 특성들은 생존과 재생산을 성공적으로 완수했기 때문에 존재하는 것이다.

예를 들어, 눈과 같은 어떠한 신체적 특성들이 존재해야 하는 이유를 알고자 한다면 진화생물학으로부터 도움을 받을 수 있다. 진화생물학에 따르면, 한 쌍의 눈은 깊이를 볼 수 있게 해 주기 때문에 한 쌍으로 유전된다. 깊이에 대한 인식은 장애물, 포식자, 먹잇감 등이 어느 정도 거리에 있는가를 알려주기 때문에 매우 중요한 생존 메커니즘이 된다. 그러므로 이것은 세대에 걸쳐 자연스럽게 전달된다. 마찬가지로 외향성과 신경증 등, 특정한 성격이 왜 존재하는가라는 문제에 답하기 위해 진화생물학으로 눈을 돌려볼 수 있다. 진화생물학에 있어서의 주요한 차이는 모든 사람에게서 공통적으로 발견되는 특성에 대한 적응적 가치는 중요하게 다루지 않는 대신, 개인적 차이를 가져오는 특성에 대한 적응적 가치를 비중 있게 다룬다는 점이다. 어떤 면에서 변이의 적응적 가치는 진화적 관점과 모순되는 것처럼 보인다. 진화는 적응에 실패한 대안들을 점차적으로 제거하면서 결과적으로 하나의 가장 적합한 특정 유전자만을 남겨 놓기 마련이다. 이 점을 분명하게 하기 위해서 외향성과 우호성의 경우를 생각해 보자. 만약 외향성은 짝짓기와 성공적인 재생산, 우호성은 집단 내 조화와 협력 등 진화론적 면에서 적응에 유리하다고 가정한다면, 집단 내에서 내향적이고 비협조적인 행동들은 점차적으로 소멸되게 될 것이다. 그렇다면, 개인들 간에 존재하는 성격 차이가 어떻게 유전적일 수 있는가?

여러 저자들은 유전적 차이에 기초한 성격의 차이는 중요하지 않다고 주장한다. 예를 들어, 투비와 코스미드(Tooby & Cosmides, 1990)에 의하면, 성격에서의 개인적인 차이는 거대한 심리학적 역량을 고려해 볼 때, 적응 면에서 사소한 것에 불과하다. 그럼에도 다른 저자들은 유전적인 차이에서 비롯된 성격의 차이는 적응의 문제를 해결하기 위한 진화적인 해결책으로 볼 수 있다고 주장했다. 이러한 주장은 진화심리학자인 데이비드 버스(David Buss)로부터 제기되었다. 데이비드 버스(2009)에 따르면 성격 특성은 영역 특수적 문제를 해결하는 적응 전략의 차이 때문에 발생한다. 이러한 적응 문제의 예로 지위 서열에서의 협상을 들 수 있다. 연구 결과 사람들은 더 높은 지위를 얻기 위해 서로 다른 적응 전략을 사용하는데, 여기에는 사기/조작, 긍정적인 외향성의 분출, 근면함 등이 포함된다. 이러한 면에서 본다면 외향적인 사람들은 적극적인 외향성을 사용하고, 양심적인 사람들은 꾸준하게 열심히 일하고, 우호성이 낮은 사람들은 지위를 높이기 위해 사기와 조작을 사용할 가능성이 높다. 따라서 이렇게 우월한 지위를 차지하기 위한 장면에서 우호성이 낮은 사람들이 오히려 우호성이 높은 사람들보다 적응적으로 뛰어날 수 있다. 진화라는 관점에서 볼 때, 우호성에 대한 개인적 차이는 협력할 것인가 아니면 이기적으로 행동할 것인가를 선택하는 동기 전략으로 이해될 수 있다. 두 가지 전략 모두 진화적으로 적응 가능하며 따라서 지속될 수 있다 (Denissen & Penke, 2008).

유전에 기초한 행동의 차이에 대한 또 다른 진화 이론은 이러한 행동들이 자신들이 처한 환경에 적합했다는 것이다(Wilson, 1994). 예를 들어, 내향적인 사람들은 구조화되어 있고 위험이 없는 환경에서 뛰어난 적응력을 나타낸다. 반면에 외향적인 사람들은 위험을 감수해야 하거나 주도력이 요구되는 환경에 더 적응을 잘할 수 있다. 이러한 관점을 개인-환경 적합성이라고 하는데, 산업심리학과 조직심리학 분야에서 폭 넓게 활용되고 있다(Chamorro-Premuzic & Furnham, 2010a, 2010b). 따라서 성격의 개인적인 차이는 사람마다 역할과 임무를 완수하기 위한 적응 방법이 서로 다르기 때문으로 볼 수 있다.

물론 진화 이론에 대한 비판이 있다. 가장 주요한 비판은 진화 이론이 타당한지 아니면 오류가 있는지를 입증하거나 검토할 수 있는 방법이 없다는 것이다. 따라서 진화 이론은 경험적이기보다 이론적이다. 이러한 사실에도 불구하고, 오늘날 대부분의 심리학자들은 진화심리학이 사람들의 행동 패턴의 차이를 이해하는 강력한 토대임을 인정한다. 연구자들은 진화 이론에서 주장한 것처럼 특정 행동이 적응에 얼마나 유리한 가를 살펴봄으로써, 이러한 행동이 시작된 원인과 유전된 이유를 이해할 수 있다.

기질

우리는 지금까지 성격에 미치는 유전적, 생물학적, 진화적 영향에 대해 알아보았다. 종합해 보면, 성격은 적어도 부분적으로 혹은 강력하게 유전자와 생리적 작용에 영향을 받는다는 것이다. 이것은 인간이 특정한 성격을 타고 난다는 의미인가? 태어나면서부터 사람들 사이에는 성격적 차이가 실제로 존재하는가? 만일 그렇다면, 측정이 될 수 있는가? 어떻게 가능한가?

하머와 코프랜드(Hamer & Copeland, 1998)는 사람들이 신발 사이즈나 코 모양이 달라지는 것처럼 성격에 있어서도 마찬가지라고 주장했다. 유아나 아기가 이미 특정한 성격을 가지고 있다고 생각하는 것은 다소 놀라운 일이다. 아기들 사이에 나타나는 행동은 그렇게 많이 다르지 않다. 우리는 영아나 두 살 먹은 아기에게서 사회적 기술, 자아 개념, 삶의 목표 등을 발견할 것이라고 기대하지 않는다. 이러한 것들은 분명히 학습되는 것이다. 마찬가지로 양심과 같은 기질 등이 아이들에게도 발견되기를 기대하는 것은 어려움이 있다. 또한 성실성과 같은 성격 특성을 아동들을 대상으로 알아보는 것은 적절하지 않다.

그럼에도 우리는 부모들이 아주 어린 시절부터 자녀들의 차이에 대해 이야기하는 것을 종종 본다. 어떤 아이들은 아주 활동적이어서 부모들의 저지에도 아랑곳하지 않고 돌아다니거나 뛰는 것을 멈추지 않는다. 또 다른 아이들은 조용히 앉아 있고, 거의 문제를 일으키지 않으며, 부모 말을 잘 듣는다. 어떤 아이들은 낯선 사람들과 잘 어울리는 반면에 어떤 아이들은 수줍어하고 내성적으로 반응한다. 처음 만난 사람이라면 두려움을 느끼기까지 한다. 이렇게 어린 시절에 나타나는 행동들을 기질이라고 말한다. 기질은 '생의 초기에 나타나는 행동의 개인적인 차이'라고 간단하게 정의할 수 있다(Shiner, 1998). 심리학자들은 기질을 3세 이하의 아이들에 나타나는 성격적인 차이로 본다(Denissen, van Aken, & Roberts, 2011). 이렇게 어린 나이에 행동적 차이가 실제로 존재한다는 증거가 있는가? 그렇다면 이러한 행동 패턴은 어른이 된 후의 성격과 얼마나 유사한가? 다시 말하면, 초기 기질과 성인기의 성격 사이에는 어떤 관계가 있는가? 프로이트는 아이는 어른의 아버지라고 했는데, 결국 어린 시절의 기질이 성인의 성격에 막대한 영향을 미친다는 것인가? 그렇다면 증거는 무엇인가?

이 문제들에 답하기에 앞서, 우리는 또 다른 문제를 우선해서 살펴볼 필요가 있다. 첫 번째 질문은 "유아의 성격이 과연 측정 가능한 것인가?"이다. 우리는 유아들에게 성격 검사지를 나누어 주고 유아들이 성격 검사를 무사히 잘 마치리라고 기대할 수 없다는 것을 분명히 알고 있다. 두 번째는 기질과 성격 간의 관계를 이해하기 위한 유일한 방법은 그 아이가 성인으로 성장할 때까지 기다려야 한다는 것이다. 그러나 이런 종류의 연구는 그 기간이 너무 길고 또한 원하는 결과를 얻기도 쉽지 않다. 이처럼 많은 제약에도 불구하고, 혁신적인 연구 방법과 장기간의 종단 연구를 통한 연구자들의 끈질긴 노력 덕분으로 이 분야의 연구들은 이례적인 발전을 이루었고, 결과적으로 이전에 제기되었던 문제들에 대한 근본적인 해답에 접근할 수 있었다.

어린이들과 유아들에게 설문을 실시할 수 없었던 문제를 예로 들어보자. 이 문제를 해결하기 위해 연구자들은 새로운 측정 도구를 마련해야만 했다. 새로운 측정 도구 중 하나는 자극에 대한 아이의 반응을 관찰한 후에 부모가 아이 대신 채점하는 방법이다. 유아들은 사회성, 작업, 협동, 주도성 등 어른들의 행동에서 나타나는 특성들을 잘 보이지 않는다. 따라서 채점은 매우 단순하고 기초적인 행동을 대상으로 진행된다. 여기에는 산만함, 활동 수준, 주의 집중 시간, 감각 민감성, 수면과 식습관 유형(규칙성), 다양한 상황에서의 반응 등이 포함된다. 성인의 성격 측정 (상관관계, 요인 분석)에 사용되는 것과 유사한 심리 측정 기술을 이용함으로써, 연구자들은 기질의 구조를 이해하고 분류할 수 있게 되었다. 토마스와 체스(Thomas & Chess, 1977)는 선구자적인 연구를 통해 유아의 기질을 까다로운 아이, 쉬운 아이, 더딘 아이의 세 가지로 구분했다. 이와 유사하게 버스와 플로민(Buss & Plomin, 1975, 1984)도 기질의 세 가지 차원을 발견했다. 세 가지 차원은 정서성(고통스러워하거나 낙심하는 정도), 활동성(동작의 속도, 힘, 빈도), 사회성(다른 사람들에 대한 반응성)이다.

살펴본 바와 같이, 유아의 기질 구조는 성인의 성격 구조와 다른 것처럼 보인다. 그러나 유아의 기질과 성인의 성격 요인들 간에는 유사한 부분이 있다. 특히 5요인 모델 가운데 가장 이론적으로 잘 정립된 신경증과 외향성은 버스와 플로민의 정서성과 활동성/사회성 차원으로 설명되기도 한다. 또한 마틴, 위젠베이커, 후투넨(Martin, Wisenbaker, & Huttunen, 1994)은 기질의 구조를 다룬 연구들을 검토하는 가운데, 과제 인내력, 적응성과 같은 추가적인 기질들을 발견했다. 여기서 과제 인내력은 5요인 모델의 성실성과 연결이 되고, 적응성은 우호성과 감정의 안정성이 결합한 것과 연결된다. 따라서 개방성을 예외로 두면, 유아의 기질 구조와 성인의 성격 구조 사이에는 상당한 연관성이 있다는 것을 알 수 있다.

또한 여러 종단적인 연구들은 어린 시절 기질의 차이와 성인의 성격 차이에는 분명한 관련성이 있다는 것을 보여 준다. 토마스와 체스에 따르면, 까다로운 아이들은 후에 성인이 되어서도 적응에 어려움을 겪는 반면, 쉬운 아이들은 후에 성인기도 수월하게 보낸다는 점을 발견했다. 케이건과 스니드먼(Kagan & Snidman, 1999)에 따르면, 14~21개월경에 과민 반응을 보이는 아이들(새로운 자극에 대해 과도하게 울거나, 등을 구부리거나, 불편한 표정을 하는 등)은 새로운 자극을 마주할 때, 새로운 자극에 비교적 침착하게 반응하는 같은 나이의 아이들에 비해, 심장 박동수가 증가하고 혈압도 급격하게 증가한다. 더욱이 이와 같은 차이는 적어도 4.5세 내지 8세까지 지속되는 것이 분명하다. 따라서 앞의 연구들은 성격 차이가 생물학적인 원인에서 비롯되었다는 명백한 증거를 뒷받침한다. 또한 발달적인 차이가 있더라도(대부분의 사람들에게 별로 의미가 없기도 하지만) 성격은 태어날 때부터 성인에 이르기까지 안정적으로 지속됨을 알려준다. 하지만 과민 반응을 보이는 모든 아이들이 위축된 모습으로 성장하지 않으며, 반응에 덜 민감한 모든 아이들이 차분하거나 방관자적인 모습으로 성장하지 않을 것이라는 사실 또한 기억해야 할 것이다. 기질과 성인의 성격과의 관련성은 완벽하고는 거리가 멀다. 따라서 인간 행동에 대한 결정론적인 관점은 타당해 보이지 않는다. 그렇다면 다음과 같은 또 다른 문제가 제기된다. 얼마나 성격을 바꿀 수 있는가? 실제로 우리는 성격을 바꿀 수 있는가?

안정성 대 변화

지금까지 살펴본 것을 바탕으로 우리는 다음과 같은 안전한 결론을 내릴 수 있다. (a) 성격에는 유전적인 기초가 확실하게 존재한다. (b) 성격은 (기질이라는 이름으로) 어린 시절 혹은 유아 시절에도 드러난다. (c) 이러한 개인적인 차이는 후에 성인이 되어 성격으로 나타난다. 지금까지 다루지 않은 영역은 변화라는 부분이다. 우리는 이미 기질과 이후에 나타나게 될 성격 간의 상관관계가 1(완벽한 상관관계)이 아니라는 점을 살펴보았다. 특정 기질을 가지고 태어난 아이들이 어른이 되어서 모두 동일한 성격을 가지는 것은 아니다. 이러한 사실은 몇 가지 의문을 가지게 한다. 첫째, 얼마나 많은 변화가 있는가? 앞에서 우리는 성격이 지속성을 가지고 있음을 살펴보았고 문헌에서 그 증거들을 찾아보았다. 성격이라는 정의 속에는(적어도 개념 속에는) 이미 상황이나 시간을 걸쳐 지속된다는 의미를 내포하고 있다. 그렇다면 평생 동안 성격은 얼마나 유지되는가? 둘째, 이 지속성의 본질은 무엇인가? 즉, 성격이 지속성을 갖는다는 것은 무엇을 의미하는가? 우리가 어린 시절에 가졌던 성격을 어른이 되어서도 똑같이 가진다는 의미인가(어린 시절 했던 행동을 같은 방식으로 어른이 되어서도 하는)? 마지막으로 성격이 지속적이라면 성격은 과연 변할 수 없는 것인가? 지금 성격의 어느 정도를 우리가 실제로 조절할 수 있는가?

종합해 보면, 이러한 질문들은 평생에 걸쳐 나타나는 성격 발달의 본질과 가변성(지속성의 반대)에 관한 문제이다. 여기에 답하기 위해, 우리는 수십 년에 걸쳐 수행된 연구들을 살펴볼 필요가 있다. 앞에서 언급한 것처럼, 장기간의 종단적 연구들이 실제로 수행되어 왔다. 지속성에 대해(우리의 첫 번째 질문) 연구 결과들은 일치된 결론을 내리고 있다. 평생 동안 성격은 높은 지속성을 나타낸다. 30대에 매우 외향적인 사람은 수십 년 후인 50대나 70대가 되어서도 여전히 외향적일 가능성이 높다(McCrae & Costa, 2008). 마찬가지로 20대에 매우 성실한 사람은 40대나 60대가 되어서도 여전히 성실할 가능성이 높다.

이것을 어떻게 알 수 있는가? 측정에 능통한 심리학자들은 지속성을 조사하기 위해 다음과 같은 방법을 사용한다. 연구 대상으로 선정된 사람들을 대상으로 둘 또는 더 많은 시점에 걸쳐(현재, 10년 후, 20년 후, 40년 후) 동일한 성격 검사를 실시한다. 그 후 검사들 간의 상관관계를 측정한다. 만약 상관관계가 높게 나타난다면(현재 측정한 검사 결과와

20년, 40년 전 검사가 일치한다면), 연구 대상 사람들의 성격은 평생을 걸쳐 지속성을 가진다고 결론을 내릴 수 있다.

그렇다면, 상관관계 결과는 어떠한가? 20년에 걸친 연구를 통해서 5요인 성격들의 상관관계는 .65 정도로 확인되었다(Costa & McCrae, 1994a). 이 결과가 무엇을 의미하는지 좀 더 자세히 설명해 보면, 만약 30세 때 당신의 외향성이 평균 이상이라고 한다면, 50세나 또는 그 이상의 나이가 되었을 때, 당신에게서 평균 이상의 외향성이 나타날 확률이 약 83%가 된다는 의미이다. 일반적으로 검사와 재검사 간격이 길면 길수록(연구 기간이 길수록), 성격에서 나타나는 지속성의 확률은 더 낮아진다(Roberts & DelVecchio, 2000). 검사 당일에 연구 참여자에게 영향을 주는 다양한 변인들(예 : 기분, 신체적인 상태, 피로도, 연구에 참여하는 동기, 이후 계획 등 통계학에서 측정 오차)을 고려해 본다면, 오랜 기간 동안 실험에 참여한 사람들로부터 얻어진 성격 프로필(혹은 지속성)의 유사성은 상당히 높은 것이다.

평범한 사람들에게 있어 이러한 연구 결과는 우리의 상식이나 직관하고는 거리가 있어 보인다. 실제로 50세 또는 70세 사람들이 그들의 20대 또는 30대에 했던 행동을 또다시 반복하는 경우는 별로 없다. 연구에서 발표된 지속성 수치는 자신에 관한 성격 변화가 아니라는 사실을 알아야 한다. 오히려 이 수치는 순위나 서열에 기초한 등위 지속성(rank order stability)에 더 가깝다. 다시 말하면, 이 수치는 다른 사람들에 비해 얼마나 외향적인지 또는 성실한지를 나타낸다. 다르게 표현해 보면 이것은 20년 전과 비교해 볼 때, 현재 당신이 친한 친구, 배우자, 형제자매보다 더 양심적인지 또는 더 외향적인지에 대한 여부를 알려준다(현재 50세에도 20년 전만큼이나 활동적인가를 알려주지 않는다. 여기서 후자를 평균 수위 안정성이라고 한다).

또 다른 흥미로운 문제는 사람들이 나이가 들어감에 따라 어느 정도 변하는가의 문제이다. 상식적으로 사람이 나이가 들수록 자신의 삶에 대한 주도권을 더 가지기 때문에 자신의 행동을 변화시킬 수 있을 것이라고 생각할 수 있다. 그러나 사실은 정반대이다. 연구에 따르면 나이가 들수록 성격은 안정적이 된다(Costa & McCrae, 1994b). 실제로 코스타와 맥크레이(Costa & McCrae, 1994)는 "30세가 되면 성격은 변하지 않는다."(p. 146)고 했다. 이러한 주장은 이전에도 있었는데 윌리엄 제임스(William James, 1950/1890)는 성격은 석고처럼 굳어진다고 했고, 프로이트는 어린 시절 성격의 복사판이 성인의 성격이라고 했다. 물론 이러한 주장들은 다소 과장된 면이 있다. 한 연구 결과에 따르면 성격은 30세 이후에도 계속 변한다(Roberts & DelVecchio, 2000). 그러나 성격의 안정성은 나이에 비례한다는 실질적인 증거들이 있다. 예를 들어, 메타분석 연구에서, 로버츠와 델벡키오(Roberts & Delvecchio, 2000)는 검사-재검사의 상관이 어린 시절 .31, 대학 시절 .54, 40세 .64로 증가한다는 사실을 확인했다. 또한 50세와 70세 사이에는 상관이 약 .74 정도로 일정하게 유지된다는 것을 밝혔다(검사-재검사 간격은 약 6.7년). 연구 결과는 나이가 들수록 변화가 어렵다는 것을 의미한다. 따라서 잘 알려진 "나이든 개에게 새로운 기술을 가르칠 수 없다."는 속담은 과학적으로도 타당한 것임을 알 수 있다.

어떻게 안정적일 수 있는가

우리는 성격의 안정성에 대한 연구들을 살펴보았다. 다음 과제는 안정성이 어떻게 유지되는지를 설명하는 것이다. 또는 안정성의 매커니즘은 무엇인가에 답하는 것이다. 물론 유전이 분명한 해답이라고 주장할 수 있다. 맥크레이와 코스타(McCrae & Costa, 2008)는 안정성이 기질의 생물학적 기반 때문이라고 주장했다. 우리는 이미 성격에 유전의 영향이 약 50%가량 차지한다는(Loehlin, 1992) 유전 가능성 수치를 살펴보았다. 한 생애 주기 동안 유전 코드가 변하지 않는다는 점을 감안해 본다면 이 유전 코드가 평생에 걸쳐 개인의 성격에 영향을 미친다고 보는 것이 합리적이다(Denissen et al., 2011).

언뜻 보면 이런 설명은 성격을 바꿀 수 없다고 생각하는 결정론적 관점으로 이해될 수 있다. 사람들이 원한다고 해도 자신의 키를 높이거나 낮출 수 없는 것처럼 성격을 바꾸거나 조절할 수 있는 가능성은 별로 없다고 생각하기 쉽다. 그러나 유전이 성격에 50% 정도만 설명한다는 사실을 기억해야 한다. 이런 점에서 성격의 안정성을 유전으로만 설명하는 것은 합리적이지 않다. 더욱이 우리는 유전과 환경이 쌍방향의 복잡한 방식으로 상호작용한다는 것을 알고 있다. 따라서 성격의 안정성이 오직 유전적인 원인에서 비롯된다고 결론을 내린다면 우리는 매우 중요한 부분을 놓치고 있는 것이다.

성격의 안정성을 설명하는 다른 대안은 안정성의 원인을 일정 부분 환경의 안정성 때문이라고 보는 것이다. 환경 자체가 변하기 쉬우므로 언뜻 이런 주장은 우리를 당혹스럽게 한다. 또한 이런 견해는 성격이 유전을 기반으로 한다는 연구 결과에 대한 반론처럼 느껴질 수도 있다. 그러나 이것은 보이는 것처럼 그렇게 터무니없는 것이 아니다. 사실 유전에 영향을 받은 특정 행동은 단지 특수한 환경에 적응하기 위한 반응일수 있다. 다시 말하면, 사람들 사이에서 차이가 나타나는 이유는 개인마다 생물학적인 과정이 다르기 때문이라고 설명할 수 있지만, 이러한 차이가 오래도록 지속되는 이유는 사람들이 살아가는 환경이 변하지 않고 안정적이기 때문이라고 볼 수 있다. 따라서 유전 경향성은 어떤 환경을 선택할 것인가를 결정한다. 또한 이러한 과정은 경향성을 더욱 증가시킬 뿐 아니라 초기 성격을 강화하고 확산시키는 역할을 한다. 지난 10년 동안 좋아하는 친구, 음식, 직업, 취미가 얼마나 달라졌는지 한번 생각해 보라. 이것은 특정한 나이에 이르러 정착이 된 경우이다. 정착되었다는 것은 환경이 더욱 안정적이 되었다는 의미이다. 정착이라는 개념은 나이가 들어감에 따라 성격이 안정적이 되는 이유를 설명해 준다. 사람들은 자신의 삶을 더 많이 통제하면 할수록, 환경의 변화를 경험할 수 있는 가능성은 점점 더 낮아진다. 어린 시절과 청소년기 동안 아이들이 자신의 환경(학교, 친구, 애인, 이웃)을 규칙적으로 바꾼다. 그러나 이와 대조적으로 성인기 동안 갑작스러운 직업 변화나 이사 또는 갑작스러운 사람들과의 관계 변화를 경험하는 사람들은 거의 없다. 따라서 일생에 걸친 성격의 안정성을 유전적인 '고착성'에서 비롯된 것으로 해석하기보다 개인의 특성 혹은 기질이 적응하고 반응한 환경의 안정성 때문인 것으로 해석할 수 있다. 이러한 관점에서 눈 여겨 보아야 할 점은 새로운 환경에 오랜 기간 노출되면 이것이 성격의 변화를 가져오게 된다는 것이다.

위의 주장들을 뒷받침하는 증거를 10년 이상 결혼생활을 유지해 온 부부들을 대상으로 진행된 한 종단연구에서 발견할 수 있다. 이 연구에서 카스피와 허버너(Caspi & Herbener, 1990)는 서로 성격이 유사한 부부(둘 다 외향적인 부부)가 서로 성격이 다른 부부(예 : 내성적인 남편과 외향적인 부인)보다 성격 변화를 적게 경험한 것을 확인했다. 연구의 결과는 성인이 되어서도 한 배우자의 성격이 다른 배우자의 성격을 변화시키는 환경 요인으로 작용할 수 있다는 사실을 알려준다. 따라서 만약 당신이 성격을 바꾸고 싶다면 당신의 성격과 정반대는 사람과 결혼하면 그렇게 될 가능성이 높다.

성격의 안정성에 대한 이러한 설명은 유전의 안정성이라는 측면과 서로 배치되는 않는가라는 새로운 질문을 제기할 수 있다. 외향적인 사람은 계속 외향적이기 마련이다. 오히려 외향성을 더 개발할 수 있는 안정된 환경에서 생활하기 때문에 외향적인 성격이 더 강화될 수 있다. 예를 들어, 외향적인 사람은 영업이나 고객 서비스와 같은 사회적인 활동을 필요로 하는 직업을 선택하기 때문에 계속해서 외향적일 수 있다. 직업 이외에 다양한 친구 그룹이 또 다른 요인으로 작용할 수 있다. 친구들과 다양한 사회적 모임을 만들게 되고 그것으로 인해 더 외향적인 성격을 가지게 되는 것이다. 그렇다면 외향적인 사람이 영업과 같은 직업을 우선적으로 가지게 되는 이유는 과연 무엇인가? 외향적인 사람들이 많은 친구들 사귀고, 그들과 함께 사교적 모임을 가지게 되는 이유는 과연 무엇인가? 이것은 단순히 우연의 일치인가? 아니면, 유전의 작용인가?

즉, 타고난 성격 특성이 자신의 성격과 다른 환경들은 피하게 만들고 성격과 맞는 '환경 적소'들만을 스스로 선택하게 하는 것인가? 예를 들어, 외향적인 사람은 많은 자극이 필요하기 때문에(대뇌피질의 낮은 각성 수준을 보상하기 위해 또는 다른 심리학적 요인으로) 이것을 충족시킬 수 있는 사회적인 직업을 선택하거나 주변의 많은 사람들과 활발한 사교모임을 가질 수 있다. 반면에 내향적인 사람은 과도하게 각성되는 생물학적 특성을 가지기 때문에 자극이 심하지 않은 직업(예 : 회계사, 연구원)을 찾고, 사회적 모임을 기피할 수 있다. 이와 같이 개인의 성격과 맞는 환경을 선택하는 것은 실제로 안정된 환경을 갖게 되는 주요한 원천이며 결과적으로 성격을 굳어지게 하고, 새로운 환경을 선택하는 것을 감소시킨다.

더욱이, 로버츠와 동료들(Roberts et al., 2003)의 대응 원리에 따르면, 기질은 사람들로 하여금 특정한 환경에 처하게 만들게 할 뿐만 아니라 또한 그러한 환경으로부터 영향을 가장 많이 받는다. 예를 들어, 어떤 사람이 아주 성실하고 책임감이 있어서 막중한 책임을 지는 일에 종사하게 되었다면, 그 일을 함에 따라 더 성실하고 책임감 있는 사람이 될 것이다. 따라서 모든 특성들이 환경에 따라 동일한 영향을 받는다고 볼 수 없다. 두드러진 특성을 가진 사람들은 자신의 두드러진 특성이 최적의 환경과 경험들을 선택하게 할 것이므로 환경에 더 많은 영향을 받게 된다(Roberts et al., 2003).

성격의 안정성의 마지막 원인은 자아 인식과 정체성이다. 우리는 나이가 들어감에 따라 우리가 누구인가를 인식하게 되는데 이를 안정된 자아 인식 또는 정체성이라 한다(Glenn, 1990; Meeus, Iedema, Helsen, & Vollenberg, 1999). 오스카 와일드는 이렇게 말했다. "당신다워져라. 다른 사람은 이미 자리를 잡았다." 우리는 정체성을 어떠한 일들을 결정하기 위한 참고자료로 사용한다(Asendorpf, 2008). 왜냐하면 우리는 우리의 정체성이 진실한 것임을 말하고 싶기 때문이다.

결과적으로, 우리는 정체성과 자아개념에 일치하지 않는 환경이나 행동을 피할 것이다. 만약 당신이 힙합 노래나 힙합 문화를 싫어하는 사람이라는 정체성을 가지고 있다면, 그 장르의 음악을 듣거나 그 문화에 거주하거나 그 문화를 대변하는 방식으로 행동하는 것을 피하게 될 것이다. 혹시 이따금씩 당신 스스로가 힙합을 좋아하는 성향을 발견할지라도 자신의 정체성이나 다른 사람들이 당신을 보는 시선을 의식하기 때문에 힙합 문화에 접근하기보다는 그것을 피하게 될 것이다. 따라서 사람들은 자신이 어떤 사람이라고 생각하는 것과 자신이 행동하는 것을 일치하기 위해 지속적으로 노력한다. 이것이 지난 수십 년 동안 사회심리학자들이 주장한 내용이다. 결과적으로 이러한 정체성에 맞게 행동하는 것은 사람들로 하여금 자신의 특성과 경향성을 강화시키는 친숙한 환경을 선택하게 만든다.

지금까지 내용들을 정리해 보면 (a) 성격은 상당한 안정성을 가진다. (b) 성격의 안정성은 다양한 원인들로부터 발생한다. 성격의 안정성은 연령에 따라 비례한다. 성격은 낮은 연령대보다 높은 연령대에서 더욱 안정적이 된다. 또한 등위 안정성 개념도 알아보았다. 그러나 앞부분에서도 잠시 언급하였듯이 성격 변화는 다른 사람과의 상대적 비교(서열)

뿐만 아니라 자신과의 상대적인 비교(평균-수준)를 통해서도 가능하다. 그렇다면 평균-수준 변화(mean-level change)란 무엇인가? 개인 내 변화 또는 평균-수준 변화는 얼마나 존재하는가?

이 문제는 샘플이 되는 특성의 평균 수준에 초점을 둔다. 특성의 절대적인 변화는 시간에 걸쳐 나타난다. 그리고 평생 동안 성격의 변화가 있었는지를 검토한다. 우리는 청소년 시기에 사람들이 보다 더 감정적이고, 불만에 가득차고, 반항적이라고 이야기하는 것을 종종 듣게 된다. 따라서 무서운 십 대라는 표현을 사용하기도 한다, 이 표현으로 짐작해 보건대, 모든 사람들은 성격의 변화를 경험한다(어린 시절, 청소년기, 성인기 동안). 이 변화는 사람들 간의 성격적 차이로 인한 변화와는 구분된다.

그러나 실제로 십 대에 그렇게 많은 변화를 경험하는가? 일생에 실질적인 성격의 변화가 있는 것인가? 만일 그렇다면, 나이가 들어감에 따라 사람들은 어떤 방식으로 변하는가? 로버츠와 동료들(2006)은 이러한 문제에 답하기 위해서 메타분석을 통해 성격의 평균-수준 변화를 조사한 92개의 종단연구를 분석하였다. 결과는 아주 분명했다. 모든 특성에서 유의미하고 실질적인 평균-수준 변화가 관찰되었다. 변화는 심지어 성인기 후반부에도 관찰되었고 '고착 가설(plaster hypothesis)'을 무산시킬 만한 것이었다.

변화의 유형은 흥미롭게도 특성에 따라 다양했다. 예를 들어, 어떤 특성(예 : 성실성)은 비교적 성인 초기(20~40세) 동안에 증가했고, 다른 특성(예 : 우호성)은 오직 성인 후기(50~60세) 동안만 증가하는 현상을 보였다. 점차 나이가 들어감에 따라 일반적으로 더욱 감정적으로 안정이 되고, 더 성실하며, 더 우호적이며, 덜 외향적이며, 덜 개방적인 현상을 나타냈다. 쉽게 표현하면, 사람은 나이가 들수록(특히 35세 이후) 더 침착해지고, 덜 대립적이 되고, 덜 위험을 감수하고, 더 소극적이 되고, 덜 개방적이 된다. '성숙'이라는 의미가 적어도 부분적으로 지루한 사람이 된다는 것을 뜻하게 된다. 여기서 핵심적인 결론은 대부분의 사람들이 같은 형태로 변화를 경험하든지 간에 어찌되었든 변화는 일어난다는 점이다.

변화의 원인은 무엇인가

앞에서 살펴본 것처럼, 성격의 안정성에도 불구하고 평균-수준 변화와 등위 변화가 모두 존재한다. 그렇다면, 변화를 일으키는 메커니즘은 무엇인가? 이 질문은 매우 중요하다. 왜냐하면 안정성과 변화를 가져오는 요인들은 완전히 다를 수 있기 때문이다.

다시 말하면, 일차적(mean level) 변화는 사람들 특성의 평균적 변화로써 나이가 들어감에 따라 일어나는 성격의 변화로 '성숙 효과'를 의미한다. 맥크레이와 동료들은 이 효과가 천성적으로 타고난 것이라고 주장한다. 또한 그들은 성격 변화가 이미 유전적으로 프로그램화되어 있다고 말한다. 이러한 변화는 진화적으로 유용한 목표들(예 : 안정적인 관계를 형성하는 것 또는 자녀를 가지는 것)에 접근하는 것과 관련이 있다(McCrae et al., 2000). 연구사들은 그 증거로 같은 유형의 성격 변화가 정치적, 문화적, 경제적 상황이 다른 여러 나라들(독일, 터키, 체코, 스페인)에서 유사하게 나타나는 점을 제시한다.

이러한 증거들은 설득력이 있는 것으로 받아들여지고 있지만 평균-

수준의 성격 변화가 사회적 영향 때문이라는 주장들도 동일하게 제기되고 있다. 예를 들어 로버츠, 우드, 스미스(Roberts, Wood, Smith, 2005)는 맥크레이와 동료들의 문화 간 비교 연구에도 불구하고 나라마다 주요한 사회적 변화의 시기(결혼, 자녀 출생, 구직, 정착 등등)가 비교적 동일하게 나타나기 때문에 평균-수준 성격 변화에 미치는 유전적인 영향과 환경적인 영향을 따로 구분 짓기가 어렵다고 주장했다. 게다가 사회 · 문화적 조건이 성격 변화에 영향을 미친다는 연구들이 트웬지와 동료들에 의해 밝혀졌다. 이 연구 결과에서는 1960년대의 젊은이들과 최근의 젊은이들 사이에서 여러 성격 특성(예 : 자기존중감, 우울 등)에 걸쳐 평균-수준의 변화를 보고했다(Twenge, 1997, 2000, 2001b; Twenge & Campbell 2001; Twenge, Zhang, & Im, 2004 참고). 따라서 생물학적 변화가 평균-수준 성격 변화에 직접적인 원인일 수 있지만 비유전적인 요인들 또한 성격 변화에 중요한 원인임을 알 수 있다.

유전자에 의해서 사람들과 대비되는 성격이 형성되어감에 따라, 등위 변화(다른 사람들과 대비되는 성격 변화)는 환경적인 요인에 의해 발생하는 것이 분명해 보인다. 그러나 연구에 따르면, 유전자는 실제로 성격 변화에 30% 정도 영향을 미친다(Bleidorn, Kandler, Riemann, Angleitner, & Spinath, 2009; McGue et al., 1993). 어떤 면에서는 사춘기 시기의 성격 변화처럼 유전자가 생애에 걸쳐 변화될 성격의 특정한 패턴까지도 이미 간직하고 있다는 사실은 놀라운 것이다. 유전자는 매우 역동적으로 발현되는데, 즉 어떤 발달 단계에서는 유전자가 활성화되고 또한 다른 발달 단계에서는 유전자가 비활성화되면서, 전 생애에 걸쳐 성격 변화에 많은 영향을 주게 된다. 그러나 이 가정을 뒷받침하는 연구는 부족한 실정이다. 따라서 등위 성격 변화는 환경적 영향 또는 유전자에 의한 무작위 발현으로 보는 것이 가장 타당하다.

성격 변화를 환경적인 요인에서 찾으려는 다른 이론들이 있다. 변화의 원인을 사회적 관계로 보는 것이 한 예이다. 어린 시절 사회적 관계는 이후 시기의 성격 발달에 막대한 영향을 미치는 것으로 받아들여져 왔다(Bowlby, 1969). 이러한 주장을 뒷받침하듯이, 케이건(1994)은 양육 방식이 유아의 내성적인 기질(이후 시기에 유아들이 내성적인 기질로 남을 것인지 아닌지)에 영향을 미친다는 연구를 발표했다. 이 연구들에서 성격에 영향을 미치는 한 요인은 공유되지 않은 환경인 고유한 양육 방식임이 확인되었다. 또한 이것은 행동유전학 연구와도 일치한다.

어린 시절의 사회적 관계와 더불어 성인기의 사회적 관계 역시 성격 변화(등위)에 영향을 미친다. 예를 들어, 레나트와 네이어(Lehnart & Neyer, 2006)의 연구에 따르면, 첫 번째 안정적 동반자 관계가 남성이든 여성이든 신경증의 수준에 중요한 영향을 미친다. 특히, 첫 번째 안정적인 관계 이후에 신경증 수준은 감소한다(정서적 안정성은 증가한다). 그리고 그 효과는 오래 지속된다. 심지어 관계가 끝이 나더라도 신경증은 낮은 수준에 머물게 된다. 이 연구는 본래 평균-수준 변화의 환경적 요인을 검증하기 위한 것이었다. 그러나 흥미롭게도, 레나트와 네이이(2006)는 변화의 유형이 사람들마다 다르게 나타난다는 점을 발견하였다. 즉, 개인의 신경증의 기초선과 생애 최초로 심각한 관계를 형성한 시점(이르든지, 적정하든지, 늦든지-연구자들은 혼자 된 사람들도 연구에 포함했다)에 따라 다르게 나타난다. 연구자들은 높은 신경증 점수를 획득하고 안정적인 관계를 가진 두 그룹 모두에서 신경증이 감소한다는 것을 발견했다. 그러나 그 시기는 달랐다. 특히, 두 그룹은 모두 첫 번째 관계 이후에 감정적으로 안정적인 상태를 보였다. 하지만 관계를 적당한 시기에 시작한 사람들은 신경증이 직선적으로 감소하는 반면에, 뒤늦게 시작한 사람들은 초기에 신경증이 증가하고 그 후에 신경증이 급격히 감소하는 것으로 나타났다. 마지막으로 신경증이 낮고 이른 시기에 첫 번째 안정적인 관계를 가진 사람들은 이런 사건에 영향을 받지 않았으며 전반적으로 감정적으로 안정된 상태를 유지했다.

성격 변화(등위)에 영향을 미치는 다른 환경 요인은 직업 경험(Denissen, Asendorpf, & van Aken, 2008; Roberts, 1997)과 극적인 인생 경험(Franz 1994; Harter 1993; Lucas, 2007)이다. 그러나 성격 변화가 단기적인 환경과 사건보다는 장기적인 환경 노출에 의해서 발생한다는 점은 분명하다. 또한 새로운 환경에 적응해야 한다는 압박이 심할 때, 이전의 반응들이 강하게 거절되었을 때, 적응하기 위해서 어떻게 행동해야 하는지에 대한 정보가 구체적으로 주어질 때, 더 많은 변화가 일어난다는 점도 분명하다(Denissen et al., 2011).

성격 변화에 대한 내용을 정리해 보면 (a) 성격의 안정성은 직접적으로 유전적 영향 때문이다. (b) 성격의 안정성은 환경적인 안정성에 영향을 받게 되는데, 이 중에서 일부는 유전적인 힘이 그 원인이다. (c) 유전적인 힘은 중요한 사건, 인생 경험, 환경에 장기적인 노출에 의해 역으로 작용할 수 있다.

결론

이 장에서 우리는 개인 간의 차이를 만드는 성격의 원인에 대해 살펴보았다. 유전과 환경의 영향력을 여러 문헌을 바탕으로 알아보았으며, 또한 성격 특성을 형성하는 데 있어, 유전과 환경의 복잡한 상호 작용도 살펴보았다. 여기에 나아가서 성격 변화와 성격의 안정성에 대해서도 살펴보았다. 여기서 우리는 다시 한 번 성격 변화와 안정성이 복잡한 유전과 환경의 상호작용의 결과임을 알아보았다.

이 장에서 살펴보았던 문제들은 인간의 본성에 대해 사람들이 가지고 있는 근본적인 물음에 관한 것이었다. 사람들은 특정한 방향으로 성장하도록 태어나는 것인가? 아니면 사회적, 경제적, 정치적, 가정환경에 의해 형성되는 것인가? 사람은 바뀔 수 있는가? 아니면 태어나는 순간부터 개인의 운명은 완전히 결정되어 있는 것인가? 사람들은 이 문제들에 대해 다양한 의견을 가지고 있다. 보통은 천성의 영향을 믿는 사람들과 양육의 영향을 믿는 사람들로 구분된다. 사람들은 자신들의 세계관, 직관, 경험, 상식들에 기초하여 주장을 펼친다. 그러나 우리는 이 장에서 과학적으로 입증된 이론과 해답들을 살펴보았다.

행동주의 유전학 연구는 유전자가 심리적 특성에 실질적으로 영향을 미친다는 보편적인 관찰 결과를 가져다주었다. 비록 이것은 성격이 '환경적인' 요인에 의해 형성된다고 주장하는 사람들에게는 불편한 내용일 수도 있지만, 이제 과학 커뮤니티에서는 모든 특성은 아닐지라도 심리적 특성이 유전된다는 사실을 인정하고 있다. 신경생물학의 급격한 발전 덕분에 성격심리학자들은 성격과 관련된 특정 유전자와 뇌의 경로를 파악할 수 있게 되었다. 이 연구는 빠른 속도로 진행되고 있으며, 성격의 생물학적 기초를 설명하는 데 큰 공헌을 하고 있다. 마지막으로 진화심리학은 비록 특성들이 왜 유전되는지에 대해서는 알려주지 못하지만, 성격특성과 개인적인 차이가 어떤 기능을 하는가에 대한 정보를 제공해 준다. 더불어, 이 분야의 연구들은 성격의 개인적인 차이를 설명하는 데 있어 생물학적(천성) 영향의 중요성을 강조한다.

그럼에도 성격의 생물학적 기초를 강력하게 주장하는 연구자들조차도 유전적인 영향이 전체 이야기의 일부분임을 인정한다. 사실, 성격에 대한 유전적인 증거들을 강력하게 뒷받침하는 연구들이 또한 환경적 요인의 중요성을 부각시킨다는 점은 흥미로운 사실이다. 앞에서도 설명했지만 성격의 50% 정도는 환경의 영향 때문이다. 다소 놀랍기는 하지만, 공유되지 않은 환경이 이러한 영향력의 대부분을 차지한다. 반면에 공유된 환경은 무시할 정도로 영향력이 미미하다.

성격에 관한 생물학적 연구의 가장 흥미로운 부분 중 하나는 유전과 환경 사이의 상호작용을 어떻게 이해하는가에 대한 것이다. 이제 결론은 명확하다. 독립적인 효과와는 별도로 생물학적, 환경적 성격 결정인자들이 서로 복잡하게 연결되어 있다. 따라서 유전자-환경의 상호작용의 세 가지 형태로 정리된다. (a) 동일한 환경과 경험들은 유전 구성이 다른 사람들에게 다른 작용한다. (b) 유전 구성이 다른 사람들은 환경에 다르게 반응한다. (c) 한 개인의 유전 구성은 환경을 선택하는 데 영향을 미친다.

흥미롭게도, 같은 원리들이 개인 성격의 안정성을 설명하는 데 중요한 기초가 된다. 한 개인의 유전자 코드가 평생 동안 변하지 않는다고 가정하면, 유전자들은 직접적으로 성격의 안정성과 일관성에 영향을 주게 된다. 다른 한편으로 성격의 안정성은 환경의 안정성에서 발생한다. 다른 말로 하면 사람들이 친숙한 환경에 머무르려고 하기 때문에 성격 변화가 적은 것이다. 결론적으로 환경의 안정성에 대한 한 가지 이유는 사람들이 그들의 성격과 일치하는 환경적인 적소를 선택한다는 데 있다.

이러한 상호작용은 변화의 본질을 이해하는 데 중요한 시사점을 남긴다. 안정성을 추구하려는 유전적 요인과 환경적 요인 양쪽 모두 때문에 성격은 잘 변화되지 않는다. 다른 한편으로 이 원리들은 개인에게 적합한 환경이 주어지면 사람들이 변화될 수도 있다는 점을 시사한다. 예를 들어, 몸무게와 같이 유전적인 영향이 큰 신체적 특성도 적당한 운동과 노력들이 취해진다면 변할 수 있다. 따라서 성격 안정성과 변화에 대한 연구 결과들이 제시하고 있는 사실은 어느 쪽이든 극단적인 경우를 허용하지 않는다는 점이다. 그럼에도 성격 변화의 가능성과 요인들을 암시하는 연구가 있다.

전반적으로 이번 장에서는 "왜"라는 문제에 대해 살펴보았다. 왜 사람들 간의 성격적인 차이가 존재하는가에 대한 것이다. 또한 이것을 대답하는 과정에서 상황과 시대에 걸쳐서 나타나는 성격의 변화가 어떤 것인가에 대한 이해도 가능했다. 또한 이 문제는 앞으로 영원히 풀어야 할 과제인 천성 대 환경에 대한 것에서 출발했다고 보아도 무방하다. 이제 앞으로의 연구에서는 유전과 환경의 복합성에 대한 이해를 바탕으로 개인 간 및 개인 내 현상을 정확한 이해하고 예언할 수 있는 수준까지 확장될 것이다.

성격은 어떻게 측정되는가

앞에서 우리는 성격의 본질에 대해 이야기하면서 성격의 구조, 원인, 발달 과정 등 성격심리학의 광범위한 주제들에 대해 살펴보았다. 한 세기가 넘게 성격의 본질에 관한 해답을 얻기 위해 수많은 연구가 수행되었다. 연구를 통해 발견된 방대한 양의 경험적 증거들은 매우 인상적이었으며, 상당한 진보도 함께 이루어졌다. 그러나 이처럼 성격의 기본적인 구조, 생물학적인 원인 그리고 성격의 변화와 발달에 관련된 분야에서는 많은 진보가 있었던 반면, 이러한 경험적 증거와 연구 결과를 도출하는 과정이 얼마나 정확하고 타당했는지에 대한 논의는 거의 이루어지지 않았다. 이 주장들을 당연한 것으로 받아들여야 하는가? 아니면 좀 더 신중하게 고려해야 하는가? 결국 성격은 추상적이고 관찰할 수 없는 개념이다. 따라서 근본적으로 측정의 대상이 아니라고 주장할 수 있으며, 심지어 환상과 같은 개념에 불과할 뿐이라고 할 수 있다. 그렇다면 우리는 어떻게 성격을 측정하는 것이 가능하다고 말할 수 있는가? 어떻게 측정할 수 있는가? 또한 그 측정이 정확하다는 사실을 어떻게 알 수 있는가?

이러한 질문들은 성격심리학과 심리 검사의 기초를 확인하는 데 매우 중요하고 의미 있는 질문이다. 또한 성격 검사와 같은 심리 검사는 대학교 또는 특정 조직의 지원자를 선택하는 과정부터 임상 진단에 이르기까지 다양하게 사용되고 있으며, 그 결과에 따라 누군가의 직업뿐만 아니라 심지어 삶을 통째로 바꾸어 놓기도 한다. 이러한 사실을 고려해 볼 때, 심리학자들은 앞에서 제기된 질문에 대한 답을 제공할 필요가 있다. 성격은 측정 가능하며, 실제로 측정되었고, 정확히 측정되었음을 증명하는 것은 심리학자들의 중요한 임무이다. 그렇다면 심리학자들이 앞에서 제기된 문제들에 대해 어떻게 설명할 수 있을까?

심리학자들은 성격 연구의 신뢰성을 담보하기 위해 성격 연구가 과학적인 방법론에 기초를 두고 있다는 것을 우선적으로 입증해야 한다. 어떤 현상에 대한 지식을 얻는 데 있어서 과학적 방법론은 가장 유용한 도구이다(Kline, 1988). 따라서 심리학자들은 성격 측정이 과학적으로 받아들여질 수 있게 기본적인 준거 또는 기준을 만들어야 한다. 성격심리학이 지식체계의 한 분야로서 과학적인 목적을 가진다는 전제하에, 심리학자들은 해당 준거가 과학적으로 타당하다는 사실을 밝히기 위한 몇 가지 절차를 밟는다. 이 절차에는 이론적이고 통계적인 단계를 모두 포함한다. 이 장에서 이러한 내용들을 살펴볼 것이다. 그러나 시작 전에 근본적인 첫 번째 질문을 던져야 한다. 실제로 우리는 성격을 측정할 수 있는가?

성격은 측정될 수 있는가 그리고 어떻게 측정되는가

학계 밖의 사람들과 성격 연구 및 성격 검사 방법에 대해 이야기할 때면, 이들의 놀란 표정을 발견하는 일이란 그리 드문 일은 아니다. 드러내 놓고 말하지는 않더라도, 사람들은 성격 검사가 이루어지는 방식이나 또는 성격 연구의 정확도 및 타당도에 대한 의문을 자연스럽게 갖는다. 사람들은 성격을 연구하고 측정하는 것을 불가능한 일로 생각한다. 개인의 성격을 어떻게 '측정'한단 말인가? 인간은 복잡하고 역동적이며, 혼란스러운 존재이다. 읽거나, 이해하거나, 예측하기 어려운 많은 성격들이 존재한다. 어떤 사람들은 타인이 자신을 어떻게 받아들일지에 대해 신경을 쓰기 때문에 자신의 이미지를 관리하려고 노력한다. 어떤 사람들은 단순히 잘 속인다. 이러한 성격 자체가 가지는 복잡하고, 역동적이고, 혼란스러운 특성 때문에 성격을 수량화하고자 하는 노력에는 사랑이나 예술을 측정하려고 시도했을 때와 비슷한 질문이 항상 따라 다닌다. 사람들은 항상 사랑은 기술하거나 숫자를 붙일 수 있는 것이 아니며, 그저 '느낌'일 뿐이라고 말한다. 비전문가들은 성격을 측정하는 것도 이와 같다고 생각한다. 성격 측정은 단지 희망 사항에 불과한 것인가?

비전문가들과는 달리, 심리학자들은 신뢰할 수 있는 과학적 도구를 가지고 성격을 측정할 수 있다고 믿는다. 무엇인가 존재한다면 그것은 연구의 대상이 되어야 한다. 만약 탐색할 수 있을 정도로 다르다면 그것은 수량화할 수 있어야 한다. 그러므로 필요한 것은 이 일을 수행하기 위한 타당한 방법이다. 따라서 성격 측정은 믿음의 문제가 아니라 과학적 기법에 대한 이해로부터 출발하는 것이다. 예를 들어, 우리는 사람들이 서로 동일하지 않다는 사실에 모두 동의한다. 어떤 사람들은 키가 크고, 체중이 많이 나가고, 힘이 세다. 신체적인 특성뿐 아니라 생각하고, 느끼고, 행동하는 방식에서도 사람들은 서로 다르다는 점에 동의할 것이다. 어떤 사람들은 더 친근하고, 어떤 사람들은 더 공격적이고, 어떤 사람들은 더 강한 자기주장을 한다. 우리는 사람들을 비교할 때 종종 특성(예 : 친근함, 공격성, 결단력 등)에 대해 이야기한다. 이러한 차이는 정도에 의한 차이이다. 만약 사람들이 심리학적 측면에서 정도의 차이를 보인다는 것을 인지한다면, 이것을 수량화하지 못할 이유가 없다. 우리는 그저 차이 크기에 숫자를 부여하면 된다.

이런 관점에서 엄밀히 말하면, 성격 측정에 대해 의구심을 갖는 것은 정당하지 않다. **심리측정**(psychometrics, 말 그대로 마음에 대한 측정)은 성격을 포함한 다양한 심리학적 개념(혹은 구인)에 대한 개인 간의 차이를 측정하기 위한 분야이다. 따라서 여기서 중요한 질문은 성격이 과연 측정될 수 있는지가 아니라 정확하게 측정될 수 있는지에 관한 것이다. 그렇다면 성격심리학자들은 성격을 잘 측정할 수 있는가? 그들이 정말 개개인의 성격을 잘 포착할 수 있는가?

질문에 대한 답은 "그렇다!"(아주 당당하게)이다. 우리는 이제부터 이러한 주장을 뒷받침할 근거를 검토하려고 한다. 우선 몇 가지를 분명히 하는 것이 좋겠다. 첫째, 성격 검사는 마법이 아니다. 성격심리학자들은 독심술가나 초능력자가 아니다. 성격심리학자들은 당신의 손바닥이나 이마를 들여다보고 당신이 누구인지 단정할 수 없다. 성격 검사에 어떤 표준이 있는 것도 아니다. 성격 검사는 다양한 이론과 방법을 사용하며 여기에는 상식, 확률 이론, 통계학적 검사 등이 포함된다. 성격을 검사하는 업무를 맡은 사람은 이와 유사한 과정을 거치게 된다.

예를 들어, 당신과 몇몇 친구들이 세계에서 가장 부유한 사람(이 책이 쓰일 당시의 포브스 순위에 따르면 카를로스 슬림임; Forbes.com, 2011)의 성격을 검사하는 임무를 맡았다고 하자. 이 일을 어떻게 수행할 것인가? 시간적 여유가 있다면 연습해 볼 것을 권하고 싶다. 질문은 다음과 같다. 세계에서 가장 부유한 남자의 성격을 어떻게 측정하겠는가? 어떤 방법을 사용하겠는가?

실제로 이 임무를 수행하든 그렇지 않든, 당신은 다수의 아이디어와 선택지를 가질 수 있다. 이 일을 해결하기 위한 방법은 여러 가지이다. 검사 대상과의 대화를 통해 어떤 성격인지 최대한 알아내는 간단한 방식이 있을 것이다. 다른 방법은 질문지를 사용해서 질문을 하는 것이다. 하지만 이 방법을 사용할 때는 답변을 한 번 의심해 볼 필요가 있다. 사람들은 자신의 이미지를 더욱 좋게 보이기 위해, 혹은 단지 속이고 싶어서 자신의 이야기를 왜곡할 수 있기 때문이다. 따라서 주변 사람들과의 면접을 통해서 검사 대상의 성격에 대한 주위의 평가가 어떤지 알아볼 수도 있다. 마지막으로, 이 사람이 다양한 상황에서 어떻게 행동하는지 관찰하는 것도 생각해 볼 수 있다. 예를 들어, 다양한 시나리오나 역할극에 이 사람을 참여시키고 어떻게 반응하는지를 살펴보는 것이다. 혹은 실험 상황에 투입하거나 일상 행동을 관찰할 수도 있을 것이다.

자료의 네 가지 유형

한 가지 문제는(동시에 장점이기도 하지만) 개인에 관한 정보, 혹은 '자료'를 얻는 방식이 다양하다는 것이다. 이에 성격심리학자들은 수집 방식에 따라 자료를 몇 가지로 분류했다. 자료의 유형으로는 (a) 삶의 기록에 대한 자료(life record data, L-data), (b) 관찰자료(observer data, O-data), (c) 검사자료(test data, T-data), (d) 자기보고 자료(self-report data, S-data)가 있으며, LOTS라는 약자로 쉽게 기억할 수 있다. 네 가지 유형에 대해 간단히 살펴보고자 한다.

'L-data'는 기본적으로 개인의 삶의 역사나 생물학적 정보를 다룬다. 이는 개인의 자연스러운 모습, 혹은 일상생활과 행동으로부터 자료를 수집하는 것을 포함하며, 실제 생활에서 특징적인 행동 패턴을 측정한다. 과거 성향에 대해 개인에게 질문하기보다, 'L-data'는 객관적인 실제 기록으로 구성된다. 학교에서의 성적, 범죄 기록, 학업 성취 등이 여기에 속한다. 이는 과거의 행동이 미래 행동에 대한 최고의 예측변수라는 생각을 기반으로 한다.

'O-data'는 주변의 관찰자들이 개인을 관찰하고 평가하는 방법으로 수집된 자료이다. 관찰자로는 부모, 친구, 직장동료, 교사 등이 있다. 관찰자들이 정보를 제공할 수 있는 방법은 다양하다. 일반적인 방법은 자기보고식 질문지 혹은 이와 유사한 질문지를 통해 평가하는 것이다. 이 방법의 장점은 각각의 맥락에서 대상을 보고 대상과 상호작용하는 여러 명의 관찰자들로부터 자료를 얻을 수 있다는 점이다. 예를 들어, 조직에서 이루어지는 360도 다면평가(multisource feedback)는 'O-data'를 얻는 좋은 방법이 된다. 여기에는 자기 평가와 더불어 부하 직원, 동료 직원, 상사와 고객으로부터 받은 평가가 포함되어 있다. 일상생활 중인 개인을 관찰하는 방법도 있다. 이는 자연스러운 환경 속에서 생활하는 사람들을 관찰하는 인류학적 연구와 유사하다. 관찰자는 체계적인 관찰을 통해 최대한 많은 자료를 얻고 사전에 만들어진 평가 기준에 따라 점수를 기록한다.

'T-data'는 객관적 검사를 기반으로 한다. 객관적 검사는 표준화된 자극 상황으로 구성되며, 검사는 참여자가 자신의 어떤 특성이 측정되고 있는지 모르는 상태에서 진행된다(Cattell & Kline, 1977). 객관적 검사에는 개인의 행동을 객관적으로 관찰하고 측정할 수 있는 실험 상황에서 (주로 실험실 안) 실험 참여자들의 반응을 살피는 것 등이 있다. 예를 들면, 어떤 실험(꼼지락 측정, Fidgetometer라고 한다)의 참여자들은 움직임을 감지하는 의자에 앉게 된다. 이 과정에서 실험 참여자는 자신의 움직임이 측정되고 있다는 사실을 알지 못하며, 안다고 하더라도 얼마나 움직이는지에 따라 성격 특성이 추론된다는 것까지는 알지 못한다.

마지막으로 'S-data'는 개인이 자신의 행동과 감정에 대해 성찰한 것을 기반으로 한다. 여기서는 개인에 대한 정보를 개인 스스로가 수집하게 된다. 정보를 수집하는 것에는 몇 가지 유형이 있는데, 가장 일반적으로는 자기보고식 질문지와 면접을 들 수 있다(에세이 등 다른 유형도 있다). 'S-data'를 얻는 데 사용하는 방법은 정보를 수집하는 데 가장 편리한 방법 중 하나이다. 오늘날에는 인터넷이 발달한 덕분에, 설문조사를 인터넷에 올리는 방법을 통해서 많은 사람들에게 단순하고 빠르게 접근하는 것이 가능하다. 따라서 이와 같은 방법이 일반적으로 사용된다.

LOTS 유형에 속하지 않는 다른 방법도 존재한다. 예를 들어, 어떤 연구는 일기를 사용하는데, 여기서 참여자들은 구체적인 사건, 혹은 구체적인 시점에서의 구체적인 행동, 감정, 생각을 일기의 형태로 보고한다. 이는 다른 상황에서 쉽게 얻을 수 없는 자료를 제공하기 때문에 매우 유용한 방법이다. 상황과 시간에 따른 행동의 변화에 대한 소중한 정보를 제공하는 일기의 장점은 1장의 프리슨과 갤러거(2009)의 연구에 잘 나타난다.

개인의 성격을 측정하는 데에는 여러 가지 방법이 있으며, 이 방법들은 각각의 한계점을 갖는다. 예를 들면, 삶에 대한 기록은(L-data) 수집하기가 어려울 수 있고 왜곡되거나 잘못된 기록일 수 있다. 사람들에게 면접이나 자기보고식 질문지를 통해 직접적인 질문을 하는 것은(S-data) 대상이 자신의 인상을 관리하거나, 사회적으로 이상적인 답을 할 우려가 있다(즉, 거짓말). 타인에게 질문하는 것은(O-data) 이와 같은 우려를 방지할 수 있지만, 평가자들이 평가 대상이 되는 개인을 잘 알지 못할 수 있다는 단점이 있다. 평가자들이 평가를 왜곡시킬 가능성을 배제하기란 매우 힘든 일이다(예 : 검사를 받는 사람과 친한 친구일 수 있다). 관찰법은 관찰자들이 인지 편향적 오류를 범할 수 있다. 실험법은 실험실에서의 실험 결과를 일반화하기 어렵다는 한계를 갖는다.

개인의 성격을 측정하는 방법 중 그 무엇도 완벽하지 않다. 각각의 자료와 그것을 얻는 데 사용한 방법에는 고유한 단점들이 존재한다. 반면, 각 방법의 장점 역시 뚜렷이 존재한다. 어느 누구도 각각의 방법을 통해 수집된 자료들이 쓸모없다고 주장하지 못할 것이다. 또한 연구자는 하나의 데이터 수집 방법만을 고집할 필요가 없다. 연구자들은 자신이 원하는 방법을 최대한 많이 병행할 수 있다. 개인에 대한 정보를 얻고자 할 때는 최대한 다양한 출처로부터 자료를 얻는 것이 이상적이며 바람직하다. 성격 측정의 결과에 대한 신뢰성이 더 높아지기 때문이다. 특히 동일한 사람에 대해 서로 다른 기법을 사용해서 나타난 결과가 유사하다면 검사의 신뢰성은 한층 높아지게 된다.

그러나 사람들을 몇 시간 또는 며칠에 걸쳐 연구에 참여시키기란 결코 쉬운 일이 아니다. 따라서 성격심리학자들은 소수의 방법, 일반적으로는 하나의 데이터 수집 기법만을 사용해야 했다. 어떤 측정 방법을 사용할지를 선택하는 일은 연구자들에게 매우 막중한 책무이다. 이를 위해 연구자들은 어떤 방법이 성격을 가장 정확하게 측정하는 것인지 알아야 한다. 오늘날 연구자들은 어떤 측정 방법이 가장 정확한가에 대해 대체로 동의한다. 그러나 아무리 잘 정리된 방법이라고 할지라도 그것이 모든 연구자들에게 적합한 것은 아니다. 달리 말하면, 모두가 동의하는 측정 방법은 존재하지 않는다. 어떤 방법이 가장 좋은지를 판단하는 것은 단순히 연구 자료 수집의 문제일 뿐 아니라 이론적 관점에 대한 문제이기도 하다. 따라서 심리학자들은 성격이란 무엇이며, 어디에 뿌리를 두고 있는지, 어떻게 나타나는지 등에 관한 서로 다른 이론적 배경을 가질 수 있으며, 이에 따라 다른 측정 방법을 사용할 수 있다. 앞 장에서 언급하였듯이, 정신분석가들은 개인이 자신의 생각, 감정, 행동 등의 다양한 원인을 의식 수준에서는 알 수 없다고 생각하므로 자기보고식 자료 수집 방법을 거의 사용하지 않는다.

　그러나 다양한 관점에도 불구하고 오늘날 성격심리학에서 가장 일반적으로 사용되는 자료는 자기보고식 자료이다. 이 사실은 당신을 깜짝 놀라게 했을 수 있다. 자기보고식 자료에는 분명하게 드러나는 몇몇 단점이 있기 때문이다(일부는 이미 언급되었다). 섣부른 결론을 내리기에 앞서, 성격 측정에 대한 과학적 연구의 역사가 거의 100년에 이른다는 점을 다시 한 번 상기시키고자 한다(성격을 측정하고자 하는 노력은 심리학보다도 더 오래 전에 시작되었다; Boyle, 2008). 오늘날 사용되는 방법들은 약 100년에 걸친 연구와 과학적 평가를 거친 방법들이다. 그러므로 자기보고식 방법을 선택한 연구자들의 결정은 개인적인 선호보다는 오랜 세월 동안 축적된 경험적 연구 결과를 반영한 것으로 이해하는 것이 바람직하다.

　성격 검사가 현재 어디까지 왔는지 더 잘 이해하기 위해서, 그간 성격 검사가 걸어온 여러 단계의 과정을 포함한 역사를 살펴보는 것이 유용할 것이다.

간단히 훑어보는 성격 검사의 역사

흥미롭게도 가장 초기에 실시되었던 성격 검사 방법은 오늘날 심리학 연구에서의 질문지와 유사한 형태였다. 성격 검사가 발달하게 된 배경에는 실용적인 측면이 강하였으며, 초기 표준화된 지능 검사의 성공이 결정적인 원동력이 되었다. 1904년, 알프레드 비네는 지능 검사를 성공적으로 도입하였으며, 초기에는 프랑스에서 나중에는 미국에서 아이들을 능력에 따라 분류하였다. 1차 세계대전 동안에는 성인용으로 수정된 지능 검사가 인지 능력 측정을 활용하여 미군의 선발 과정에 사용되었다. 그러나 심리적으로 취약한 사람들을 파악하기 위한 검사의 필요성도 제기되었고, 따라서 군인들이 정서적으로 행복한지를 확인하기 위한 표준화된 성격 검사가 처음으로 고안되었다. 성격 검사는 "그렇다" 또는 "아니다"로 답할 수 있는 다양한 심리적 증상 또는 문제들로 구성되어 있었다. 예를 들면, 응답자가 종종 몽상을 하는지, 밤에 오줌을 싸는지 등이었다 (Woodsworth, 1919).

군대에서의 성격 검사는 성공적이었으며, 결과적으로 성격 검사를 다른 영역에서 활용하는 방안에 대한 관심을 불러일으켰다. 임상 장면에서의 적용이 가장 주목할 만했다. 몇몇 연구자들은 심리학적인 진단을 위해 '객관적' 기준을 제공할 수 있는 검사를 설계하고자 하였다. 이들은 서로 다른 정신질환을 가진 그룹을 구분하고, 일반적인 사람과 환자를 구분할 수 있는 검사를 개발하고자 하였다. 가장 잘 알려진 검사는 미네소타 다면적 인성 검사(Minnesota Multiphasic Personality Inventory; MMPI; Hathaway & McKinley, 1940)이며 1940년대에 제작되었다. MMPI는 군에서 사용된 검사와 유사하게, "그렇다" 또는 "아니다"로 응답하도록 되어 있는 자기보고식 질문지였다. MMPI는 대단한 인기를 누렸으며 오늘날까지도 사용되고 있다. 수정판인 MMPI-2와 함께, MMPI는 역사상 가장 널리 사용된 성격 검사이다(Boyle et al., 2008).

MMPI의 유용성에 따라, 비임상적인 장면에서도 유사한 검사 도구가 개발되었다. 연구자들의 목적은 비임상적인 성격 특성들을 구분하고자 하는 것이었다. 가장 잘 알려진 검사 중 하나는 캘리포니아 성격 검사(California Psychological Inventory, CPI, Gough, 1957)이다. MMPI와 같이 CPI는 실용적인 목적으로 설계되었으며, 고등학생과 대학생을 검사 대상으로 하였다. 비록 학계에서는 경험적 증거가 부족하다는 이유로 무시해 온 편이나, CPI는 현장에서 상당히 인기가 많은 검사였다. 따라서 CPI는 오랫동안 '정상적인 사람들을 위한 MMPI'라고 불렸다(Thorndike, 1959).

이처럼 자기보고식 성격 검사가 구축되던 시기에 전혀 다른 이론적 배경과 방법을 가진 성격 검사들이 나타났다. 여기에는 그 악명 높은 로르샤흐 잉크 반점 검사(Rorschach Inkblot Tests; Rorschach, 1921), 주제통각 검사(Thematic Appreciation Test; Murray, 1943), 객관적 분석검사(Objective Analytic Test Battery; Cattell, 1950) 등이 있다. 이러한 검사들은 MMPI, CPI 등의 자기보고식 검사와 극단적으로 달랐다. 자기보고식 검사가 개인의 자기 자신에 대한 주관적인 평가(정직함과 자기 자신에 대한 지식을 포함한)에 의존하였다면, 후자의 검사들은 검사에서 주관적인 요소를 제거하기 위해 설계되었다. 즉, 검사 대상자에게 본인의 성격에 대해 질문하기보다는 성격을 실제로 측정하는 검사를 설계하는 개념이다. 따라서 이 분야의 연구자들은 지능 검사와 유사하게 객관적인 성격 측정 방법을 설계하고자 하였다. 이처럼 성격을 주관적으로 측정할 것인가 아니면 객관적으로 측정할 것인가에 대한 논쟁은 이미 오랫동안 진행되어 왔으며, 둘 사이의 긴장은 오늘날에도 존재하고 있다. 그럼에도 성격을 측정할 수 있는 설득력 있고 객관적인 방법을 고안하고자 하는 욕구는 두 분야 연구자들이 모두가 공유하는 것이다. 심지어 성격 측정에 회의적인 이들조차도 그렇다.

어쩌면 이러한 전통 때문에, 최근 성격 검사는 객관적 측정을 더 많이 포함하고 있다. 이와 같은 객관적 측정의 '르네상스'는 소프트웨어와 컴퓨터, 의료기기 그리고 실험 환경에서의 기술적 진보에 힘입은 바가 크다. 예를 들어, 심리학자들은 성격을 검사하기 위해 생리학적인 검사를 할 수 있게 되었으며, 이는 유전적, 생물학적, 신경학적 특성들을 연구하는 것을 포함한다(2장의 유전자와 성격 참고). 방사단층촬영(PET) 스캔, fMRI 스캔, 뇌전도(EEG) 측정은 성격심리학 연구에서 더 많은 인기를 얻고 있다.

그럼에도 자기보고식 검사는 오늘날에도 성격 검사 방법으로 널리 사용되고 있다. 수많은 선택의 여지가 있음에도 왜 그런지 궁금할 수 있다. 위에서 언급하였듯, 자기보고식 방법을 선택하는 것은 연구자 개인의 선호 문제가 아니다. 이 방법이 다른 방법보다 과학적 기준을 더 잘 충족시켰기 때문이다. 성격 검사의 준거가 되는 이 기준들에 대해 지금부터 살펴보고자 한다. 성격심리학자들은 자신이 성격을 정확히 측정하였는지, 얼마나 정확히 측정하였는지 파악하는 데 이 기준을 사용한다. 다음 절에서는 그 특성과 종류에 대해 다루려고 한다.

성격이 정확히 측정되었는지 판단하는 기준은 무엇인가

성격심리학자들의 기본적인 목표는 다양한 방법을 통해 실제로 개인의 성격을 파악할 수 있는지 알아내는 것이다. 성격심리학자들은 성격을 정확하게 측정하고 있다는 사실을 보여 주어야 한다. 물론 이는 경험론적인 질문이다. 성격을 검사하는 데 있어 어떤 자료 수집 방법 또는 측정 방법이 다른 것보다 더 우수한지를 판단하는 것은 개인적인 판단에 맡겨 둘 문제가 아니다. 이를 과학적으로 입증할 수 있는 방법이 있다. 모든 성격 검사(혹은 다른 심리학적 검사)가 충족시켜야 하는 기준은 바로 신뢰도와 타당도이다. 뛰어난 성격 검사는 신뢰도와 타당도가 매우 높다. 우리는 다음 절에서 신뢰도와 타당도의 의미를 세부적으로 살펴볼 것이다.

신뢰도

어느 날 아침 당신이 체중계에 올라 몸무게를 재었는데 75kg가 나왔다고 가정해 보자. 그런데 이튿날 아침에는 60kg가 나오고 또 그다음 날 아침에는 90kg가 나온다면, 당신은 그 체중계를 내다버릴 것이다. 신뢰할 수 없기 때문이다. 체중계의 수치 중 적어도 둘은 잘못된 값이다. 따라서 당신은 체중계가 알려준 세 가지 몸무게 중 그 어떤 것도 믿을 수 없게 된다. 체중계가 종종 정확한 몸무게를 알려준다고 하더라도, 당신은 그 체중계가 제 역할을 다했다고는 생각하지 않을 것이다. 지속적으로 똑같은 값을 제시하여야 함에도 불구하고 그러지 못하기 때문이다.

　심리 검사에서 말하는 신뢰도란 측정의 일관성을 뜻하는 것으로 측정된 것을 신뢰할 수 있는가를 의미한다. 일관성(신뢰도)은 세 가지 측면에서 볼 수 있다. 검사의 내적 합치도, 검사-재검사 신뢰도 그리고 평정자 간 신뢰도이다. 만약 검사가 이 항목 중 어느 하나 이상에서 낮은 점수를 받는다면 이 검사는 신뢰할 수 없는 검사로 여겨진다. 각 항목에서의 부족한 점수는 '측정 오차', 즉 검사가 측정해야 하는 것과(무게, 높이, 성격 등) 실제로 측정한 것의 차이를 나타낸다. 따라서 측정이 신뢰도가 있다고 보기 위해서는 높은 내적 합치도, 높은 검사-재검사 신뢰도, 높은 평정자 간 신뢰도 점수를 받아야 한다.

내적 합치도는 연구 대상이 되는 구인을 측정하는 데 있어, 문항 간에 얼마나 많은 관련이 있는지를 확인하는 것이다. 이는 검사를 구성하는 각 요인 간의 상관관계를 의미한다. 예를 들어, 우리가 개인의 지능을 측정하기 위해 다섯 가지 문항으로 이루어진 검사를 수행한다고 하자. 처음 세 문항은 각각 연산, 어휘, 그림 완성하기 과제이다. 그러나 마지막 두 문항은 얼마나 빨리 달리는지와 얼마나 무거운 물건을 들 수 있는지를 측정하는 것이었다고 하자. 달리기 속도와 신체적 힘이 인지라는 개념의 일부이든 아니든, 우리는 이 두 문항과 다른 문항 사이에 상관관계가 없거나 매우 낮다는 사실을 발견할 것이다. 이 경우 검사의 내적 합치도는 낮은 것이다. 마찬가지로 '야망'을 측정하고자 하는 성격 검사에는 개인이 일을 지속하고자 하는 경향, 경쟁에 대한 반응, 더 개선하고자 하는 열망 등에 대한 질문이 포함되어 있을 것이다. 만약 이 검사에 미술 갤러리에 방문하고자 하는 경향, 몽상하거나 과학 잡지를 읽거나 하는 경향에 대한 질문이 포함되어 있다면 내적 합치도는 낮을 것이다. 검사의 하위 문항들은 대부분 서로 연관이 있다. 만약 검사의 하위 문항들이 각각 다른 변인을 측정한다면, 좋은 검사가 될 수 없다. 따라서 내적 일관성은 검사의 신뢰도와 유용성을 위해 필수적이다.

신뢰도의 두 번째 요소인 검사-재검사 신뢰도란 측정이(예 : 성격 검사의 점수) 반복될 수 있는 정도를 의미한다. 앞서 예로 들었던 체중계로 다시 살펴보자. 체중계가 올라설 때마다 같은 값을 제시하는가, 아니면 다른 값을 제시하는가? 성격 측정에 있어서 검사-재검사 신뢰도는 다른 상황에서 실시된 검사 점수의 관련성을 뜻한다. 예를 들어, 같은 그룹의 사람들을 대상으로 외향성을 측정하는 검사를 실시한 후, 몇 주 간격을 두고 다른 상황에서 다시 검사를 실시했다고 하자. 첫 번째 검사와 두 번째의 검사 점수는 대체적으로 같을 것이다. 이러한 가정은 측정 대상인 구인에 변화가 없을 때, 즉 사람들의 실제 외향성 정도에 변화가 없다는 전제하에 그렇다. 만약 첫 번째 검사와 두 번째의 검사 사이에 일관성이 없다면, 즉 다른 상황에서 실시될 때마다 점수가 다르게 나온다면 우리는 이 점수를 신뢰할 수 없을 것이다. 다만 여기서 우리는 순위 일관성에 있어서 검사-재검사 신뢰도를 논하고 있음에 주목해야 한다. 검사-재검사에서 개인의 점수가 유사하다는 것은 다른 사람과 비교했을 때 상대적으로 유사하다는 것을 의미한다. 이는 개인의 특정한 특성에서 수치상으로 혹은 설대석인 변화가 일어났다 하더라도 높은 검사-재검사 신뢰도를 나타내는 것이 가능함을 의미한다. 예를 들어, IQ 점수에 대한 검사-재검사 신뢰도는 사람들이 더 똑똑해지거나, 소년에서 청소년으로의 발달을 거친다 하더라도 높게 유지된다.

신뢰도의 마지막 요소는 평정자 간 신뢰도이다. 평정자 사이의 신뢰도는 두 명 이상의 평정자 사이의 동의 또는 합의 정도를 뜻한다. 예를 들어, 당신은 자기 자신을 매우 재미있는 사람으로 평가하였지만 당신의 파트너가 이에 완전히 동의하지 않았다면 평정자 간의 신뢰도는 매우 낮아진다. 평정자 간의 신뢰도는 타인의 평가를 포함한다. 예를 들면, 브래드 피트나 안젤리나 졸리가 아름답다는 평가에 대해서 당신의 친구들 사이에 어느 정도 합의가 있는가? 만약 보는 사람에 따라 아름다움의 기준이 다르다면, 친구들 사이의 평정자 간 신뢰도는 낮을 것이다. 달리 말해, 브래드나 안젤리나가 얼마나 아름다운지에 대한 일치도는 낮을 것이다. 반면 당신의 친구들이 브래드나 안젤리나 모두 아름답다는 평가에 동의한다면(아마 동의할 것이다) 평정자 간 신뢰도가 높다고 할 수 있다.

성격에 있어서도 마찬가지이다. 구직 면접에서 면접관이 당신의 여러 성격 특성에 대해 검사한다고 가정하자. 여기에는 당신이 얼마나 야망을 갖고 있는지, 얼마나 쾌활한지, 얼마나 사회적인 기술을 갖고 있는지 등이 포함된다. 만약 면접관이 당신을 얼마나 믿을 수 있는지, 혹은 얼마나 친근한지에 대해 서로 동의하지 않는다면, 이러한 검사 방법에 큰 의미를 부여하지 못할 것이다. 만약 평가자 의견 중에서 적어도 한 명 이상의 의견이 다르다면, 이것이 성격 검사 전체를 의미 없는 것으로 만들 수도 있다. 따라서 평정자 간 신뢰도는 신뢰할 수 있는 성격 검사를 위한 필수적인 요소이다.

그러나 평정자 간 신뢰도가 낮더라도 검사로서의 가치가 있을 수 있음에 유의해야 한다. 예를 들어, 360도 다면평가의 경우에 평정자 간 신뢰도는 사실상 기대되지 않는다. 평가자들은 평가 대상자의 각각 다른 측면을 보고 있기 때문에 여기서 나타나는 차이를 평가의 불일치라기보다는 각각 다른 성격적 측면에 대한 서로 다른 정보로 인식하는 것이 바람직하다.

낮은 신뢰도의 요인('오차')

신뢰도에 영향을 미칠 수 있는 몇 가지 요소가 있다. 기술적인 용어로 표현하면, 측정 '오차'에는 여러 가지 요인이 있다는 의미이다. 여기에는 기분, 동기, 신체적인 상태 등과 같은 개인 내적 요인과 검사 실시 환경, 검사 자체의 특성과 같은 외부적인 요인이 포함된다. 내적 요인이 검사의 신뢰도에 미치는 영향은 분명하다. 예를 들어, 개인이 로또에 당첨된 직후 주관적 안녕감에 대한 검사에 참여한다면, 몇 시간 전에 응답한 것과 다르게 응답할 것이다(로또 당첨의 효과가 시간이 지남에 따라 점차 사라지더라도). 따라서 우리는 이러한 상황에서 실시된 주관적 안녕감에 관한 검사 점수를 신뢰할 수 없을 것이다.

때때로 검사 자체의 내재적인 요인으로부터 측정 오차가 나타난다. 검사에 포함된 항목의 수가 원인이 되기도 한다. 예를 들어, 개인이 성실한 사람인지 검사하기 위해 "당신은 성실한 사람인가?"라는 질문에 "그렇다" 혹은 "아니다"로 응답하도록 구성되었다고 가정하자. 이러한 질문에는 여러 가지 오류 요소가 포함되어 있음을 알 수 있다. 응답자가 정직하게 답변한다 하더라도 이 사실에는 변화가 없다. 응답자는 자기 자신이 '성실하지 않은 것'보다는 성실하다고 생각하기 때문에 "그렇다"라고 답변할 수 있다. 하지만 실제로는 이들이 그리 성실하지 않을 수 있다. 이 검사는 이들이 '얼마나' 성실한지를 우리에게 알려주지 못한다. 따라서 검사가 틀리지 않다 하더라도, 개인이 얼마나 성실한지는 측정하지 못했기 때문에 이 검사에는 상당한 오차가 있을 수 있다.

만약 우리가 두 가지 혹은 세 가지(예 : "대학의 과제를 할 때, 직장에서, 집에서 성실한가?")의 질문을 하고 응답자가 얼마나 동의하는지 1~5로 나타내게 한다면, 얼마나 성실한지를 보다 정확히 예측할 수 있을 것이다. 성실성과 관련된 행동에 대해서 더 많은 질문을 한다면 오차의 가능성은 줄어들 것이다. 이러한 이유 때문에 성격 검사는 보통 수십 개에서 수백 개에 이르는 질문으로 구성되어 있다. 그러나 무조건 더 많은 질문을 한다고 해서 신뢰도가 더 높아지는 것은 아니다. 질문이 많아지게 되면 응답자의 피로, 지루함, 분노 또는 다른 감정을 유발할 수 있고, 이것이 오차의 원인이 되기도 한다.

오차 제거의 중요성

특히, 검사 결과를 적용하는 상황에서 검사의 오차와 낮은 신뢰도는 심각한 문제를 일으킬 수 있다. 따라서 오차 요인을 최소화하려는 심리학자들과 임상가들의 노력은 중요하다. 만약 성실성에 대한 점수를 바탕으로 특정 일자리에 지원한 사람들을 선발한다고 가정해 보자. 여기서 우리는 합격자와 탈락자를 나누는 점수를 정해야 한다. 모든 대상자의 성실성 점수의 평균이 50점인데 첫 번째 지원자의 점수가 75점이고, 두 번째 지원자의 점수가 55점이라고 하자. 우리는 첫 번째 지원자를 고용해야 할 것인가? 언뜻 보아서는 이 결정이 신뢰로운 결정처럼 보일 수 있다. 하지만 여기에 대한 판단은 우리가 사용하는 검사의 신뢰도에 달려 있다. 만일 검사의 신뢰도가 높고 사람들이 이 시험에 응시할 때마다 같은 점수를 받는다면, 즉 매 시험마다 첫 응시자는 75점을 받고 두 번째 응시자는 55점을 받는다면, 이 결정은 합리적일 것이다. 하지만 검사의 신뢰도가 낮아서 사람들이 매 시험마다 다른 점수를 받는다고 한다면, 극단적으로 두 지원자의 점수가 아예 뒤바뀔 가능성마저 있다면, 이 결정은 바람직하지 않을 것이다. 왜냐하면 우리는 지원자들의 '진짜' 성실성 수준을 모르기 때문이다.

이는 꽤 우려스러운 문제이다. 일자리에 지원한 사람들은 '운 나쁜' 검사 점수가 나오는 날이 아니기를 바라야 하기 때문이다. 이는 사람들로 하여금 심리 검사에 대한 전반적인 의심을 갖게 할 수 있다. 그러나 이와 같은 결론을 내릴 필요는 없다. 심리학자들은 이 문제를 해결할 수 있는 방법과 통계적인 수단을 가지고 있다. 심리 검사 점수를 바탕으로 선발하기 위해서는 일반적으로 점수의 산포도를 알아야 한다. 즉, 평균적으로 개인 간의 점수 차이가 얼마나 날지를 예측하는 것이다. 이것이 심리학자들이 말하는 표준오차이다. 표준오차를 계산하기 위한 통계학적 설명을 굳이 여기서 할 필요는 없을 것 같다. 대신 간단히 설명하려고 한다. 첫째, 우리는 종 모양의 곡선인 정규분포에서 ±1 표준편차(각 점수가 평균값으로부터 떨어진 정도의 평균) 사이에 68%의 점수가 분포한다는 것을 안다. 전체적으로 95%의 점수가 평균점수와 2 표준편차 사이에 있다(대부분의 인간 특성이 종 모양의 곡선 분포를 보이므로 이를 적용할 수 있다). 예를 들어, IQ 검사에는 100의 평균 점수와 15의 표준 편차가 있다. 이는 모든 사람들 중 68%가 85점과 115점 사이에 있으며, 95%의 사람들이 70점과 130점 사이에 위치하고 있음을 뜻한다.

우리는 이 공식을 앞에서 말한 예시에 적용할 수 있다. 성실성 검사가 5점의 표준오차를 갖고 있다고 하자. 이는 지원자의 실제 성실성이 68%의 확률로 현재 점수 ±5 범위에 포함되며, 현재 점수 ±10 내에 들 확률은 95%임을 뜻한다. 따라서 이 경우에 첫 지원자의 점수는 68%의 확률로 70점과 80점 사이에 포함되며, 65점과 85점 사이에 포함될 확률은 95%이다. 두 번째 지원자의 점수는 68%의 경우 50점과 60점 사이일 것이며 95%의 경우에 45점과 65점 사이일 것이다. 그러므로 표본의 표준오차가 5점인데 첫 지원자가 75점, 두 번째 지원자가 55점을 기록했다면 첫 지원자에 대한 선택이 옳을 확률은 95%이다. 이는 꽤 괜찮은 도박이다.

좋은 소식은 표준오차를 꽤 쉽게 계산할 수 있다는 점이다. 고용주는 검사 점수를 해석하고 지원자를 최종적으로 선택하는 데 있어 이 공식을 활용할 수 있다. 고용주는 이러한 계산을 통해 두 지원자의 점수 차이가 오차의 범위를 넘어 최종 선택의 근거가 되기에 충분하다는 것을 알 수 있을 것이다. 이러한 과정은 잘못될 확률을 최소화할 수 있다. 이와 같은 예시는 현장에 적용되는 모든 검사에서 신뢰도가 매우 중요하다는 것을 시사한다. 신뢰도가 낮은 검사는 일반적으로 개인의 실제 성격을 잘 반영하지 못하고 따라서 실생활에서 매우 해로울 수 있다.

하지만 또한 우리는 신뢰도가 높은 검사 결과라 할지라도 종종 쓸모없는 자료가 될 수 있다는 사실에 주목해야 한다. 높은 신뢰도는 단순히 매우 한정되고 심리학적으로 사소한 변수를 측정하고 있다는 사실을 의미할 수도 있기 때문이다. 예를 들어, 같은 질문을 여러 차례 반복하게 되면 검사의 내적 합치도는 증가되기 쉽다. 그러나 이것은 우리가 평가하고자 했던 전반적인 성격에 대한 정보 중 극히 일부만 제공할 수 있다. 따라서 지나치게 높은 내적 합치도는 검사가 너무 제한적이어서 심리학적으로 관심을 가질 만한 것이 아님을 의미할 수 있다(Cattell & Kline, 1977).

검사가 얼마나 믿을 만한지에 대해서뿐만 아니라, 검사가 얼마나 유용한지에 대해서도 판단을 해야 한다. 다음으로 소개할 내용은 검사의 질을 결정하는 타당도이다.

타당도

타당도는 본질적으로 검사가 얼마나 유용한지를 나타내며, 검사가 측정하고자 하는 대상을 실제로 측정하는지를 평가하는 것이다. 앞에서 언급했듯이, 성격심리학자들은 자신이 사용하는 검사 방법이 측정하고자 하는 것을 정확히 측정했음을 밝혀야 한다. 이는 검사의 타당도를 검토하는 것으로 확인할 수 있다.

한 여성이 자신이 임신하였는지 검사하기 위해 체온계를 사용했다고 가정해 보자. 이 측정 결과는 신뢰할 수 있을지 몰라도 쓸모는 없다. 체온계는 특정 변수를 일관성 있게 측정할 수는 있지만 체온계로 측정한 변수가 임신과 관련이 없는 것이므로 체온계를 사용하는 것은 효과적이지 않다. 신뢰도는 검사의 필수적인 요소이지만, 타당도가 더 중요하다(물론 신뢰도가 낮거나 일관성이 없는 검사의 타당도를 평가하기는 어렵다).

타당도의 정의가 위와 같다면, 성격 검사가 무엇을 측정했는지에 대해 어떻게 실제로 보여 줄 수 있는지 궁금해 할 수 있다. 온도계나 임신 테스트기의 타당도를 나타내는 것은 쉽다. 우리는 온도가 높아지고 낮아지는 것을 느낄 수 있다. 만약 온도계가 온도의 변화에 반응하지 않는다면 유효하지 않은 것이다. 우리는 한 여성이 임신을 했는지 하지 않았는지 알 수 있다(적어도 출산 이후에는 분명히 알 수 있다). 만약 임신 테스트기가 실제와 다른 사실을 나타낸다면 그 또한 유효하지 않다.

하지만 성격 검사가 측정하고자 하는 것을 실제로 측정하였는지 어떻게 밝힐 수 있는가? 이 질문은 심리측정학에 있어 중요한 문제가 된다. 왜냐하면 처음부터 심리적 구인이 어떤 것인가에 대해 동의하기 어렵기 때문이다(지능이 무엇인지에 관한 합의조차 어렵다는 사실을 생각해 보라). 더욱이 심리학은 물리학이나 화학처럼 관찰하기가 어렵다. 이러한 어려움은 심리학자들로 하여금 타당도를 측정하기 위한 여러 다른 방법들을 고안하게 만들었다.

측정이 유효한지 파악하는 매우 기본적이고 분명한 방법은 안면 타당도를 확인하는 것이다. 안면 타당도는 단순히 검사가 측정하고자 하는 것을 측정하고 있는지를 평가하는 것이다. 예를 들어, 심리 검사 질문지에서 질문이 측정하고자 하는 것과 관련이 있어 보이는지 평가할 수 있다. 이는 마치 옛 속담에서 말하는 "만약 이것이 오리처럼 걷고, 오리처럼 꽥꽥대고, 오리처럼 보인다면 그것은 오리일 것이다."와 같다. 물론 안면 타당도는 실제 타당도와 관련이 없다. 장난감 온도계가 실제 온도

계처럼 보일 수 있지만, 온도를 측정하지 못하는 것과 같은 이치이다. 안면 타당도는 검사에 응하는 사람들이 검사를 진지하게 받아들일 확률을 증가시킨다는 측면에서는 바람직하다(그들이 애초에 검사에 응한다면). 그러나 지나치게 높은 안면 타당도는 거짓으로 응답하기 쉬운 검사라는 것을 의미할 수 있다.

안면 타당도와 유사한 종류로 내용 타당도가 있다. 이는 검사가 측정하려는 구인의 모든 요소를 측정하는지를 보는 것이다. 예를 들어, 지능 검사는 수학적 능력만을 측정하지는 않아야 한다. 내용 타당도는 해당 분야의 전문가(지능 검사라면 지능에 관한 전문가)들이 검사가 구인을 전반적으로 측정하는지 평가하는 방법으로 구해진다. 만약 검사가 구인의 모든 영역을 포함하지 않는다면 타당도는 낮을 것이다. 수학적 능력은 지능의 한 영역이지만, 지능이 단순히 수학 실력과 같다고 여기는 사람들은 그리 많지 않다. 그러나 우리는 심리학적 구인을 측정하는 검사의 타당도를 구하기 위해, 그저 그 내용을 살펴보는 것만으로는 충분하지 않다는 사실에 주목해야 한다. 비록 그 내용이 타당하더라도 말이다.

보다 엄격하고 과학적으로 타당도를 평가하는 방법은 검사의 공인 타당도를 살펴보는 것이다. 공인 타당도는 해당 검사가 같은 구인을 측정하는 다른 검사와 높은 연관성이 있는가를 살펴보는 방법을 사용한다. 예를 들어, 충동성을 측정하는 새로운 검사를 개발했다면, 이 검사와 또 다른 충동성 검사와의 관련성을 확인하고 싶을 것이다. 만약 새로 개발된 검사가 이미 경험적으로 입증된 다른 검사와 관련이 없다고 판정이 내려진다면 충동성을 측정하는 검사라고 주장하기 어렵다. 반면 새로운 검사와 다른 충동성 검사 사이에 상당한 연관성이 밝혀진다면, 이 검사가 타당하다고 말할 수 있을 것이다. 이처럼 공인 타당도는 새로운 검사의 타당도에 대한 통계학적 근거를 제공해 주지만, 다음과 같은 질문이 제기될 수 있다. 특정 구인을 측정하는 타당한 방법이 이미 있는데 왜 새로운 것을 개발한단 말인가? 논리적인 지적이다. 그러나 새로운 검사가 개발되는 이유 중 하나는, 그것이 유의미한 결과를 더 잘 예측하기 때문이다.

앞에서 이야기한 세 가지 타당도와는 별개로, 모든 심리 검사에 해당되는 근본적 질문은 다음과 같다. 이 검사는 실용적이고 유용한 정보를 제공하는가? 어떤 검사는 겉으로 보기에 좋아 보이고, 해당 구인의 모든 요소를 포함하고, 같은 구인을 측정하는 다른 검사와 관련이 있을 수 있다. 그러나 만일 검사가 측정했던 대상자의 성격과 실제로 미래에 나타난 이들의 성격이 서로 다르다면 이 검사 결과가 무슨 소용이 있겠는가? 검사로서 가치를 가지기 위해서는 어떤 외적 준거나 실제 결과 사이에 관련성이 있어야 한다. 요컨대 특성 불안에 대한 검사는 불안장애가 있는 사람과 우울증으로 고통받는 사람을 구분할 수 있어야 하며, 우호성 검사는 대학이나 직장에서 타인과 덜 충돌하는 사람들을 측정할 수 있어야 한다. 이것을 준거타당도 혹은 예언 타당도라고 한다. 만일 검사에서 측정한 것을 통해 그 결과를 예측할 수 없다면, 이 검사는 연구자가 측정하고자 했던 변인을 측정한 것이 아닐 뿐만 아니라 실제적으로도 유용하지 않다. 반면 검사 결과를 바탕으로 집단을 구분할 수 있고, 개인이 어떻게 행동할지 예측할 수 있다면, 이 검사는 실제로 매우 유용할 것이다.

소개되지 않은 두 가지의 타당도가 있다. 그중 하나는 해당 검사가 기존 검사에 비해 유용한 점이 있는지에 관한 타당도이다. 예를 들어, 감정 지능(emotional intelligence, EI)을 측정하기 위해 새롭게 개발된 검사는 기존의 능력 또는 성격 검사와 다른 정보를 제공할 필요가 있다. 이것은 판별 타당도라고 불리며, 검사가 실제로 기존 구인과 구별되는 구인을 측정하는지를 평가한다. 만약 검사의 판별 타당도가 없다면(즉, 다른 구인을 측정하는 기존 검사와의 상관이 지나치게 높으면), 우리는 검사가 측정하고자 했던 구인을 측정하지 못하거나, 해당 구인이 존재하지 않는다는 결론을 내려야 할 것이다.

판별 타당도에 이어서 우리는 새로운 검사가 기존 검사 이상으로 외적 준거를 잘 예측하기를 기대한다. 앞의 예시를 계속 활용해 보자. 예를 들어, 구직자들에게 지능 검사(IQ 검사)와 성격 검사(예 : 5요인 검사)를 실시한 상황에서, EI 검사를 추가로 하는 것이 의미가 있을까? 달리 말해 감정 지능을 추가로 측정하는 것이 IQ 검사와 성격 검사만 실시하는 것보다 지원자가 일을 얼마나 잘할지에 대한 정보를 보다 자세하게 제공할까? 이러한 타당도를 부가적 타당도라고 하며, 다음 장에서 살펴보겠지만, 이는 심리학 연구의 응용 장면, 특히 직업심리학에서 상당히 중요하다.

지금까지 살펴본 바로 알 수 있듯이, 성격 검사가 측정하고자 하는 구인을 정확히 측정하는지 판단하기 위해서는 다양한 타당도 준거들이 필요하다. 개별적 준거만으로는 충분하지 않을 것이다. 이러한 이유로 크론바흐와 밀(Cronbach & Meehl, 1955)은 검사의 타당도를 측정하는 포괄적인 방법으로 구성 타당도를 제안하였다. 구성 타당도는 검사에서 얻은 결과가 이론적으로 연관성 있는 다른 요소에 부합하는 정도를 뜻한다. 이것은 우리가 살펴본 모든 내용을 종합한 것이다. 예를 들어, 전반적 불안감을 측정하는 자기보고식 검사가 구성 타당도를 가진다면, 우리는 이 검사의 결과가 개인의 시험 불안이나 불안증으로 치료를 받을 가능성, 위험 상황에서 스트레스를 받을 가능성, 불안감에 대한 생리학적 지표 등 다른 기준과 연관성이 있다고 기대할 것이다. 또한 우리는 검사가 다른 불안감에 대한 자기보고식 검사와 상관관계가 있는 동시에, IQ 검사처럼 불안을 측정하지 않는 검사와는 관련이 없음을 보여야 한다. 이러한 기준들이 모두 만족되었다면, 우리는 불안을 측정할 수 있고 또한 정확하게 측정하고 있다는 확신을 가질 수 있을 것이다.

이처럼 성격 특성(또는 다른 심리학적 특성)이 측정 가능하며 또한 정확하게 측정되고 있음을 밝히기 위한 고도로 엄격하고 과학적인 과정이 존재한다. 모두 과학 이론으로부터 유래된 것이다. 성격 검사를 신뢰하고, 해당 검사를 바탕으로 실무적인 결정을 하고자 할 때는 검사 자체가 우수한 것임을 밝혀야 한다. 높은 신뢰도와 타당도를 보이는 검사는 현재 논의되고 있는 성격 특성을 제대로 측정하고 있는 것이며, 따라서 꽤 가치가 있는 검사이다. 즉, 성격이 복잡하고 관찰할 수 없는 재앙과도 같은 현상이라 하더라도 검사가 높은 신뢰도와 타당도를 보인다면 이는 성격을 정확하게 측정하고 있다고 할 수 있다.

지금까지 우리는 검사가 우수한 신뢰도와 타당도를 보인다면 성격 특성(들)에 대해 정확하고 가치 있는 정보들을 제공한다는 것을 살펴보았다. 그러나 이것은 검사가 신뢰할 수 있고 타당하다는 것을 의미하지는 않는다. 또한 어떤 검사가 성격을 측정하는 데 더 유용한지를 의미하지도 않는다. 성격이 무엇을 예측하는지에 대해서는 다음 장에서 자기보고식 검사와 관련하여 설명하고자 한다. 이 장의 나머지 부분에서는 성격 연구에서 사용되는 각각의 성격 측정 방법에 대해 설명하고 그 장단점을 살펴보는 데 집중할 것이다. 이는 결론적으로 성격심리학자들이 자기보고식 방법을 왜 선호하는가를 보여 줄 것이다.

성격 검사의 종류

앞에서 우리는 세상에서 가장 부유한 남성의 성격을 어떻게 측정할지 고민하면서 성격심리학자들이 선택할 수 있는 다양한 성격 검사 방법에 대한 이야기를 나누었다. 어떤 성격 검사 방법을 사용할지 결정하는 데에는 일반적인 상식 및 연구자의 선호뿐 아니라 이론적·통계학적 측면이 고려된다. 심리학자들은 성격이 무엇인지, 그 원인은 무엇인지, 그리고 어떻게 표현되는지에 따라 다른 검사 방법들을 사용할 수 있다. 여기서 우리는 성격심리학자들이 오랫동안 시도하고 시험했던 다양한 방법들에 대해 이야기할 것이다. 그중 일부는 최근에야 나타났지만, 다수의 방법들은 성격 검사의 초기부터 사용되어 왔다. 전통적으로 다양한 성격 검사 방법들은 세 가지 카테고리로 분류된다. 투사 검사, 자기보고법 그리고 객관적 방법이다. 그러나 모든 방법이 여기에 포함되는 것은 아니며 따라서 우리는 이 분류에 해당되지 않는 몇 가지 다른 검사 방법에 대해서도 살펴볼 것이다. 다음에서는 성격을 검사하는 더 흥미로운 측정법인 투사 검사에 대해 살펴보고자 한다.

투사 검사

심리학적인 배경이 묘사된 할리우드 영화를 본 적이 있다면, 로르샤흐 잉크 반점 검사를 봤을 확률이 높다. 로르샤흐 잉크 반점 검사는 가장 유명한 심리 검사 중 하나로, 대중에게 알려진 몇 안 되는 심리 검사이다. 투사 검사는 개인이 인지하고 있거나 인지하지 못하고 있는 가장 내적인 생각과 감정에 대한 정보를 얻기 위해 설계되었다. 대개 검사 대상자에게 애매모호한 자극, 제한이 없거나 구조화되지 않은 과제를 제시한다. 완성되지 않은 문장을 완성하거나, 그림으로 나타나는 사건을 해석하거나, 잉크 반점에서 무엇을 관찰했는지를 살피는 것이다. 이 과정에서 참여자들에게 자신의 감정, 생각, 지각을 주어진 자극을 해석하는 데 투사하기를 요구하기 때문에 투사 기법이라고 불린다. 이 기법은 개인이 의미가 분명하지 않은 애매모호한 자극을 받았을 때 나타나는 해석의 차이가 심리적 특성의 차이를 나타낼 것이라는 점을 전제로 한다.

투사 검사는 자기보고식 검사와 상반되는 이론적 관점을 배경으로 한다. 사람들이 자기 자신과 자신의 성격에 대해 잘 알며 따라서 보고할 수 있다고 가정하는 자기보고식 검사와 달리, 투사 검사는 사람들이 종종 자신의 심리적 경향을 잘 인지하지 못하고 있으며, 인정할 의사가 없음을 가정하고 있다.

따라서 사람들은 자신의 심리적 경향에 대해 면접이나 질문지를 통해 보고할 수 없을 것이다. 여기에 유일하게 접근할 방법이 있다면 그것은 투사하는 방법일 것이다. 수많은 투사 기술이 있지만, 지면의 제약 때문에 우리는 가장 널리 사용되며, 인기가 많은 검사인 로르샤흐 잉크 반점 검사(혹은 로르샤흐, Rorschach, 1921)와 주제 통각 검사(TAT; Murray, 1943)를 살펴볼 것이다.

로르샤흐 잉크 반점 검사

로르샤흐는 스위스 정신과 의사인 헤르만 로르샤흐(Herman Rorschach, 1884~1922)가 개발한 것이며, 10개의 대칭적인 잉크 반점 카드를 제시하는 방식으로 이루어진다. 검사에 사용되는 카드들은 흑백 또는 색상이 있는 것들이다. 응답자들은 자신이 무엇을 봤는지 보고해 달라는 요청을 받으며, 10개의 잉크 반점을 모두 보고 난 후 그것의 어떤 부분에 반응했는지, 어떤 특징이 얼마나 중요했는지에 대해 보고한다.

　방법론적인 관점에서, 검사의 가장 중요한 부분은 채점을 하는 것이다. 다양한 채점법이 개발되어 응답의 여러 가지 측면, 즉 잉크 반점의 어떤 부분에 반응했는지(전체 혹은 일부), 반응한 잉크 반점의 특성은 어떤지(색상 등) 그리고 응답의 내용(예 : 죽음, 성관계, 동물 등의 이미지) 등에 초점을 맞춘다. 예를 들어, 어떤 채점법에서는 잉크 반점의 일부에만 반응하는 것을 경직성과 강박증을 나타내는 것으로 해석한다. 잉크 반점의 색깔이 있는 부분을 사용하는 것은 정서성과 충동성을 나타낼 수 있다. 사람들이 성적인 행위를 하고 있다거나, 잉크 반점이 생식기로 보인다거나 등의 특정한 응답에 대한 점수는 보다 명확할 것이다. 그러나 어떤 응답에 대한 채점은 추론에 의존한다. 예를 들어, 야생 동물을 보았다는 응답은 검사 대상자와 그의 아버지 사이의 갈등을 나타내는 것으로 해석될 수 있다.

로르샤흐 검사는 매우 흥미로운 검사이지만, 몇 가지 문제점이 있다 (문제점 중 일부는 모든 투사 검사에 공통으로 해당된다). 두드러진 문제는 검사의 채점이 검사자의 주관적인 판단 혹은 해석을 필요로 한다는 점이다. 이는 평정자들이 같은 응답을 매우 다르게 해석할 수 있음을 뜻한다. 둘째로 여러 채점법 사이에 주요한 모순이 존재하며(Kline, 1992), 이는 평정자 간 신뢰도의 문제를 한층 복잡하게 한다. 마지막으로 비판자들은 로르샤흐 검사의 가정을 뒷받침하는 심리학적 이론이 없다고 주장하는데, 이는 다른 투사 기법에도 동일하게 적용된다(Kline, 2000). 여기에 대해서는 주제 통각 검사를 평가할 때 더 자세히 다룰 것이다.

로르샤흐를 대상으로 한 이러한 비판은 경험론적으로도 확인되었다. 연구자들은 로르샤흐 검사의 개별 지표와 외부 준거 사이에 관계가 거의 없거나 전혀 없음을 발견했다. 헌슬리와 베일리(Hunsley & Bailey, 1999)는 이 검사의 타당도에 대해 검토하며, '모든 심리 평가 도구 중 가장 매도되는(reviled) 검사'(p. 266)라고 언급하였다. 검사의 신뢰도와 타당도 (예 : Exner, 1986)를 개선할 수 있는 구체적인 채점법을 개발할 수 있었음에도 또한 자기보고식 검사와 같이 더 빠르고 더 저렴한 대안이 될 수 있었음에도 그렇게 하지 않았기 때문에 이 검사를 사용하는 것에 대한 정당성을 어렵게 만들었다.

주제 통각 검사

다른 주요 투사 검사로 머레이(Murray, 1938)가 개발한 주제 통각 검사

(TAT)가 있다. TAT 역시 로르샤흐 검사처럼 카드를 사용한다. 그러나 TAT는 검사 대상자에게 잉크 반점이 아닌 사람들이 다양한 장면에서 상호작용하는 모습을 제시한다. 카드에 그려진 모습들은 추상적이며 해석의 대상이 되지만(여성의 팔을 꽉 잡고 있는 남성 등), 잉크 반점보다는 덜 추상적이다. 그림을 제시받은 대상자는 무슨 일이 일어나고 있는지, 인물들이 무슨 생각을 하고 느끼고 있는지, 이렇게 된 원인이 무엇인지 그리고 결과가 무엇인지 설명해 달라고 요청을 받는다. 검사자는 응답을 해석하고 분석한 후, 응답자의 성격, 동기 그리고 갈등의 중요한 측면이 반영된 주제를 찾는다. 예를 들어, 남성이 여성의 팔을 꽉 잡고 있는 장면은 폭력 또는 열정적 사랑으로 해석될 수 있다. 검사 대상자의 응답에서 권력 동기, 성취 욕구, 소속 지향성 등 개인적 특성을 유추할 수 있다. 이는 그림 속 인물 간 관계의 종류, 인물에게 부여된 동기와 감정, 사건의 원인, 긍정적/부정적 결말 등 응답의 특성에 따른 것이다.

　TAT 결과에 대한 심리학자들의 해석은 매력적이고, 흥미롭고, 심지어 완전히 그럴듯하게 들릴 수 있다(로르샤흐의 경우 TAT와 달리 기준점을 제공하지 않기 때문에 더 그러하다). 그러나 로르샤흐와 마찬가지로, TAT의 주요 문제는 해석이 주관적이라는 점이다. 응답을 해석하는 표준적인 방법이 없기 때문에(몇 가지 채점법을 사용할 수 있지만, 해석의 주관성을 없앨 수는 없다) 평정자마다 다른 해석이 가능하다. 각기 다른 해석들 가운데 적어도 하나는 틀릴 수 있다는 것을 가정해 본다면, 결국 어떤 해석도 신뢰할 수 없게 된다. 이는 TAT를 통해 추론된 성격과 동기에 관련된 요소가 진실인가에 대한 판단을 어렵게 만든다.

로르샤흐와 마찬가지로 TAT는 신뢰도와 타당도 면에 있어 우수하지 못하다. 일부 연구는 TAT가 어떤 성격이나 동기 특성(예 : Atkinson, 1958)을 파악하는 것에 유용함을 발견했지만, 해당 동기와 관련된 다른 동기나 외부 준거와의 상관관계는 매우 낮았다. 예를 들어, TAT로 측정된 주요 동기 중 하나인 성취 욕구(Need for Achievement, nAch)는 기업가적 활동과 상관관계가 높은 변수이다(McClelland, 1961; Rauch & Frese, 2007). 그러나 연구자들은 TAT와 성취 욕구를 측정하는 다른 객관적 심리 검사 간의 낮은 상관관계만을 발견했다. 성취 욕구와 기업가적 활동이 유의미한 연관성을 보였지만(Rauch & Frese, 2007), TAT 이러한 모든 준거를 예측하는 데 있어 낮은 타당도를 나타냈다(Hansemark, 2000).

투사 검사의 수와 다양함은 놀라울 정도이다(Lilienfeld, Wood, & Garb, 2000 참고). 그러나 투사 검사의 신뢰성과 타당성을 입증할 근거는 명백히 부족하다. 투사 검사는 제한된 목적으로 사용되었을 때 어느 정도 타당성을 보이지만, 체계적인 연구가 수행되었을 때는 그 결과는 실망스러웠다. 모든 투사 검사의 타당도에 대한 검토에서 릴리엔펠트와 동료들(Lilienfeld et al., 2000)은 매우 비판적인 결론을 내렸다. 이들의 결론은 다음과 같다.

로르샤흐와 TAT 검사에서 얻은 일부 지표의 타당성을 뒷받침하는 경험적 증거가 있기는 하다. 그러나 대다수의 지표는 경험적으로 입증되지 않는다. 인간 형태의 그림에 대한 타당성의 근거는 더 제한적이다. 극히 일부를 제외하면, 투사적 지표는 다른 심리 검사 이상의 일관성 있는 타당도를 보이지 않았다(p. 27).

위와 같은 결론과 현장에서의 적용이 적합하지 않다는 시사점을 고려해 볼 때, 투사 기법이 우리가 앞서 논의했던 성격 검사 기준을 충족시키지 못한다는 사실을 알 수 있다. 투사 기법은 성격을 측정하는 데 있어 신뢰할 수 없으며, 타당하지 않다. 즉, 성격을 정확하게 나타내지 않는다. 일부 연구자들은 이러한 결과가 놀라운 것이 아니라고 말한다. 예를 들어, 클라인(Kline, 1993)에 따르면 투사 검사의 이론적 기반은 빈약하다. 투사 검사는 무의식적이며 접근할 수 없는 동기와 원인에 대한 심리분석적 투사라는 점에서 정신분석학과 공유하는 부분이 있다. 그러나 채점법 등 투사를 사용하는 방법이나 그림의 주요 인물을 주제와 동일시할 것이라고 가정하는 면에서는 정신분석학과 매우 다르다. 또한 보편적인 심리학 이론 중에는 투사 검사의 전제, 즉 개인이 잉크 반점이나 그림 속 인물과 같은 추상적인 자극을 받았을 때, 무의식적인 감정과 생각이 나올 수 있다고 언급한 것이 없다. 따라서 투사 검사의 특유한 매력과 지속적인 인기에도 불구하고, 신뢰도, 타당성, 이론적 합리성의 부족은 성격 심리학과 주류 심리학계 내에서 그 사용에 대해 회의적인 시각을 가지게 한다.

객관적 검사

숨겨진 성적 추동이나 억압된 동기를 발견하려는 목적과 별개로, 투사 검사는 한 가지 주요한 객관적인 요소를 갖고 있기 때문에 비전문가들을 매료시킨다. 투사 검사는 개인에게 직접적인 의견을 묻지 않고 성격을 검사하고자 한다. 성격을 객관적으로 검사하려는 갈망은 어떤 합리성을 필요로 하지 않는다. 성격을 측정하는 것에 관심이 있는 개인은 그것이 성격 연구의 것이든, 실제 환경에 적용되는 것이든, 구조적 혹은 임상적 환경에 속한 것이든 검사를 객관적으로 하기만을 바랄 것이다. 이전에 언급하였듯 가장 좋은 형태의 지식은 객관적인 지식이다. 객관성은 과학의 본질이다. 만약 성격 검사가 과학적이고자 한다면, 객관적이기 위한 노력이 최우선이 되어야 한다. 이는 너무나도 분명한 사실이다.

심리학자들은 성격 검사에 있어 자기보고식 기법을 선호하기 때문에, 그 이유가 무엇인지 주목할 필요가 있다. 이 문제를 다루기 위해, 먼저 다양한 객관적 검사에 대해 비판적으로 평가하고 서술하고 이 분야의 현재 상태와 전망에 대해 설명하려고 한다.

앞에서 언급하였듯이, 성격을 객관적으로 측정하고자 하는 시도는 심리학 역사의 아주 초반까지 거슬러 올라간다. 비질문지 분야에서 초기 선구자들의 노력이 잘 기록되어 있지만(예 : 토튼과 서스톤; Hundleby, Pawlik, & Cattell, 1965) 이 분야의 가장 중요한 주인공은 의심의 여지없이 레이먼드 커텔이다. 커텔은 다른 자료 수집 방법뿐만 아니라 자기보고식 자료에도 몇 가지 심각한 제한점이 있다고 믿었다. 자기보고식 자료는 자발적 혹은 비자발적 편향에 취약하다. 즉, 검사 대상자가 일부러 거짓말을 하거나, 좁고 편향된 자기 성찰적 지식을 가진 경우를 말한다. 그는 성격심리학자들이 객관적 검사 또는 T-data와 함께 발전해 나가는 것이 그들의 필수적인 임무라고 주장하였다.

객관적 분석 검사

커텔(1957)은 객관적으로 점수를 매길 수 있으며, 무엇을 측정하고 있는지 대상자가 모르는 검사를 객관적 검사라고 정의했다. 이러한 정의는 성격을 온전히 행동의 집합체로 본 커텔의 견해가 반영된 것이다. 커텔에 따르면 성격 특성은 개인이 하는 말보다는 개인이 하는 행동으로부터 추론되어야 한다. 이러한 관점에 따라, 1950년대에 커텔과 동료들은 성격 특성 검사에 사용될 폭넓은 행동 표본을 수집하기 위한 연구를 시작했다. 행동 표본이 구성되고 평가를 거친 후, 연구자들은 요인 분석을 통해 이를 객관적으로 얻어진 성격의 차원으로 설명하고자 하였다. 1960년대 중반까지 커텔은 2,000개 이상의 성격 변인으로 이루어진 500개 이상의 객관적 검사 목록을 만들었다(Cattell & Warburton, 1967). 이것은 추후에 객관적 분석 검사(Objective Analytic Test Batteries)라고 알려진 종합적 검사에 포함되었다(Cattell & Schuerger, 1978).

물론 여기 속하는 검사 중 일부를 소개하는 것은 이 장의 영역을 벗어나는 일이다. 다만 이 기법의 지지자들은 개인이 과제에 어떻게 반응하거나 응답하는지를 바탕으로 성격 특성을 끌어내려고 시도하였다는 점을 언급하고 싶어 한다. 서스톤(Thurstone)은 개인들 사이에 끈기의 차이를 객관적으로 측정하려 시도했다. 헌들비와 동료들(Hundleby et al.,)이 1965년에 보고한 것처럼, 서스톤은 끈기를 측정하기 위해서 자기보고식 검사에 추가적으로 몇 가지를 더 측정했다. 풀 수 없는 인지능력검사 문제를 풀려고 시도하는 시간, 숨을 참는 시간, 손으로 움켜쥐는 힘, 단어 조합 과제에서 기록한 익숙한 단어의 수 등이었다. 이는 객관적 분석 검사에 속하는 검사들이 다양하다는 것을 나타낸다. 다른 예로, 이러한 검사 중에는 두드리는 속도, 평소 속도로 읽으라고 했을 때의 읽는 속도, 받아들일 수 있는 도서명과 그렇지 않은 도서명, 보다 빠른 속도의 사회적 판단, 싫어하는 것이 많은 정도, 가벼운 잘못이나 약점을 시인하는 정도, 작업 시간을 더 길게 추정하는 정도, 의자에 앉았을 때 움직임의 정도 등이 포함되어 있다.

이와 같은 검사들은 자기보고식 검사에 대한 매력적인 대안을 제시하는 것으로 보이지만, 실제로 그 사용은 몇몇 연구자 그룹으로 제한되었으며, 대부분 그 대상은 커텔의 동료나 그의 영향을 받은 사람들이었다. 커텔의 연구는 그 후로부터 몇십 년 동안 잊혀졌다. 클라인(1993)은 그 결과로 인해서 이러한 검사들의 타당성이 사실상 알려져 있지 않다고 주장했다. 그렇다면 이러한 검사들은 왜 버려졌는가? 몇 가지 이유가 제기되었다. 낮은 안면 타당도(타당도 단락 참고), 객관적 과제 구성의 어려움 그리고 검사 실시의 어려움 등이다. 간단히 말해, 객관적 분석 검사에 포함된 검사가 실용적이지 않았음을 의미한다. 또한 더 심각한 문제가 있다. 바로 검사가 끌어낸 성격 구조에 대한 우려이다. 슈어저(Schuerger, 2008)는 "매우 이상적인 환경에서 시행된 '객관적 분석' 연구에서도, 밝혀진 요인 구조는 가설이 수립되었던 요인 중 6개에만 잘 드러난 것으로 보인다."고 말했다(p. 543). 또한 연구자들은 일부 사례에서 능력 검사에만 치중하여 성격 요소들을 추출했음을 밝혀냈다.

객관적 성격 측정의 최근 발달 현황

최근 성격을 객관적으로 검사하는 것에 대한 관심이 상당히 증가했다. 주목할 만한 한 예로 암시적 연관 검사(Implicit Association Test, IAT)가 있다. IAT는 '암시적' 인지의 연구에 대한 최근 접근법을 기반으로 하고 있다. 사회인지 연구에 따르면, 사람들은 정보를 처리하는 두 가지 다른 체계를 갖고 있는데, 숙고 체계와 충동 체계이다(Strack & Deutsch, 2004). 숙고 체계에서 정보는 이성적이고 의식적으로 처리된다. 예를 들어, 외향적인지에 대해 질문을 받은 개인은 자신이 외향적인지 아닌지 숙고할 것이다. 반면 충동 체계에서 정보는 자동적으로 처리되며, 구체적으로는 기억 속에서 서로 연관된 개념의 활성화와 확산을 통해 처리된다. 예를 들어, 당신에게 '파티'의 개념은 '재미있음'의 개념과 더 가까이 연결되어 있으며 '불안'과는 적은 연관성을 갖고 있을 수 있다. 반면에 '시험'의 개념은 '불안'의 개념과 더 연관되어 있으며, '재미있음'과는 덜 연관이 있을 것이다. 이와 유사하게 사람들은 '나 자신'이 '말하기를 좋아함'과 더 연관이 있으며 '부끄러움'과 덜 연관이 있다는 것과 같은 자기 자신에 대한 개념을 갖고 있을 것이다.

IAT는 개인의 기억 속 개념들의 자동적인 연합에 대해 평가하는 컴퓨터 기반 접근법이다. 연관성의 강도(두 개념의 근접성)는 개인이 구체적인 개념 사이의 연합에 반응하는 시간으로 측정된다. 예를 들어, 검사 도중에 참여자들은 '나' 혹은 '타인'과 같은 대상을 '외향적' 혹은 '부끄러움을 탐'과 같은 특성과 최대한 빨리 연관 지어 달라는 부탁을 받을 수 있다. 이들은 대상과 태도(예 : '나＋외향적', '나＋부끄러움을 많이 탐', '타인＋외향적', '타인＋부끄러움을 많이 탐')가 번갈아 나타나는 일련의 과정을 통해 연관 짓기 작업에 참여하게 된다. 연구자들은 일부 성격 특성이 기억 속에서 타인보다 '자기 자신'과 더 연관이 있을 것이라는 점에 착안했다(Asendorpf et al., 2002). 그렇다면 이는 응답자들의 반응 시간의 차이에 따라 IAT에 의해 '탐지'될 것이다. 예를 들어 참여자가 '나＋외향적'과 '타인＋부끄러움을 탐'을 '나＋부끄러움을 많이 탐'과 '타인＋외향적'보다 빠르게 연관 짓는다면 그의 자기 개념이 '부끄러움을 많이 탐'보다는 '외향적임'과 더 연관이 있다는 결론을 내릴 수 있다.

IAT에서 참가자들에게 제시되는 개념이 자기보고식 방법과 크게 다르지 않다는 사실을 주목해야 한다. 예를 들어, IAT는 개인에게 스스로의 적극성 정도에 대해 1∼5까지 질문하는 대신, '나'와 '적극적임'의 개념을 제시하여 이러한 조합에 대한 개인의 반응 시간이 '나'와 '수동적임' 조합의 반응 시간에 비해 어떤가를 측정한다. 두 기법 사이의 근본적인 차이(동시에 객관적 검사와 주관적 검사 간의 차이)는 응답자가 IAT 검사에서 반응하는 속도(종종 1,000분의 1초 단위)가 자기성찰을 허용하지 않는다는 것이다. 이는 응답에서 고의적으로 거짓말을 포함하여, 성찰적이고 주관적인 판단이 개입될 가능성을 낮추게 된다. 일부는 IAT가 자기보고식 자료를 수집하는 객관적이거나 또는 의식적인 '개입'의 대상이 되지 않는 형태의 검사라고 말할 수 있다. 다른 말로 IAT는 거짓말 탐지기를 부착한 자기보고식 검사와 같다. 이는 물론 성격 검사의 기준을 훌륭하게 충족시킨 것이다. 여기서 IAT가 지지자들이 주장하는 것만큼이나 이론적으로도 타당한 대안이라는 증거가 있는지에 대한 질문이 제기된다.

첫째로 성격 검사 등 전반적인 IAT의 적용은 상대적으로 새로운 시도라는 사실에 주목해야 한다(Greenwald et al., 1998). 최근 일부 연구에서 IAT 검사의 타당성이 입증되었다. 예를 들어, 스테펜스와 코닉(Steffens & Konig, 2006)은 암시적 기법으로 측정된 성실성이 질문지를 통해 측정된 성실성보다 성실한 행동을 보다 잘 예측한다는 사실을 발견하였다. 흥미롭게도 이 연구는 성실성에 대한 IAT 측정과 자기보고식 측정 사이의 연관성을 발견하지 못했다. 추가적으로 최근의 메타분석에서 그린왈드와 폴먼, 울만과 바나지(Greenwald, Poehlman, Uhlmann, & Banaji, 2009)는 IAT의 예언타당도에 대한 매력적인 근거를 발견하였다. 특히, IAT는 선입견과 편견과 같은 '판단'이나 행동을 예측하는 데 있어 자기보고식 방법 등의 뚜렷이 드러나는 측정법을 능가했다. 그러한 판단은 무의식 중에 이루어지는 것으로 여겨진다. 따라서 무의식적인 것을 예측하고자 하는 IAT의 타당성은 이론적으로 설득력이 있다. 마지막으로, IAT가 외부 준거를 예측하는 데 있어 추가적이고(Schnabel et al., 2006), 상호작용적이며(McGregor et al., 2005), '탁월한'(즉, 다른 명시적 측정법들은 통제된 행동을 예측하는 것에 비해 IAT는 자연스러운 행동을 예측하는 깃; Asendorpf et al., 2002) 타당성이 입증되어 있다.

성격의 암시적 측정이 성격심리학자들에게 흥미로운 연구 도구임은 분명하다. 이는 또한 행동을 예측하는 데 있어 명시적인 측정 이상의 유용성을 나타낸다. 다른 객관적인 측정법이 그렇듯 IAT의 주된 매력은 그

것이 성격의 접근할 수 없는 부분, 즉 자신조차도 알지 못하는 자아개념적인 측면에 접근한다는 점이다. 그러나 아직까지는 연구가 미흡한 실정이다. 또한 고민해야 하는 몇 가지 문제가 있다. 예를 들어, IAT는 내적 합치도 기준을 충족시키지만 검사-재검사 신뢰도 면에서는 그리 훌륭하지 않다. 또한 메타분석 결과에 따르면, IAT의 공인타당도는 낮다. 연구자들은 IAT와 자기보고식 기법이 측정한 동일한 구인 사이의 수렴 정도가 낮다는 사실을 발견하였다(Schnabel, Asendorpf, & Greenwald, 2008). 그리고 IAT와 점화효과 측정(priming procedure) 등 다른 암시적 기법과의 연관성도 낮다. 이는 IAT가 특수한 변인을 잘 예측하지만, 성격의 전반적인 측면을 예측하는 데에는 한계가 있다는 것을 의미한다. 부가적 타당도를 고려했을 때, IAT가 자기보고식 방법을 대체하지는 못한다 할지라도 보완할 수는 있을 것이다. 예를 들어, 그린왈드와 동료들의 메타분석에서 IAT가 선입견과 편견 등 의식 수준 아래에서의 암묵적 판단을 잘 예측했지만, 반면 명시적인 측정 방법(자기보고식)은 정치적 선거의 후보 선호나 브랜드 선호 등 성찰을 필요로 하는 영역에서 IAT를 능가했다. 마지막으로 IAT의 효과에 대한 설명에 의문점이 남는다. 예를 들어, IAT 참여자들이 제시된 특성의 실제 '의미'에 응답하는지, 긍정적 또는 부정적인 '어조'에 응답하는지는 분명하지 않다(예 : 수줍음=부정적, 자신감=긍정적. Schnabel et al., 2006 참고).

생리심리학적 검사

생리심리학 분야에서도 객관적 검사에 대한 의미 있는 진전이 이루어졌다. 생리심리학은 개인의 성격 차이에 기여하는 생리적 기능에 대한 과학적 이해를 증진시키고자 한다. 생리심리학적 검사의 목표 중 하나는 요인 분석으로 도출한 성격 차원의 기반을 이루는 생물학적 과정을 밝히는 것이다. 우리는 2장에서 이 영역에 속하는 연구의 일부를 정리하였다. 그러나 다른 객관적 검사와 마찬가지로, 이러한 측정의 두 번째 목표는 주관성과 인지적 편향을 완전히 제거하는 것이다. 어떤 의미로 이 검사는 성격을 자기보고식 자료 수집이나 겉으로 드러난 행동의 탐구를 통해 간접적으로 측정하는 대신 직접적으로 측정하려는 것일 수 있다. 퓨레디(Furedy, 2008, p. 295)는 '성격에 대한 생리심리학적 창문'이라는 은유를 사용하여 이 분야를 묘사하였다. 사람들이 자신의 생물학적 반응을 통제하는 데 한계가 있음을 고려해 보면, 생리심리학적 측정은 후자의 목적을 달성하는 데 유용한 방법으로 보인다.

다수의 방법들이 불과 지난 20년 사이에 나타났지만, 오늘날 수많은 생리심리학적 검사가 존재한다. 신경 촬영법은 가장 인기가 많은 방법이다. 여기에는 MRI, fMRI, PET, EEG 등이 포함되어 있다. 성격 연구자들은 이 중 자신이 잘 아는(그리고 비용이 적당한) 기법을 선택해야하며, 특정 연구에서 구체적으로 어떤 신경 촬영법이 사용될지는 연구문제가 무엇인지에 따라 달라지게 된다. 예를 들어, 다양한 뇌 구조가 어떻게 개인 간의 사이와 관련이 있는지에 관심이 있는 연구자는 MRI를 사용해 뇌의 세부적인 이미지를 촬영할 수 있다(예 : DeYoung et al., 2010). 반면 뇌 활동에 대한 연구는 fMRI(Canli, 2004) 혹은 PET(Johnson et al., 1999)가 사용될 수 있으며 뇌의 처리 과정을 측정하고자 하는 연구자들(Wacker et al., 2006)은 EEG를 선호할 수 있다. 모든 생리학적 방법이 뇌 활동을 측정하는 것은 아니다. 연구에 사용된 다른 측정법으로 시상하부 뇌하수체 축 스트레스 반응과 관련이 있는 침의 코르티솔, 체온, 혈압, 심박수, 피부 전도성, 놀람 반응으로의 눈 깜빡임 등이 있다.

이러한 기법은 추가적으로 두 종류의 다른 실험 설계에 사용될 수 있다. 순수한 검사 조건에서 생물학적 신호를 기록하는 것과 실험실에서 과제나 도전에 대한 생물학적 신호를 기록하는 것이 그것이다. 첫 번째 접근에는 개인차에서 야기되었을 수 있는 신경 활동의 기저선 측정이 포함된다. 예를 들어, 이전 장에서 언급하였듯이 아이젠크의 외향성에 대한 성격 모델은 외향적인 사람들과 내향적인 사람들이 코르티솔 반응에 있어 '자연스러운' 수치에 차이가 있다고 주장한다. 이러한 차이는 fMRI를 사용하여 휴식 중인 뇌의 혈류량을 측정하거나, EEG를 사용하여 특정 부분의 뇌전도를 탐지하는 방법으로 측정될 수 있을 것이다(Gale, 1983에서 수행하였듯이).

두 번째 접근법에는 과제 수행 중 뇌 활동의 측정이 포함되어 있다. 예를 들어, 커텔의 객관적 분석 검사가 측정했던 것 중 하나는 총성에 대한 놀람 반응(홍채가 확장되는 것 등)이었다. 다른 예로, 참여자들이 상반된 함축적 의미를 가지는 단어, 이를테면 아주 부정적인 단어(구토하다, 강간하다, 살해하다 등)와 긍정적인 단어(승리하다, 행복하다, 사랑하다, 파티 등)에 노출되는 동안 뇌 활동의 차이를 측정하는 것이 있다. 후자의 접근법을 사용한 최신 연구들은 참여자가 과제를 수행하는 동안 뇌 활동

변화의 강도, 타이밍, 양상 등 다양한 지표들을 살펴보았다.

그렇다면, 성격에 대한 생리심리학적 검사의 신뢰도와 타당도에 대한 근거는 무엇인가? 첫째, 연구자들은 생리학적 검사과 자기보고를 통해 측정된 성격 특성 사이에는 유의하고 신뢰할 수 있는 상관이 있음을 밝혔다. 예를 들어, 신경증 특성이 높은 사람들은 정서적으로 안정적인 사람들보다 공포스러운 장면에서 더 많이 놀라는 것으로 나타났고(Caseras et al., 2006), fMRI 반응에서도 이러한 점이 확인되었다(예 : Canli et al., 2001). 이와 유사하게, 외향적인 사람들은 다양한 생리학적 검사로 측정된 바와 같이, 놀람반사 자극에 대한 둔감화가 더 빠른 것으로 나타났다(Blumenthal, 2001). 또한 외향적인 사람들은 내향적인 사람들에 비해 보상과 관련된 자극이 제시되었을 때, 뇌에서 더 높은 반응성을 보이는 것으로 나타났다(Cohen, 2005). 다수의 추가적인 연구에서 뇌 활동에 대한 생리학적 측정값과 개인이 보고한 성격 특성 사이의 유의미한 상관관계가 나타났다.

반면 둘 사이에 항상 강한 상관관계가 나타나는 것은 아니다. 생리심리학적 검사와 자기보고식 방법 사이의 분산이 공유되지 않는 경우도 존재한다. 즉, 서로 다른 측정 패러다임은 유의미하게 다른 구인에 접근한다. 따라서 어떤 검사 방법이 성격을 더 잘 나타내는지 질문할 수 있겠다. 이를 위해 우리는 먼저 생리학적 검사의 신뢰도와 타당도 지표를 살펴야 한다. 생리심리학적 검사의 신뢰도에 관한 연구 결과는 복잡하다. 어떤 검사에서는 검사-재검사 신뢰도가 높았다(예 : Smit, Posthuma, Boomsma & De Geus, 2007). 그러나 다른 연구에서는 생리심리학적 반응이 낮은 검사-재검사 신뢰도를 보였다(예 : Anokhin et al., 2007). 이 러한 차이는 기법의 차이와 연구 주제의 차이에서 나타날 수 있다. 어쨌 든 생리심리학적 검사의 전반적인 신뢰도에 대해 심도 있게 논의되어야 할 것이다.

생리심리학적 검사의 타당도에 관한 연구는 아직 미흡하다. 예언 타 당도에 관해서는 알려진 바가 거의 없다. 일부 연구에서 정신병리학과 관련된 타당도에 대한 근거를 제공하였지만, 직업 활동이나 관계에서의 성공과 같은 보다 일반적인 행동 결과를 예측하는 것에 대한 생리심리학 적 측정의 타당도에 대한 연구는 매우 적다. 연구자들은 성격 검사에 있 어 생리심리학적 검사를 사용하는 것에 대해 적극성을 보이고 있지만, 그 유용성에 대한 결론을 내리기 위해서는 앞으로 보다 많은 작업이 필 요하다. 생리학적 연구가 최종적으로 다루어야 하는 것은 이러한 검사로 발견된 뇌의 특정 영역이 실제 성격 특성과 어떤 인과관계가 있는가를 확인하는 것이다. 본질적으로 특정 과제를 하는 도중 뇌의 특정 영역이 활성화되었다고 하더라도, 이것이 뇌의 다른 부분이 일을 하는 과정 중 에 일어나는 '부산물' 혹은 '부작용'이라고 할 수 있기 때문이다.

종합해 보면, 최근 몇 년 동안 성격에 대한 객관적 검사는 르네상스 시 기와도 같았지만, 그 신뢰도, 타당성(유용성) 그리고 일부의 경우 이론적 근거에 대한 의문이 아직도 남아 있다. 그럼에도 소프트웨어와 컴퓨터 기술의 발전을 보았을 때, 성격을 객관적으로 측정하는 것이 상상도 할 수 없는 것은 아니다. 무엇보다 검사에서의 객관성 확보라는 과학적인 목적을 고려한다면, 성격 특성에 대한 객관적인 검사는 계속될 것이다.

그러나 이러한 측정법이 실제로 자기보고식 방법 등보다 더 적합한 대안적 평가 기법이 될 수 있을지, 언제 그렇게 될지는 더 지켜봐야 할 것이다. 객관적 측정은 그 신뢰도 및 타당성 분석이 자리를 잡기 전까지는 다른 기법을 보완하는 수단으로 간주될 수 있다.

자기보고

우리는 이 장이 진행되는 동안 자기보고식 성격 검사에 대해 여러 차례 언급했다. 앞에서 살펴보았듯이, 자기보고식 성격 검사는 오늘날 성격을 측정하는 데 가장 일반적으로 사용되는 방법이다. 그러나 흥미로운 점은 대부분의 사람들은 성격을 평가하는 데 있어, 자기보고가 열악한 대안이라고 생각한다는 것이다. 자기보고식 방법은 언뜻 보기에 매력을 주지 못한다. 질문지는 거짓으로 응답하기 쉬워 보인다(사람들이 언제 거짓으로 응답하고 싶어 하는지는 뻔하다). 응답자가 거짓말을 하는 상황을 제외하고라도, 그들이 스스로에 대해 얼마나 알고 있을지 의심할 수 있다. 스스로에 대해 전혀 다른 이미지를 가지고 있으면서, 잘못 생각하고 있는 사람을 쉽게 떠올릴 수 있을 것이다.

이처럼 분명한 제한점에도 불구하고 성격심리학자들은 자기보고식 방법을 폭넓게 사용하고 있다. 심리학자들이 잘못하고 있는 것이 아니라면, 이 기법으로 성격을 측정하는 것에 장점이 있을 것이다. 지금부터 자기보고식 방법의 장점에 대해 살펴보려고 한다. 성격 검사 방법으로서의 유용성이나 정확도를 비판적으로 평가하기에 앞서, 자기보고식 성격 검사의 다양한 특성과 종류를 먼저 소개하고자 한다.

성격심리학자들의 대부분은 성격 검사가 과학적이고 전문적인 측정 도구라고 생각한다. 이러한 검사를 통해 개인의 성격과 다른 심리학적 특성에 대한 체계적인 정보를 얻을 수 있기 때문이다. 자기보고식 검사의 핵심적 특징은 바로 표준화되었다는 점이다. 자기보고식 검사는 표준화된 질문 또는 진술 목록, 고정된 선택 항목, 표준화된 채점법으로 구성된다. 특정한 성격 검사지에 답하는 모든 사람에게는 같은 내용과 같은 개수의 질문, 같은 선택 항목이 제공된다. 모든 사람들의 점수는 같은 방식으로 계산된다.

오늘날 방대한 수의 자기보고식 성격 검사가 학계 내외에 존재한다. 대부분 공통된 특성이 있지만 몇 가지 방식으로 차별화될 수 있다. 첫째, 자기보고식 성격 검사는 측정하는 특성의 수에 있어 다를 수 있다. 검사들은 단일 특성 또는 다수의 특성을 측정한다. 예를 들면, 핵심자기평가(Core-Self Evaluations; Judge & Bono, 2001)는 단일 척도로 개인의 자기 인지를 측정한다. 반면에 NEO-PI-R(Costa & McCrae, 1990)은 다섯 가지의 다른 특성을 측정한다.

응답 형식에 따라서도 자기보고식 성격 검사를 분류할 수 있다. 일부 검사는 "예/아니요" 응답 형식이다. 예를 들면, "기차에 타려면 시간이 충분해야 하는가?"라는 문항(Eysenck & Eysenck, 1975)에는 "예" 또는 "아니요"로만 답을 할 수 있다. "맞다/틀리다"(예 : "나는 시험 전에 종종 아프다."; MMPI; Hatahway & McKinley, 1951), "좋아함/싫어함" 등의 다른 양자 선택 문항도 여기에 포함된다. 그러나 가장 일반적인 응답 형식은 "매우 그렇다"에서 "전혀 그렇지 않다"로 구성된 척도식 평가이다. 예를 들어, 사업가적 성향과 능력 측정 검사(Ahmetoglu, Leutner, & Chamorro-Premuzic, 2011)의 항목인 "나는 돈을 벌 수 있는 기회를 잘 포착한다."에는 "매우 그렇다", "그렇다", "보통", "그렇지 않다" 혹은 "전혀 그렇지 않다"로 응답할 수 있다.

자기보고식 성격 검사는 측정하는 특성의 수와 응답 형식 외에도 어떤 접근법을 사용했는지에 따라 다를 수 있다. 대부분의 검사하려는 구인은 이론적 배경과 경험론적 분석을 포함한다. 그러나 종종 어떤 검사는 이론적인 개념 없이 문항의 타당도만을 기반으로 하기도 한다. 예를 들면, MMPI의 문항은 그 내용이 성격 특성과 관련이 있어서가 아니라, 정신병리적 문제를 차별화할 수 있기 때문에 선택되었다. MMPI의 한 문항은 우울증이 있는 사람들과 불안증이 있는 사람들을 구분할 수 있었기 때문에 제거되지 않고 살아남게 되었다. 수백 개의 검사가 이러한 접근법을 통해 개발되었다(Kline, 2000).

일반적으로 연구자들은 질문지를 구성하기 전에 연구에서 언급된 특성에 대한 이론적인 개념을 먼저 구성한다. 리더십을 연구하는 연구자는 카리스마적 리더십에 대한 이론적인 개념을 가질 수 있다. 예를 들면, 이 구인이 무엇으로 구성되어 있는지, 개인이 카리스마적인 리더형으로 간주되려면 어떤 유형의 진술에 동의해야 하는지 등이다. 이러한 개념을 기반으로 연구자는 '시험 연구'를 위한 다수의 문항을 수집한다. 이 문항들은 참가자에게 보통 질문지 형식으로 제시된 후 얼마나 효과적인지 분석된다.

질문지 문항의 유효성은 몇 가지 방식으로 판단될 수 있다. 첫째, 사람들의 반응을 구분할 수 있어야 한다. 개인에 따라 충분히 다른 답변을 할 수 있는가, 아니면 모든 사람들이 이 문항에 대해서 같은 답변을 하는가? 예를 들면, 사람들의 99%는 "당신의 유머감각은 뛰어난가?"라는 항목에 동의할 것이다(Hogan, 2008). 반대로 "나는 자율적인 삶을 원한다."는 말에 동의하지 않는 사람은 없을 것이다. 이러한 문항은 개인의 차이에 대한 정보를 거의 제공하지 않기 때문에 유용하지 못하다.

둘째, 개별 문항은 합계 점수와는 물론, 각 문항 간에도 연관성이 있어야 한다. 합계 점수와 상관이 낮은 문항은 일반적으로 다른 변인을 측정할 가능성이 높다. 예를 들어, 자신감 테스트의 각 항목은 개인의 전반적인 자신감과 연관이 있을 것이다. 그렇지 않다면 그 항목은 자신감을 측정하지 않는 것이다. 이는 앞에서 설명한 내적 합치도와 관련이 있다. 또한 한 문항은 하나 이상을 측정하지 말아야 한다. 예를 들어, 자신감과 성취 동기처럼 관련이 있긴 하지만 분명히 다른 두 개념과 모두 상관이 있는 문항은 검사의 신뢰도를 낮추기 마련이다.

검사지의 문항이 응답의 가변성을 가지며, 내적으로 일관되고(즉, 모든 문항이 합계 점수와 상관이 있고), 한 가지 변수만을 측정하고 있다면 신뢰할 수 있는 검사일 가능성이 높다. 물론 신뢰도뿐만 아니라 타당도가 동반되어야 한다. 이러한 측면에서 질문지의 구성 타당도는 앞에서 언급했던 방법론을 통해 입증되어야 한다(즉, 예언 타당도, 준거 타당도, 공인 및 판별 타당도).

자기보고식 검사는 왜 인기가 많은가

자기보고식 성격 검사가 자주 사용되는 이유 중 하나는 '편리하기' 때문일 것이다. 질문지는 검사를 실시하고, 채점하기가 쉬우며, 동시에 많은 사람을 대상으로 자료를 수집할 수 있다. 오늘날에는 인터넷을 기반으로 하는 설문을 통해 다양하고, 많은 수의, 대표성이 큰 표본을 빠르고 쉽게 얻을 수 있다. 놀라운 것은 여기에 그다지 큰 노력이 들지 않는다는 사실이다. 또한 연구자들은 참여자들에게 자신의 성격에 대한 피드백을 즉각적으로 제공할 수 있는데, 이는 참여자들을 끌어들이는 효과적인 방법이 될 수 있다. 자기보고식 성격 검사는 앞에서 검토된 다른 측정 방법과 비교했을 때 대단히 실용적이다.

그렇다고 해서 자료 수집이 쉽다는 점이 자기보고식 성격 검사가 누리는 인기의 주된 이유는 아니다. 자기보고식 검사의 주요 장점은 신뢰도와 타당도 분석에 매우 적합하다는 점이다. 이것은 연구자들로 하여금 검사를 구성하는 과정에서 검사의 신뢰도를 증가시키고, 타당도를 파악하고, 규준을 만들 수 있다는 것을 의미한다. 이 작업은 다른 어떤 방법보다 자기보고식 방법에서 쉽게 수행될 수 있다. 뛰어난 성격 검사를 개발하려고 한다면 구성하고, 시험하고, 표준화하는 데까지 몇 달 혹은 몇 년이 걸릴 수 있다. 이 과정에서 신뢰도와 타당도를 높이기 위한 수정 작업이 이루어진다. 연구자들은 검사가 개인을 공정하고 신뢰롭게 비교할 수 있을 때까지 문항들을 제거해간다. 큰 표본은 대개 표준점수, 평균값, 평균 경향치 등을 구할 수 있다. 자기보고식 검사는 엄격한 과학적 구조화 과정을 거치기 때문에 과학적이고 전문적인 측정 도구이다. 이에 대한 설명은 단순하다. 각 과정의 기준이 과학적으로 타당화된다면, 성격을 측정할 수 있는 과학적으로 타당한 도구를 얻을 수 있는 것이다. 따라서 좋지 못한 자기보고식 질문지가 있을 수 있다. 사실상 성격을 잘 측정하지 못하는 자기보고식 검사가 꽤 많다. 그것은 검사들이 구성되는 동안 각 과정에서 요구된 기준에 부합하지 못했기 때문이다. 요컨대 자기보고식 검사가 뛰어난 이유는 손쉽게 우수한 검사가 될 수 있고, 또 그렇게 되어 왔기 때문이다. 다른 방법에 비해 이 과정은 상대적으로 쉽다.

자기보고식 검사는 왜 인기가 없는가

이와 같은 자기보고식 검사의 이점에도 불구하고, 늘 회의적인 시각이 존재한다. 전반적으로도 그렇지만, 특히 현장에서 적용하는 부분에서 더욱 그렇다. 이유는 이전에도 언급되었다. 자기보고는 응답 편향이라고 불리는 것에 취약하기 때문이다. 몇 가지 형태의 응답 편향이 존재한다. 이 중 일부는 다른 것보다 더욱 심각하다.

예를 들어, "'예'라고 말하기"라고 불리는 응답 편향이 있다. 어떤 사람들은 내용에 상관없이 대부분의 문항에 동의한다. 이는 문항이 애매모호하기 때문일 수 있다. 다른 이유로 사람들이 본능적으로 다른 사람들에게 동의하고 싶어 한다는 점을 들 수 있다. 반면 대부분의 문항에 동의하지 않는 사람들도 있다. 또 다른 응답 편향은 극단적인 것을 추구하는 것이다. 어떤 사람들은 대부분의 항목에 대해 강하게 부인하거나 동의하곤 한다. 대조적으로 또 어떤 사람들에게는 극단적인 것을 회피하고자 하는 경향이 있다. 이들은 대부분의 항목에 대해 확신이 없는 것처럼 보인다. 또 다른 사람들은 아무렇게나 응답하곤 한다. 이들은 질문에 그저 관심이 없거나 진실하게 응답해야 할 필요성을 느끼지 못한다.

체계적으로 나타나는 편향도 있다. 이들은 개인의 '진짜 성격'에 대한 이해를 어렵게 하고 검사의 타당성을 약화시킨다. 그러나 검사 개발자들은 검사를 구성할 때, 이러한 편향들을 제거하는 절차를 밟을 수 있다. 예를 들어, 질문하고자 하는 특성에 대한 긍정적인 진술과 부정적인 진술 둘 다를 포함시켜서 무조건 동의하거나 무조건 부인하는 것을 무효화시킬 수 있다(역채점법이라고 불린다). 참여자에게 질문에 대해 '동의'와 '비동의' 중 더 편안한 쪽으로 응답하도록 요청하는 IPIP(International Personality Item Pool) 검사에는 "나는 쉽게 스트레스를 받는다."와 "나는 대부분의 경우에 편안한 상태이다."라는 말이 둘 다 포함되어 있다(IPIP; Goldberg, 1990). 애매모호한 질문을 피하는 것은 "예" 혹은 "아니요"만 말하는 것을 감소시키는 또 다른 방법이다. 응답자가 극단적인 것을 선호하거나 회피하는 경향을 줄이기는 어렵지만, 주의 깊게 항목을 구성함으로써 이러한 응답의 효과를 감소시킬 수는 있다. 이와 유사하게, 무성의한 응답을 없애기는 힘들지만 이를 감지하는 것은 쉽다. 만약 척도의 내적 합치도가 이미 구해진 상태라면, 일관성이 없거나 모순이 되어서 내적 합치도를 손상시키는 문항들을 통계적 분석을 통해 제거할 수 있다.

검사 개발자들은 이처럼 극단값 등의 응답 편향을 무효화시킬 수 있다. 그러나 위에서 언급했듯이, 질문지의 활용성과 실제적 가치를 판단할 때 특히 중요한 한 가지 편향이 있다. 거짓말을 하는 것이다. 응답자들은 자기 자신을 더 좋아 보이게 위해 거짓말을 한다. 이 점은 의심의 여지없이 자기보고식 검사에 대한 가장 명백한 한계이다. 이는 문항의 '요점'을 이해하기 쉽고, 좋은 응답과 나쁜 응답을 쉽게 파악할 수 있기 때문이다. 사람들이 응답을 왜곡할 수 있다는 점을 고려했을 때, 자기보고식 검사는 타당할 수 있는가? 더구나 구직 면접이나 임상 면접처럼 개인의 운명이 달린 상황이라면 자기보고식 답변을 얼마나 믿을 수 있을 것인가?

성격심리학자들은 응답자들이 거짓으로 응답하는 것에 대해 지난 60년 이상 연구해 왔다. 우리는 여기에 대해 5장에서 검토할 것이다. 거짓 응답은 성격 연구에 있어 제기될 수 있는 문제이지만, 지금 시점에서 결정적인 문제는 아니다. 방대한 연구 결과에 따르면 사람들은 상상했던 만큼 속이지 않으며, 속이는 것은 그 자체로도 흥미로운 성격 특성이 될 수 있다. 그럼에도 성격 검사에 있어서 거짓 응답에 대한 문제는 자기보고식 검사 옹호자들과 비판가들 사이에서 토론이 계속되고 있다. 그리고 우리는 5장에서 주장하는 양 측면을 비판적으로 평가할 것이다.

관찰자 평가

거짓 응답 문제를 극복하는 방법 중 하나는 타인으로부터의 평가를 받는 것이다. 앞에서 언급하였듯이 그러한 평가는 주변 사람들, 상사, 부하 등에 의해 이루어질 수 있다. 주위의 평가와 자기 자신의 평가 사이에 높은 일치도가 있다면, 대상자가 거짓말을 하고 있지 않다고 결론을 내릴 수 있다. 관찰자 평가는 성격을 평가하는 데 인기가 많은 방법이다. 관찰자 평가가 자기보고보다 더 가치가 있다는 의견에 동의하는 사람들이 있다(예 : Hogan, 2007). 그러한 이유는 두 가지이다. 첫째, 타인은 자기 자신보다 개인을 더 잘 알 수 있다. 둘째, 다른 사람들이 당신에 대해 생각하는 것(당신의 평판)이 당신이 자신에 대해 생각하는 것(당신의 정체성)보다 더 중요할 수 있다. 당신은 '마음속 깊은 곳'에서 자기 자신을 매우 따뜻한 사람이라고 생각하거나 위대한 리더라고 생각할 수 있지만, 만일 다른 사람들이 여기에 동의하지 않는다면 당신이 생각한 것은 결과적으로 그리 중요하지 않다.

물론 중요한 것은 관찰자 평가와 자기 평가 사이의 일치도이다. 관찰자 평가는 자기 평가와 일치하는가? 연구자들은 성격 구조를 파악하는 데 있어 성격 5요인적 측면과 관찰자 평가 간의 놀라운 일관성을 찾아냈다(Digman, 1990). 또한 연구자들은 가까운 타인의 평가와 자신의 평가를 비교했을 때 명백하게 수렴하는 부분을 발견했는데, 이는 사람들이 다른 사람들의 관점을 완전히 모르지 않으며, 정직하다는 것을 의미한다. 그럼에도 두 변인의 상관 정도가 종종 작을 때가 있는데, 이는 자기 자신과 타인의 평가 사이에 유의미한 차이가 존재함을 뜻한다. 이러한 차이는 몇 가지 방식으로 해석될 수 있다. 가장 분명하게 말하자면, 사람들이 완전히 거짓말을 하지는 않았지만, 어느 정도 자기 포장을 했기 때문이라는 것이다. 또한 이 차이는 자기 성찰을 제대로 하지 못하고 있음을 반영했을 수 있다. 그러나 연구자들은 이 차이가 오차를 나타낸다기보다는 서로 다른 측정 도구의 보완 가능성을 의미한다고 이야기하는 추세이다. 즉, 검사에서 나타난 유의미한 차이는 평가 대상자로부터 얻어진 별개의 정보를 반영한 것이라고 주장한다. 각각의 정보원은 검사를 통해 독특한 정보를 제공하며, 결과적으로 개인에 대한 완성도 높은 그림을 그릴 수 있게 한다. 연구자들은 관찰자 평가와 자기 평가가 관련 준거를 예측하는 데 있어 독자적인 변인임을 밝힌 바 있다(Chamorro-Furnham, 2010a, 2010b).

관찰자 평가가 거짓 응답을 보완하는지를 판단하기란 어려운 일이다. 그러나 관찰자 평가가 추가적인 정보를 제공할 수 있다는 것은 분명하다. 물론 관찰자 평가의 제한점 중 하나는 자료 수집이 어렵다는 점이다. 또한 평가하는 사람과 평가받는 사람 사이의 친밀도가 평가의 정확도에 영향을 미친다는 점이다. 친밀도는 평가가 왜곡될 가능성을 높인다.

면접법

다른 자기보고 방법으로 면접법이 있다. 면접은 다른 사람들의 성격을 평가하기 위한 가장 오래된 기법 중 하나이며, 현장에서 가장 많이 사용되는 방법 중 하나이기도 하다(Chamorro-Premuzicc & Furnham 2010a, 2010b). 사실상 채용 과정의 90%가 면접을 포함한다(Cook, 2004). 면접은 임상 장면에서도 매우 인기가 높다. 면접법을 지지하는 사람들은 이 방법이 개인에 대한 풍부하고 상세한 정보를 얻는 데 있어서 다른 방법과 완전히 다른 기회를 제공한다고 주장한다. 첫째, 면접은 사람들로 하여금 자기 자신을 자유롭게 표현하고, 질문에 자세히 답을 할 수 있게 한다. 답이 정해져 있는 자기보고 질문지에서는 불가능하는 일이다. 둘째, 면접은 응답의 내용뿐만 아니라 응답자의 비언어적 행동, 외모, 습관 등을 평가할 수 있게 하는데, 이 또한 질문지로는 얻기 어려운 것이다. 최종적으로 이 방법은 운신의 폭을 넓혀 준다. 예를 들어, 면접관은 특정 응답에 대해 더 탐구하고, 문제에 더 집중하고, 면접자로 하여금 특정 사건에 대해 추가적인 정보를 제시할 수 있게 한다. 물론 얼마나 많은 자유가 주어지는가는 면접마다 다를 수 있다. 이를 구조화된 면접과 비구조화된 면접으로 구분하기까지는 오랜 시간이 걸렸다. 엄격히 말하면, 구조가 전혀 없는 것에서부터 고정된 틀로 완전히 구조화된 것까지의 연속선이 존재한다. 극단적으로 구조화되지 않은 면접은 격식이 없는 토의와 같으며, 면접을 하는 사람들은 떠오르는 대로 질문할 수 있고 답하는 사람들은 직관적이고 엉뚱한 방식으로 대답할 수 있다. 질문들은 개방적이며, 연구자들은 응답을 어떤 구체적인 방향으로 유도하지 않으려고 한다. 정신분석은 그 이론적 배경 때문에 비구조화 면접의 형식을 취하곤 한다. 여기서 환자들의 무의식적인 갈등, 동기, 욕구를 발견할 수 있다.

반면 구조화된 면접은 모든 지원자가 같은 장소에서 같은 순서로 같은 질문을 받도록 계획된다. 구조화된 면접은 채점 기준과 판단을 위한 체크리스트를 사용한다. 또한 응답 시간을 제한하고, 이를 표준화하기 위해 추가 질문을 최소화하거나 때로는 하지 않을 수 있으며, 면접관의 재량권을 제한한다. 이러한 면에서 완전히 구조화된 면접은 표준화된 성격 질문지와 유사하다. 연구자들은 사람들에 대한 오류가 적으면서도 표준화된 정보를 얻기 위해 구조화된 면접을 선호한다. 그러나 대부분의 면접은 비구조화 또는 반구조화 형태로 이루어진다(Chamorro-Premuzic & Furnham, 2010a, 2010b).

면접은 다른 검사들보다 보다 풍부한 정보를 제공한다. 현장에서 면접이 널리 사용되고 있는 이유이기도 하다. 연구에 따르면, 구직자들은 면접을 긍정적으로 생각하고 기대한다(Chamorro-Premuzic & Furnham, 2010a, 2010b). 심지어 구직자들은 선발 과정에서 면접이 없다고 하면 놀라거나 실망을 하기도 한다. 많은 사람들이 면접을 공정한 측정 방법이라고 생각하기 때문에, 성격을 검사하는 데 있어서 우리가 얼마나 면접을 신뢰할 수 있고 또한 면접으로 측정된 결과가 얼마나 정확한가를 이해하는 것은 중요하다.

이 질문에 대한 답을 하기 위해 많은 연구들이 수행되었고 다양한 결론 또한 도출되었다. 첫째, 다소 충격적일 수 있지만, 면접(특히, 비구조화된 면접)의 신뢰도는 낮다. 예를 들어, 메타분석에서 콘웨이와 동료들(Conway et al., 1995)은 면접관들이 다른 면접 장면에서 동일한 지원자를 관찰했을 때의 신뢰도가 .53임을 발견했다. 이는 검사 신뢰도의 기준 수치인 .7에 비해 상당히 낮은 수치다. 게다가 동일한 면접에 참여하는 면접관들의 평정자 간 신뢰도 또한 종종 낮게 나타났다. 비구조화 면접의 유연성을 고려해 본다면, 이러한 결과는 어느 정도 예측할 수 있을 것이다. 낮은 신뢰도의 원인으로는 다음 몇 가지를 들 수 있다. 첫째는 면접관들 사이의 개인차이다. 면접관들은 서로 다른 질문을 하고, 응답을 다르게 기록하고, 다르게 가중치를 부여하고, 면접의 목적을 다르게 이해한다. 면접관들의 개인적인 배경과 삶의 경험은 어떤 질문을 할 것인지 그리고 면접자의 대답을 어떻게 해석할지에 영향을 미칠 뿐만 아니라 면접의 형식이나 절차에도 영향을 미친다. 또한 면접 대상자들은 면접관의 외모, 나이, 성격, 사람을 대하는 방식 등에 따라 다르게 반응하고 응답할 수 있다.

면접관들 사이의 개인차와는 별개로, 그들의 인지 편향이 낮은 신뢰도를 초래할 수 있다. 예를 들어, 면접 과정에 대한 연구에 따르면, 면접 대상자에 대한 사전 지식(지원서 또는 이력서)이 면접을 실시하기도 전에 면접관에게 강한 영향을 미칠 수 있음을 보여 주었다(Harris, 1989). 이 연구에서는 면접관들이 면접자의 첫 인상만을 가지고 너무나 빠른 시기에 판단을 내리고 있음을 밝혀냈다(Cook, 2004). 또한 면접관들은 부정적인 정보나 왜곡된 정보에 지나치게 높은 가중치를 둔다. 마지막으로 면접이 주로 면대면 장면에서 일어나기 때문에 면접자들로 하여금 면접관들에게 좋은 인상을 주도록 압박한다는 사실이 신뢰도를 낮추는 원인이 될 수 있다. 따라서 사회적으로 바람직하다고 생각되게 반응하는 것(즉, 거짓 응답)은 자기보고식 검사보다 면접에서 더 자주 일어날 수 있다.

면접에서 발생하는 수많은 오류를 고려해 본다면, 면접법의 타당도에 대한 연구 결과가 역시 혼란스럽고 뒤죽박죽이라는 사실이 놀랍지 않을 것이다. 면접의 타당도를 알아보기 위한 연구는 주로 메타분석을 통해 수행되었다. 업무 성과에 관한 연구에 따르면, 면접은 지원자에 대한 제한적인 정보만을 제공하며, 이후의 업무 성과 예측에 대한 낮은 예언 타당도를 나타냈다(Schmidt & Hunter, 1998). 임상 장면에서도 결과는 비슷하다.

그러나 면접은 여러 가지 한계를 가지고 있음에도 불구하고 가치 있는 정보를 제공할 수 있다. 특히, 환자들이 자신의 증상에 대해 잘 모르기 때문에 질문지로는 정확히 답하지 못하는 임상 장면에서 더욱 그렇다. 더욱이 조직적인 장면에서 면접은 높은 신뢰도를 가지고 정확하게 설계될 수 있다. 연구자들은 면접의 신뢰도를 높일 수 있는 단순한 한 가지 방법이 면접에 일관성과 구조를 부여하는 것임을 발견했다. 또한 직업 분석과 면접관 훈련, 구조화된 면접 실시, 행동학 기반의 안정적인 검사 척도 구성 등을 통해 면접의 신뢰도를 증가시킬 수 있다(Chamorro-Premuzic & Furnham, 2010a, 2010b). 면접은 다른 방법과 함께 사용했을 때, 더욱 활용도가 높다. 그러나 꼭 주목해야 할 점은 비전문가들과 임상가들 덕분으로 질문지 등 성격을 측정하는 다른 방법에 비해 면접의 효용성이 과대평가되었다.

성격을 검사하기 위한 다른 방법들

지금까지 가장 일반적인 성격 측정 방법에 대해 검토하였다. 이제 몇 가지 다른 방법들을 소개하고자 한다. 여기에는 일기(일정 기간 동안 일상생활에 대한 일기를 쓰는 것), 사례연구(심리학자가 오랜 대화와 검사를 통해 개인에 대한 깊이 있는 정보를 수집하는 것), 삶에 대한 기록(개인의 과거 행동에 대해 수집한 객관적인 정보, 기록, 보고서 등), 행동 관찰(사람들을 일상생활 또는 실험실 환경에서 관찰하는 것), 내러티브 기법 등이 포함될 수 있다. 이러한 기법들은 특정한 이론적 배경을 가진 연구자에 의해 특수한 목적으로 소수의 연구에서만 사용된다. 이유는 이러한 방법들이 실용적이지 않으며, 사용하기 어렵고, 자기보고 질문지보다 낮은 수준의 신뢰도와 타당도를 보이기 때문이다.

점성술, 필적학과 또 다른 것들은 어떠한가

이 장을 마무리하기 전에, 대중적 인기를 끌었지만 과학적 논의의 대상은 아닌 몇 가지 방법에 대해 이야기를 나누고자 한다. 가장 인기가 많은 것은 점성술이다. 점성술은 천체의 위치에 대한 지식이 현실과 개인의 존재에 대해 이해하고, 해석하고, 조직하는 것에 있어 유용하다고 믿는 전통이나 체계를 말한다. 사람들의 성격에 대해 추론하기 위해 점성술과 같은 방법을 사용한다. 파티나 사교적인 행사에 만난 사람이 우리에게 별자리를 물어보는 것은 흔한 일이다(사주를 묻는 것). 사람들은 당신의 실제 행동과는 상관없이 태어난 월이나 별자리 등에 따라 당신을 평가하려고 한다.

별자리를 바탕으로 성격을 판단하는 것은 재미있는 경험일 수 있다. 시간이 오래 걸리지 않고, 완성해야 할 질문지도 없는 가장 손쉬운 성격 검사 도구일 것이다. 사람들이 실제로 점성술을 믿고(Hamilton, 1995) 그에 따른 설명을 받아들인다는 근거가 있다(Glick, Gottesman, & Jolton, 1989). 예를 들면, 해밀턴(Hamilton, 1995)은 대학생들에게 자신이 속한 별자리를 설명하는 한 문단으로 된 설명과 다른 별자리를 설명하는 문단을 제시했을 때, 자신의 별자리를 설명하는 문단을 본인 성격을 더 잘 표현하는 것으로 선택했다. 반 루이(Van Rooij, 1999)는 참가자들에게 12개의 별자리와 관련된 성격 특성 단어를 제시할 경우, 자신의 별자리와 짝지어진 단어가 다른 11개의 단어보다 자신의 성격을 더 잘 나타내는 것으로 보고했다. 따라서 점성술이 단순한 흥미 이상의 시사점을 가지고 있을 가능성이 있다. 사람들이 별자리 궁합에 따라 파트너를 결정하는 것들이 이러한 사실을 증명하는 한 예이다. 그러나 고용주가 직원의 성격을 판단하거나 의사가 환자의 증세를 판단하는 등, 매우 중요한 결정에 있어서도 종종 점성술을 고려한다. 점성술로 인한 추론이 전혀 타당하지 않더라도, 자기 충족적 예언으로 작용할 수 있다는 점을 간과해서는 안 된다. 따라서 점성술의 경험론적인 배경을 검토해 볼 필요가 있다.

성격을 평가하는 도구로서 점성술의 신뢰도와 타당도를 확인하고자 하는 연구들이 있었다. 예를 들면, 아이젠크와 그의 동료들은 점성술과 '거대한 3(Giant Three)' 성격 요소인 외향성, 신경증, 정신증의 관계를 살펴보았다(Gauquelin, Gauquelin, & Eysenck, 1979; Mayo, White, & Eysenck, 1978). 몇몇 연구에서는 이러한 특성과 점성술적 요인 사이의 관련성을 보고하였다(예 : Gauquelin, Gauquelin, & Eysenck, 1979). 최근 사츠(Saths, 1999)는 통계학적 기법을 사용하여 별자리와 인간 행동, 특히 범죄 행동 사이의 연관성을 탐구하여 점성술을 과학의 범주에 놓으려고 시도했다.

몇몇 연구들은 유의미한 연관성을 발견하였지만, 다수의 연구들에서는 그렇지 못했다(van Rooij, 1994). 클라크와 가브리엘, 반스(Clarke, Gabriels, & Barnes, 1996)에 따르면, 출생 당시의 해, 달, 행성의 위치 효과를 탐구하여 외향성과 정서적 성향을 별자리로 설명하려고 시도하는 것은 타당한 근거를 가지지 못한다고 밝혔다. 무엇보다도 점성술이 '궁합 테스트'에 사용될 때, 신뢰도가 가장 낮은 것으로 나타났다. 더욱이 점성술가들은 매우 외향적인 사람과 내향적인 사람 등, 완전히 다른 성격을 가려내는 데 있어 '임의로 찍기' 이상의 정확성을 보이지 못했다(Dean, 1987). 이들은 또한 요구된 정보를 제공하는 종합적인 검사에 실패하였다(Nanninga, 1996). 켈리는 점성술에 대한 포괄적인 검토를 마친 후에 다음과 같은 결론을 내렸다(Kelly, 1997).

> 점성술의 영역을 확인하고자 했던 대부분의 경험적 연구 결과는 점성술가의 주장과 일치하지 않으며, "점성술에 대해 긍정적인 일부 연구에는 추가적인 설명이 필요하다." (p. 1231)

여러 연구자들이 사츠(1999)의 '과학적'인 주장에 대한 의문을 제기하였고, 최소한 한 팀의 연구자(von Eye, Lösel, & Mayzer, 2003, p. 89)가 다음과 같이 주장했다.

1. 만약 점성술에 대한 과학적인 근거가 있다면 그 근거를 제시해야 한다.
2. 만약 별자리와 인간 행동 사이에 연결고리가 있다면 그 연결고리도 보여주어야 한다.

마지막으로, 성격의 구조에 관한 심리 측정 연구의 극히 일부에서 별자리에 따른 12개의 성격 요인이 발견된 점은 주목할 만하다. 앞서 1장에서 이야기한 것처럼, 대부분의 연구는 5개 혹은 3개의 성격 요인만을 언급한다. 덧붙여 점성술은 성격에 대한 분류학적 관점을 갖고 있는

데 이는 성향적 성격 관점과 대조적이다. 성격의 성향적 이론에 따르면, 사람들은 어떤 분류에 속하는지(예 : 외향적인 사람 또는 내향적인 사람), 혹은 어떤 특성을 갖고 있는지(예 : 외향성 혹은 내향성)가 아니라, 각 특성을 얼마나 갖고 있는지에 따라 다르다(예 : 얼마나 외향적인지; Chamorro-Premuzic, 2011). 이 보편적 법칙에 입각한 패러다임은 지난 50여 년간 각 개인의 성격 차이를 어떻게 바라볼지에 대한 최신 이론이다. 그러나 이 접근법으로는 특성을 점성술에서 제시된 것과 같은 심리학적 카테고리 혹은 유형으로 분류할 수 없다.

점성술과 함께 몇 가지 방법, 즉 필적학, 골상학, 관상 그리고 투사 기법이 그 효과성에 대한 과학적 근거가 부족함에도 불구하고 현장에서 사용되고 있음을 알아 두어야 한다. 이는 어쩌면 비전문가들과 임상가들의 순진함, 무지, 절망 때문일지도 모른다. 그러나 한편으로 사람들이 추상적이고, 일반적이고, 긍정적인 정보를 더 잘 받아들이려고 하기 때문일수도 있다[바넘 효과(Barnum effect)라고도 한다]. 이러한 특징은 지금까지 언급된 검사들에 내재되어 있다. 점성술과 다른 방법들이 오랜 세월을 버텨 왔음에도 불구하고, 성격을 측정하는 도구로서 신뢰할 수 없고 타당하지 않은 방법임에는 분명하다.

결론 : 어떤 검사가 가장 좋은가, 어떻게 선택하는가

우리는 "성격을 측정할 수 있는가?"라는 질문으로 이 장을 시작했다. 답은 "그렇다"이다. 그리고 그다음 질문은 "얼마나 잘 측정할 수 있는가?"

였다. 이는 근본적으로 우리가 성격을 얼마나 신뢰롭게 그리고 정확하게 측정할 수 있는가를 묻는 것이다. 사용 가능한 방법들은 분명 여러 가지이다. 몇 가지 방법은 언뜻 보기에 매력적이다. 사람들은 검사에 객관성이 담보되기를 원한다. 그러나 모두가 납득할 만한 정도의 신뢰도와 타당도를 가진 객관적 검사는 아직 없는 것 같다. 투사 검사는 매력적이고 흥미롭지만 사실상 쓸모가 없다. 성격을 평가하는 방법으로 가장 대표적인 면접조차도 낮은 신뢰도와 낮은 타당도를 보인다. 자기보고식 검사의 직관적 매력은 낮은 편이다. 거짓으로 응답하기 쉽고, 무엇을 측정하고 있는지 쉽게 알 수 있고 또한 주관적으로 보인다. 그럼에도 자기보고식 검사는 신뢰도와 타당도를 개선할 여지가 가장 큰 도구이다. 자기보고식 검사는 엄격한 과학적 기준에 통과하기에 적합하다. 자기보고식 검사에서는 철저한 수량화, 연구 설계, 통계 분석이 강조된다. 예를 들어, NEO-PI-R(McCrae & Costa, 1999) 또는 EPQ(Eysenck & Eysenck, 1975)와 같은 검사는 몇 년에 걸쳐 광범위하게 타당화 작업이 진행되었다. 이 검사들은 높은 수준의 내적 합치도, 검사-재검사 신뢰도, 문화(culture) 간 일관성, 구성 타당도를 나타낸다. 더불어 다른 검사들보다 실제 생활에서의 행동을 보다 잘 예측할 수 있다. 자세한 것은 다음 장에서 다룰 것이다. 그러나 자기보고식 검사를 사용하는 이유가 '편리함' 때문만이 아니라는 점은 기억해야 한다. 뛰어난 자기보고식 검사는 매우 신뢰롭고, 타당한 성격 측정 도구이다. 따라서 자기보고식 검사는 연구자들이 사용하는 도구 중에서 가장 정확한 도구이며, 이는 과학적으로도 입증되었다.

자기보고식 검사는 타당한 도구이지만, 이것만이 사용할 가치가 있는 유일한 도구라고는 할 수는 없다. 몇 가지 다른 방법들이 자기보고에 비해 높은 신뢰도와 타당도를 가진 것으로 나타났다. 따라서 연구자들에게 권장되는 것은 다양한 방법의 도구들을 사용하는 것이다. 측정 기술의 발전 덕분으로 성격을 객관적으로 측정하는 것이 가능해졌다. 따라서 어떤 검사 도구를 사용할 것인가에 대한 문제를 양자택일하는 방식으로 접근해서는 안 된다. 자기보고식 방법과 객관적 방법 등 여러 종류의 측정 방법을 통해 성격을 정확하게 검사할 수 있을 것이다. 현재 성격심리학자들이 성격을 꽤 정확히 측정할 수 있다는 점은 분명한 사실이다. 메이어와 동료들(Meyer et al., 2001)은 다음과 같은 결론을 내렸다.

검사 타당성에 대한 125번 이상의 메타분석 자료와 다각적인 검사를 통해 얻은 800개의 표본을 분석한 결과 다음과 같은 네 가지의 일반적인 결론이 가능하다. (a) 심리학적 검사의 타당성은 분명하고 매력적이다. (b) 심리학적 검사의 타당성은 의료적 검사의 타당성에 견줄 정도로 정확하다. (c) 특정한 검사 방법은 독특한 정보를 제공한다. (d) 면접에 의존해서 한 개인의 성격을 완전하게 이해하는 것은 불가능하다(p. 128).

이러한 결론은 성격의 측정과 검사 영역에서 이루어진 눈부신 발전을 요약한 것이다. 심리학적 구인을 측정하는 방법과 기술은 의심할 여지없이 점점 발전되어갈 것이고 따라서 성격에 대한 이해도 점점 개선될 것이다. 또한 성격에 대한 풍부한 이해와 지식이 현장에 적용되어, 사람들과 행동에 대한 보다 엄격한 검사가 이루어질 것으로 기대된다.

성격심리학 101

2

성격이 중요한가

우리는 지금까지 성격의 이론들, 성격 형성의 주요 원인들 그리고 성격 측정에 관한 내용들을 살펴보았다. 또한 사람들의 성격을 평가하는 데 사용하는 성격 분류 체계에 대한 개요, 성격 특성과 행동을 형성하는 데 영향을 주는 유전자와 환경의 상호작용 그리고 이러한 상호작용이 성격의 변화와 안정성을 어떻게 설명하는지에 대해서도 논의했다. 성격 본질에 대한 관심은 연구자뿐 아니라 일반 대중들도 굉장히 많다. 왜 그런가? 왜 우리는 자신과 타인의 성격을 알길 원하나? 왜 우리는 성격에 관심을 갖는가?

이러한 질문에 대한 답은 간단하다. 우리는 성격이 우리의 삶에 많은 영향을 준다고 확신하기 때문이다. 그리고 이 확신은 타인의 성격을 이해할 때 더 굳건해진다. 실제로, 우리는 성격이 우리 삶을 형성하는 데 중요한 역할을 한다고 믿으며, 우리의 미래를 형성하는 데 끊임없이 중심적인 역할을 할 것이라고 믿는다. 이 사실을 항상 인지하고 있지 않더라도 우리 모두는 사람들과 관계를 맺는 습관들과 방법들이 우리의 미래 삶에 영향을 미칠 것이라는 사실을 믿는다. 만약 그런 믿음이 맞다면, 성격 검사는 인간관계, 일, 학습, 건강, 행복과 같은 삶의 결과들을 예측할 수 있어야 한다. 이 장에서는 이러한 주제에 대해 살펴보고자 한다.

이번 장에서는 사람들이 수세기 동안 질문해 온 기본적인 문제들 중 몇 가지를 다루고자 한다. 어떤 사람들이 다른 사람들보다 더 성공하는 이유는 무엇인가? 왜 어떤 지도자들은 다른 지도자들보다 더 좋은 지도력을 발휘하는가? 왜 어떤 사람들은 다른 사람보다 친구를 더 잘 사귀고 사람들에게 영향력이 있을까? 왜 어떤 사람들은 다른 사람보다 더 매력적이고 연애를 잘할까? 이러한 질문들은 부분적으로 자기성찰과 연관이 있다(즉, 나는 성공할 것이고 나에게 맞는 연애 상대를 만날 것이다). 그러나 또한 다른 사람의 행동을 예측하는 것과도 관련이 있다(즉, 이 사람은 유능한 리더이거나 합리적인 파트너다).

이러한 질문들을 해결하기 위해서는 사람마다 성격이 다르다는 것과 그러한 차이를 가져오는 원인에 대해 이해하는 것이 필요하다. 그러나 이에 앞서 먼저 성격이 삶에서 중요한 결과들을 예측하는지의 여부를 평가하는 데 사용하는 심리 검사의 타당도(3장에서 설명된) 문제를 언급할 필요가 있다. 그러므로 이 장에서는 사람들의 현재 삶의 상황과 미래 간의 차이를 설명하는 성격 검사의 타당도(준거나 예언)를 살펴보고자 한다.

이 분야의 연구 대부분은 성격이 삶의 결과들을 예측할 수 있다고 보고하고 있다. 여기서는 그중 의미 있다고 생각되는 영역인 (1) 사회적 태도와 종교적 믿음, (2) 반사회적 행동, (3) 학업적, 직업적 성취, (4) 낭만적 관계, (5) 리더십, (6) 건강, (7) 행복에 대해 초점을 맞추고자 한다. 이러한 주제들을 살펴보기 전에, 심리학자들이 성격 검사의 타당도를 평가하는 데 사용하는 기초통계 원리 및 방법에 대해 살펴보자.

성격 검사 : 상관관계, 회귀분석, 구조방정식 모형

초창기 성격 연구는 내성법(introspection), 관찰법(observation), 사례연구(case studies)와 같은 불확실한 연구 방법으로 데이터를 수집하고 성격 이론을 도출하였다는 것이 특징이다. 그러나 최근 연구들은 체계적인 정보

수집과 양적 데이터 분석을 바탕으로 수행되었기에 추측에 근거한 과거의 연구 방법과는 차이가 있다. 1장에서 논의한 바와 같이 성격 이론은 자기보고식 검사를 사용하여 수집된 대용량 데이터군에서 도출되었고, 성격과 다양한 삶의 결과 사이의 관계를 피어슨 상관계수와 같은 통계방법을 통해 검증하였다. 이러한 체계적인 양적 연구 방법은 타당성 있는 성격 검사와 궁극적으로는 성격 이론이나 모형을 연구하기 위해 사용되고 있다. 다음은 성격심리학자들이 데이터 분석에 많이 사용하고 있는 기초 통계방법부터 고급 통계방법이다.

상관관계

상관분석은 두 변수 간에 상관관계가 존재하는지를 파악하기 위해 많이 쓰이는 방법이다. 가장 널리 사용되고 있는 상관분석은 피어슨 적률상관계수로 간단하게 피어슨 상관으로 알려져 있다. 이 계수는 소문자 r로 표시하며 영국의 유명한 통계학자 칼 피어슨(Karl Pearson, 1857~1936)의 이름에서 따온 것이다. 1988년에 프랜시스 골턴(Francis Galton)이 상관관계 이론을 발전시키긴 했으나, 피어슨의 상관분석은 처음으로 개인차 연구를 위해 사용된 탄탄한 과학적 도구 중 하나였다.

피어슨 상관분석은 두 변수(x와 y)가 동시에 어느 정도 변화하는지를 측정하는 것으로 한 변수가 증가할 때 다른 변수도 증가하는지 아니면 감소하는지 또는 변화가 없는지를 밝히고 그 정도를 추정한다. 예를 들면 "운동을 많이 할수록 기분이 더 좋아진다.", "여자들은 착한 남자들을 좋아하지 않고, 나쁜 남자에게 끌린다.", "또는 술을 많이 마시면 마실수록 문제가 더 발생한다."와 같은 문장은 두 변수 간의 상관관계를 언급하는 것이다. 이런 문장에서 우리는 한 변수가 다른 변수의 변화를 예측할수 있다는 가설을 세울 수 있다. 즉, 첫 문장에서는 한 변수(운동)가 증가되면 다른 변수(기분이 좋아지는 것)가 증가된다. 두 번째 문장에서는 한변수(착함)가 증가하면 다른 변수가 감소된다(여자들에게 끌리는 것). 그리고 세 번째 문장에서는 한 변수(음주)가 감소되면 다른 변수(문제 발생)가 감소된다.

상관분석은 변수들 간의 방향을 나타내기도 한다. 즉, 정적인 상관관계와 부적인 상관관계로 나타내며 범위는 −1~+1 사이의 값을 갖는다. 앞에서 예로 든 첫 번째와 세 번째 문장은 정적인 상관관계이다. 첫 번째문장에서는 같이 증가하는 것이고 세 번째 문장에서는 같이 감소하는 것이다. 두 번째 문장에서는 두 변수가 서로 상반된 관계를 가지고 있으므로 부적 상관관계이다. 부적 상관관계는 종종 두 변수 간 상관관계가 없다고 오해되기도 한다. 그러나 상관관계가 없다는 것은 두 변수 간 아무런 관련성이 없음을 말하는 것이다. 즉, 한 변수의 변화가 다른 변수의변화를 예측할 수 없음을 의미한다. 예를 들면, 주행속도와 외향성이 서로 관계없는 변수라고 한다면, 이 두 변수 사이는 한 변수의 변화가 다른변수의 변화를 예측할 수 없고 이것을 두 변수 간 상관관계가 없다고 한다.

물론 상관관계에 대한 이러한 설명은 경험적이기보다는 이론적인 것에 가깝다. 두 변수가 상관관계가 있다는 것이 많은 것을 알려주는 것은아니다. 우리는 상관관계의 유의도(그것은 단순히 우연히 일어나는 것이아니다)와 강도를 확인하는 것이 필요하다. 유의도와 강도는 다른 개념이다. 상관관계가 커도 유의하지 않을 수 있고 상관관계가 적어도 유의할 수도 있다. 우리가 상관적 서술, 즉 '더 열심히 하는 사람이 더 좋은 리더'라고 얘기할 때 일반적으로 공분산은 우연에 의해 발생하지 않는다는 것을 추정한다('유의하다'라는 것임). 즉, 유의하다는 전제하에 열심히 하는 사람일수록 좋은 리더가 될 가능성이 있다고 해석하는 것이고, 이때 상관관계의 강도가 매우 중요한 부분이 된다.

앞에서 언급했듯이 r의 값은 0(두 변수 간 관련성이 없음), -1.00(두 변수 간 완전한 부적), +1.00(두 변수 간 완전한 정적)이다. 예를 들면 상관관계 .8이 의미하는 것은 상관관계가 .1인 것과는 다르다. 왜냐하면 공분산이 크면 상관의 정도가 크다고 할 수 있는데, 상관관계가 .8의 공분산은 두 변인 간의 상관관계를 높게 예측할 것이고 반면 상관관계가 .1의 공분산은 두 변인 간의 상관관계가 거의 없을 것임을 예측한다는 것을 의미한다. 심리학 연구에서는 상관관계가 ±1인 경우는 거의 없다. 이를테면 한 사람에게 똑같은 검사를 몇 주 차이를 두고 실시하는 검사-재검사의 상관관계의 경우에도 .6~.7을 넘지 않는다. 더군다나 종종 r값이 두 변인 간 관련성이 아주 작거나 없는 0에 가까운 경우도 발견된다. 일반적으로 ±.7 이상이면 높은 상관으로 간주되고 ±.3~±.7은 중간 정도, .0~±.3은 낮은 상관관계를 나타낸다고 본다(Cohen, 1988).

성격 검사의 예측력에 대해 살펴보고자 한다면, 여러 값들이 실제적으로 의미하는 것이 무엇인지에 대해 이해하는 것이 중요하다. 즉, 두 변수 X와 Y 간 관계가 의미하는 것을 살펴보면, 상관관계가 .0이라는 것은 X가 변화할 때 Y의 변화가 없다는 것을 의미한다. 이것은 예측이 50%

틀릴 수도 있다(50% 맞을 수도 있다)는 것이다. 다시 말해서, X의 변화에 대해 Y의 변화는 0%라는 것이다. 한편 .3의 상관관계는 X의 변화에 의해 Y의 변화에 대한 예측이 15% 높아지게 되는 것을 뜻한다[이것을 계산하는 간단한 방법은 Rosenthal & Rubin(1982)을 참고]. 비록 15%라는 것이 무언가를 예측하는 데 그다지 크지 않게 생각될지도 모르겠으나 50/50이라는 불확실한 상태에서 예측력이 15%나 향상된 것을 의미한다. 예를 들어 누군가가 변수 X가 평균 이상이라고 알고 있고 X와 Y의 상관관계가 .3이라면 우리는 X에 대한 Y의 변화 정도가 65% 이상이 될 것이라고 예측할 수 있다. 이것은 아주 괜찮은 확률게임이다. 심지어 상관관계가 아주 낮은 .1이라도 우리는 10% 더 정확하게(55% 대 45%) 변수의 공변인을 예측할 수 있고 상관관계가 높은 편인 .6은 80% 정확하게 예측하는 것이기에 r의 값은 두 변인 간 상관관계를 이해하는 데 도움을 준다.

정확하게 말하면 상관관계는 인과적인 방향성이 있다는 것을 뜻하는 것은 아니다. 설사 인과관계가 있다고 해도 그것은 영향력에 대해 말하는 것일 뿐이다. 심리학 학생들은 "상관관계는 인과관계를 의미하는 것이 아니다."라는 말의 의미를 알고 있겠지만 이 말은 매우 높은 상관관계가 있을지라도 Y가 X를 유발하는지, X가 Y를 유발하는지 또는 다른 변인(Z)이 동시에 X와 Y의 변화를 유발하는지는 말할 수 없다는 것이다.

이 문제를 상관관계로는 해결할 수 없다. 인과적 검사(causational test)는 상호 상관설계로 설명하기에는 한계가 있다. 예를 들면, 폭력 영화를 시청하는 시간은 폭력 행동과 정적 상관관계가 있다는 것은 실제적으로 하나의 변수가 다른 변수에 영향을 미치는지 아닌지를 말해 주는 것은 아니다. 만약 두 변수 간 인과관계가 있다면, 어느 한 변수는 다른 변수에 영향을 미친다는 것이다. 미디어나 저널리스트들은 폭력성 있는 영화가 사회에 영향을 주는 결정적인 역할을 한다는 인과적 결과를 받아들일 수 있다. 그러나 혹자들은 기질적으로 폭력성을 가지고 있는 사람들이 폭력성 영화를 더 좋아한다고 주장할 수도 있다(2장에서 기질과 환경 사이의 관계에 대해 언급할 수도 있다). 어쩌면 일부는 다른 '연결' 변수 때문일지도 모른다고 말할 수도 있다. 예를 들면, 비록 우리가 섭씨와 화씨 사이에 상관관계가 있다는 것을 확실히 알고 있더라도 한 변수가 다른 변수를 유발시킨다고 얘기할 수는 없다. 분명히, 섭씨와 화씨는 열이라는 공통된 유발(원인) 요인 때문에 함께 변화하는 것이다.

끝으로 두 변수는 다른 변수에 의해 **중재와 매개**의 관계도 가능하다. 연구자들은 신경증이 높은 사람이 IQ검사점수가 낮은 경향이 있음을 보고하고 있다(Furnham, Moutafi, & Chamorro-Premuzic, 2005). 신경증이 높은 사람일수록 덜 지적이라는 직접적인 관계에서 전혀 다른 변수, 즉, 불안이라는 변수가 연결되어 두 변수 사이에서 역할을 하고 있음을 알아냈다. 더 높은 신경증은 검사 상황을 더 불안하게 만들어서 IQ검사를 실행하는 데 방해를 한다는 것이다(직접적인 인지적 연관성이 있다기보다는). 따라서 신경증과 IQ 간에 부적 상관관계가 있다고 했을 때, 시험 불안은 완전 매개변수나 부분 매개변수가 되는 것이다.

중재모형에서는 다른 변수에 대한 한 변수의 영향이 제3의 변수 여부에 따르게 된다. 예를 들면 비록 IQ와 리더십 간에 유의한 상관관계가 있다 하더라도 이러한 관계는 제3변수인 스트레스에 의해 중재될 수 있다. 특히 스트레스가 적을 때 높은 IQ는 리더십 발휘에 이득을 줄 것이나 이와 반대로 높은 스트레스는 리더십 발휘에 방해를 줄 것이다(Fiedler & Gracia, 1987).

이러한 예에서 보이듯이 인과관계는 다양한 방법으로 설명될 수 있고 다수의 요인에 의해 영향을 받을 수 있다. 종단연구 같은 더 정교한 설계는 상관관계를 바탕으로 한 인과적 경로를 해석하는 데 도움을 주는 연대순의 데이터를 제공할 수 있다.

회귀분석과 구조방정식 모형

상관관계 분석이 심리학 연구에서 광범위하게 사용된다고 할지라도 심리학자들은 변수 간 관계를 파악하기 위해 더 복잡한 통계방법을 사용한다. 변수가 2개 이상 있을 때 사용되는 회귀분석은 독립변수가 종속변수에 어떤 영향을 미치는지 파악하기 위해 실시하는 분석 방법이다. 회귀분석은 또한 파악하고자 하는 독립변수 이외의 다른 독립변수들을 통제한 후 독립변수와 종속변수의 관련 정도를 평가할 수 있다. 예를 들면 IQ와 학력 수준은 미래 연봉을 통계적으로 유의하게 예측할 수 있다(즉, 얼마나 많이 벌 것인지). IQ와 학력 수준이라는 두 독립변수는 상당한 공통점이 있는 것 같이 보이지만 종속변수인 미래 연봉에 영향을 주는 하나의 독립변수의 예측은 다른 독립변수의 예측보다 더 강할 수 있다. 그러므로 회귀분석은 모형에서 모든 독립변수들 가운데 가장 강력하게 종속변수에 영향을 주는 독립변수가 어떤 것이지 알려준다. 이것은 독립변수

의 증분 타당도로 알 수 있다(3장 참고)

구조방정식모델(structural equation modeling, SEM)은 변수들 간의 인과관계를 검증하는 더 정교한 분석 방법이다. 회귀분석은 여러 개의 독립변수와 하나의 종속변수 간 직접적인 인과관계만을 분석할 수 있으나, SEM에서는 여러 변수 간의 복합적인 인과관계를 동시에 검증할 수 있다. 즉, x는 y에 영향을 미치고 동시에 y는 z에 영향을 미치는지의 인과관계 여부를 알 수 있다. 더 나아가 변수 간 매개효과를 검증할 수 있는데(Baron & Kenny, 1986) 즉, x와 z 간의 관계에서 y가 어떻게 작용하는지를 검증할 수 있다(앞에서 신경증과 IQ 관계를 설명하였다). 또한 x와 z 간의 관계가 y에 의존하는지의 여부인 중재효과를 검증할 수도 있다. 물론 매개효과와 중재효과는 회귀분석을 통해서도 검증할 수는 있다. 회귀분석과는 달리 SEM은 여러 개의 독립변수와 종속변수를 동시에 다룰수 있다. 특히 SEM의 최고의 장점은 다층모형에 대한 검증을 할 수 있다는 것이다. 그러나 주의할 것은 SEM의 다층모형 특성이 인과관계에 대한 문제를 해결할 수 있다는 것을 의미하는 것은 아니라는 것이다. SEM이 인과적 모형을 제시한다 하더라도 인과관계의 방향을 확실히 알려주는 것은 아니다. 즉, 인과관계의 방향이 반대로 될 때에도 모형은 가끔 잘 맞을 수도 있다. 그럼에도 연구자들은 SEM이 이론적, 통계적으로 가장 가능성 있는 인과관계 모형을 제공할 수 있다는 점에서 많이 사용하고 있다.

성격과 사회적 영향

2011년 영국에서 일어난 폭동으로 세 명이 사망했고 물질적·산업적 피해는 수백만 파운드였다. 매년 수천 명의 사람들이 종교적·사회적 갈등으로 인해 직간접적으로 다치거나 살해당하고 있으며 그러한 갈등은 오늘날 점점 더 증가되고 있다. 사회적 태도, 신념, 행동은 종종 양육 태도, 학교 교육, 문화 그리고 언론과 같은 사회적 요인들에 영향을 받는다. 가끔은 사회적 태도이나 행동을 선천적 기질과 연관지어 생각하기도 한다. 최근에는 정치적·종교적 태도와 행동이 개인이 가지고 있는 성격과 관계가 있을 수 있다고 보고하는 연구들이 계속 증가하고 있다. 이 장에서는 성격이 정치적 태도, 종교적 신념 그리고 친사회적, 반사회적 행동과 같은 사회적·문화적 현상들에 얼마나 영향을 미치는지에 대해 살펴볼 것이다. 먼저 정치적 태도부터 살펴보자.

성격과 정치적 태도

정치적 태도에 영향을 미치는 원인을 설명하기 위해서는 먼저 정치적 태도의 개념을 정의해야 한다. 정치적 태도는 일반적으로 우익의 태도와 좌익의 태도로 구분된다. 많은 연구자들은 우익의 태도와 좌익의 태도는 각각 여러 구성 요인을 포함하고 있다는 사실을 발견했다. 예를 들면, 우익의 태도는 우익 권위주의, 보수주의, 사회적 지배를 포함하고 있다. 권위주의는 관습과 규칙에 대한 과도한 순응과 다른 사람들에게 너그럽지 못하고, 생각 패턴에 융통성이 없고, 정형화됨을 보여 주는 행동의 측면으로 설명하고 있다. 보수주의는 변화에 저항하고 안정을 추구하려는 경향이 있으며, 마지막으로 사회적 지배는 개인 차별, 제도적 차별 그리고 행동적 비대칭성을 포함한다고 하였다. 이러한 개념들은 각각 또 다른 하위 영역들을 포함하고 있으며 이 하위 영역들 사이에는 개념적 차이가 생길 수 있다. 예를 들면, 우익 권위주의는 경직함과 부족한 인지복잡성을 포함한다. 이러한 개인은 수동적인 경향이 있다. 이와는 반대로 사회적 지배성이 높은 사람은 사회적으로 더 공격적이고 적대적이다. 한편 보수주의는 엄격함과 다정함을 포함하고 있고 이 대조적인 두 측면이 중첩될 수도 있다.

우익 태도는 다양한 방법으로 설명되고 있다. 예를 들면, 정신분석 이론에서는 권위주의를 엄격한 양육으로 인해 야기된 것으로, 의식과 무의식의 상호작용 또는 권위주의를 향한 복종적인 경향을 가지고 있는 감정적 과정으로 본다(Adorno et al., 1950). 사회심리학자들은 보수적인 태도를 대부분 사회적 영향력의 결과로 바라본다. 예를 들면, 보수적인 사람들은 전통적인 제도와 그들 부모의 가치관에 의해 큰 영향을 받는다고 주장하고 있다. 차별과 사회 지배는 내집단과 외집단의 원칙(힘)을 포함한 사회적 관점에서 설명될 수 있는데, 즉 그 집단의 일원과 유사한(육체적으로나 심리적으로) 개인이 집단 내 '배치'되는 경향이 있다. 반면 집단의 일원과 다른 개인은 외집단(집단 밖)에 놓여 있게 된다.

사회적 태도에 관한 전통적인 관점과는 다르게 차이를 연구하는 심리학자들은 성격이 사회적 태도에 영향을 미치는 강력한 요인으로 작동할 수 있음을 지적하고 있다. 즉, 개개인이 가지고 있는 성격 특성들이 좌익 또는 우익 태도를 야기할 수 있다는 것이다. 성격과 사회적 태도에 관한 연구들은 이러한 가설에 힘을 실어 주고 있으며, 특히 정치적 신념에서 성격 5요인의 역할에 관한 연구들은 여러 가지 성격 특성과 우익 태도가 유의미하고 일관성 있게 관련되어 있음을 발견하였다.

이 연구에 따르면 정치적 태도와 가장 강력한 연관이 있는 성격은 개방성이다. 예상하고 있겠지만 이 특성은 보수주의와 권위주의와는 부적 상관관계가 있다(Adorno, Frenkel-Brunswick, Levinson, & Sanford, 1950). 예를 들면 리만, 그루비치, 헴팔, 머글, 리처(Riemann, Grubich, Hempal, Mergl, & Richter, 1993)와 반 히엘과 메르비엘데(Van Hiel & Mervielde, 1996)는 유럽인을 대상으로 한 연구에서 개방성과 보수주의 간 상관이 −.57과 −.42임을 각각 보고하였다. 또한 미국인을 대상으로 한 연구에서도 비슷한 결과를 보고 하였는데 맥크레이(1996)는 개방성과 권위주의 간의 상관이 −.35임을, 트렙넬(Trapnell, 1994)은 개방성과 보수주의

(−.18~−.64), 개방성과 권위주의(−.29~−.63) 간에 가변적인 상관관계가 있음을 알렸다. 또한 개방성과 정치적 이념 간 관계에서 좌익이든 우익이든 극단적인 태도는 낮은 개방성과 연관이 있기 때문에(Greenberg & Jonas, 2003; Wilson, 1973) 높은 개방성은 중도적인 정치적 관점과 권위주의에 대한 비판적인 태도를 취하는 것과 연관이 된다는 것이다. "권위에 의문을 제기하는 것은 개인의 호기심을 개방하는 자연스러운 것이다"(McCrae & Costa, 1997, p. 837). 그러나 스톤과 스미스(Stone & Smith, 1993, p. 154)는 정치적 심리학자들이 "어떤 성격이나 이념에 대한 경험적 데이터의 검토보다 오히려 극단적 보수주의와 극단적 권위주의 간의 유사점과 관련되는 …… 자신의 견해를 직관적인 증거에 기반을 두는 경향이 있다."고 주장한다. 또한 인종차별과 같은 편견과 개방성 간에는 부적인 상관관계가 있다는 증거도 있다. 그래서 열린 사고방식은 사람들이 다른 집단을 향해 더 관대해지고 그들을 동등하게 인식할 수 있도록 할 것이다(Flynn, 2005). 1장에서 기억하다시피 개방성은 지적 호기심, 미적 감성, 생생한 상상력, 행동의 유연성, 인습에 얽매이지 않는 태도를 특정으로 한다. 그러므로 우익 태도를 가지고 있는 사람들은 통찰력, 정교함, 박식함, 세련됨, 예술적 감각, 호기심, 분석력이 적은 경향이 있다.

결론

정치적 태도는 사람들이 접해 온 과거 경험이나 환경에 의해 형성된 것으로 개인의 내적·외적인 상황에 따라 잘 변하는 것으로 여겨지고 있다. 하지만 이와 관련된 연구에서는 성격이 정치적 태도에 일관성 있는 유의한 예측 요인임을 보고하고 있다. 성격은 어떠한 주어진 상황에서 어떠한 행동을 할 것인가를 예상케 하는 것이다. 따라서 개인의 과거 경험과 환경에 반응하는 방식은 그 사람이 어떤 정치적 태도를 취할 것인지 예측이 가능할 수 있다. 이 연구 결과가 흥미로운 이유는 그동안 사회적 태도와 편견은 일반적으로 내집단 대 외집단과 같은 사회 문화적인 관점에서 설명되었기 때문이다. 그러나 앞의 연구에서 보여 준 바와 같이 사람들이 가지고 있는 정치적 태도의 차이는 개방성과 같은 개인의 기질적인 성격 특성이 관여한다는 것이다.

성격과 종교적 태도

인류에게 알려진 모든 문화는 종교적 신념의 형태를 가지고 있다. 종교는 인간의 본성이고 사회의 보편적인 측면이며 현대 역사에 영향을 끼친 가장 지배적인 사회적 요인이다. 오늘날에도 종교는 여전히 신문, 라디오, TV의 서두를 장식하고 있다. 종교는 여러 가지 의미와 결과를 가져올 수 있다. 개인차 관점에서 종교는 **종교성** 차이를 중심으로 연구되어 왔다. 60년대부터 심리학자들은 종교성에 대한 개념을 구체화하기 위한 연구를 해 왔고, 또한 종교성의 개인차를 조사하였다.

연구를 통해 밝혀진 종교성에 대한 두 가지 중요한 측면은 종교적 성향과 종교적 대처이다. 종교적 성향은 종교를 향한 내재적 성향과 외재적 성향으로 구분될 수 있다. 내재적 성향은 사람이 존재하고 생각하는 방법에 영향을 주는 내적이고 감정적인 것으로서 종교를 향한 강한 감정, 강한 개인적 믿음, 강한 헌신으로 구성되어 있다. 한편 외재적 성향은 보호 및 통합뿐만 아니라, 참여와 사회적 명분의 목적을 위해 종교를 사용하는 것을 말한다. 외재적 성향은 종교성이 그 자체로 중요한 것이기보다는 종교를 목적을 위한 수단으로 사용하는 보다 실용적이고 간접적인 것이다.

정치적 태도와 마찬가지로 종교적 태도는 사회적으로 학습된다. 사람들에게는 크리스천, 이슬람교 또는 유대교가 되는 유전자는 없으며, 가족, 친구들, 또는 사회로부터 학습하는 경향이 있다. 그러나 사람들의 종교성은 같은 식구이거나 같은 사회 환경 안에서도 개인차가 있다. 따라서 개개인의 종교성 차이는 노출된 사회 환경이 아닌 기질의 특성이 원인일 수 있음이 가능하다는 것을 알 수 있다.

다수의 이론가들은 종교성의 개인차가 기질 때문이라고 주장했다. 예를 들면 한스 아이젠크(1916~1997)에 따르면 종교성은 이상주의를 반영한다고 하면서 이상주의적인 사람은 그렇지 않은 사람에 비해 더 강한 종교적 성향을 가지고 있다고 하였다. 아이젠크는 낮은 정신증이 공감이나 책임, 특히 관습과 규칙에 순응하는 것과 같은 속성을 포함하고 있으며, 이러한 성격 차원이 종교성과 부적인 상관관계가 있다는 가설을 내놓았다.

종교성과 정신증의 관계에 관한 많은 연구들은 아이젠크의 가설을 전적으로 지지하고 있다. 정신증은 문화와 교파에 무관하게 지속적으로 종교성을 강하게 예측하는 것으로 확인되었다(Saroglou, 2002). 더 나아가 정신증은 종교적 성향과 종교적 대처 모두와 부적 상관관계가 있음이 보고되었으며, 사람들이 얼마나 자주 교회를 가고 기도를 하는지의 종교적 활동도 예측한다고 하였다. 경험적 관점에서 보면 낮은 정신증과 종교성 간의 부적 상관관계는 확실히 맞다. 그러나 또한 흥미로운 것은 종교적인 성향이 강한 사람일수록 덜 공격적이고, 덜 충동적이고, 덜 불친절하며, 덜 둔감하고, 보다 사교적임을 나타낸다는 것이다. 아마도 이것은 종교적 성향이 있는 대다수의 사람들이 종종 폭력적이고 공격적인 극단주의 행위로 언론의 관심과 보도의 중심에 있는 소수의 사람들이 잘못되어 있다고 느끼는 이유일 수 있다.

종교성과 성격 5요인에 대한 연구가 활발히 진행되고 있는 가운데, 초기 연구들은 높은 우호성과 높은 성실성이 종교성과 관련이 있음을 보고하였다[성격 5요인모델(FFM)이 낮은 우호성과 낮은 성실성으로 정신증을 설명했다]. 최근 사로글로(Saroglou, 2002)에 의해 실행된 메타분석에서는 성격 5요인과 종교성 간에 연계성이 있다고 보고하였다. 사로글로는 종교성을 대략 다음과 같이 네 가지 유형으로 분류하였다. (1) 내재적 종교성, (2) 외재적 종교성, (3) 영성, (4) 종교적 근본주의(전통적인 관점에 해당하는 내재적 · 외재적 종교성 차이). 아이젠크의 PEN 모델 이전의 연구들은 종교성과 신경성 및 외향성의 연관에 대해 일관성이 없는 결과를 보고했으나, 사로글로는 성격 5요인 특성이 종교성과 관련이 있음을 주장했다. 즉, 외향성은 내재적 종교성이나 영성과 관련이 있으며, 신경증적 성격은 내재적 종교성과는 부적 상관관계가 있고, 외재적 종성과는 정적 상관관계가 있으며, 개방성은 영성과는 정적 상관관계, 종교적 근본주의와는 부적 상관관계가 있음을 보고하였다.

사로글로는 외향성과 종교성 간의 관계는 과거의 종교성과 오늘날 종교성에 대한 표현의 차이로 설명할 수 있다고 말하면서, 오늘날의 종교성은 과거보다 더 표현적이고 더 많은 사회적인 형태를 취하고 있다고 하였다. 그러나 그는 또한 사교성, 온화함, 긍정적인 감정의 외향성 측면들이 종교성과 관계되어 있음을 지적하였다. 이것은 외향성과 종교성 간에 직접적인 관계가 있을 수 있음을 시사하는 것이다.

신경증과 종교성과의 부적인 연계는 인과관계의 측면에서 흥미로운 문제를 제기하고 있다. 즉, 영성은 정서적 안정으로 이어지는 것인가? 아니면 정서적으로 안정된 사람들이 영성을 더 찾는 것인가? 영성이 정서적 안정으로 이어지는 것이라는 시나리오는 종교성을 설명하는 측면과 심리적 개입의 측면에서 중요한 문제이다. 종단연구는 신경증과 외재적 종교성 간에 정적인 연계가 있다는 점에 주목하면서, 종교 의식을 프로이트가 언급한 무의식적 욕망과 충동을 억제하는 자기 보호 대책인 방어 역할을 하는 강박행동과 유사한 행위로서 설명했다. 마지막으로, 개방성과 종교적 근본주의 간 부적관계는 개방성과 정치적 태도의 연구 결과와 일치한다. 개방적인 사람은 자신의 정치적 견해를 가지고 권력을 향해 더 비판적인 경향이 있다.

결론

연구문헌들은 성격이 종교적 태도를 형성하는 데 중요한 역할을 한다는 것을 보여 주고 있다. 아이젠크의 PEN 모델이나 성격 5요인 그리고 사로글로의 메타분석은 종교성과 FFM의 연관성은 국가와 종파와는 무관하게 유사한 패턴임을 보고했다(예 : 미국, 캐나다, 폴란드, 벨기에). 이것은 중요한 부분인데, 현재 종교적 신념과 연관이 있는 다양한 행동(예 : 해외 테러 단체에서 군사 훈련을 추구하는 미국이나 영국 시민)들에 대한 설명은 통상적으로 사회적 또는 상황적 요인들로, 때로는 종교적 가르침의 내용을 기반으로 한다. 그러나 성격심리학은 기질적인 특성 때문에 종교성에서 개인차가 있을 수 있다는 가설을 확인해 주고 있다. 이에 대한 연구는 성격이 종교적 신념에 여과기나 증폭기 같은 역할을 하고, 그로 인해 발현될 수 있는 종교성 방식이 행동에서 드러날 수 있다고 보고 하였다. 그것은 종교성과 성격 특성이 관계가 있다는 것이며 특히, 내재적 종교성과 영성을 소유하는 종교적인 사람들이 더 쾌활하고 정서적으로 더 안정되고 덜 공격적이고 덜 충동적이고 덜 비사교적임을 보고하였다. 그러나 이것은 종교성과 항상 관련되어 있는 것은 아니다. 왜냐하면 극소수의 비전형적인 집단이 종교의 이름으로 저지르는 잔혹 행위에 의해 종교적인 함의가 가려져 있기 때문이다. 그럼에도 연구들은 종교적 · 정치적 신념과 관련된 사회적 행동과 사회적 태도를 설명하기 위해서는 성격과 같은 개인차 변인을 고려할 필요가 있음을 명백하게 지적하고 있다.

성격과 사회적 행동

정치적이든 종교적이든 무엇이든 간에 사회적 태도가 사회적 행동에 항상 영향을 미칠 수는 없다. 태도와 행동 사이에 관계가 있다면, 행동에 영향을 미치는 태도의 영향력은 어느 정도인지 궁금해 할 수 있다. 심리학자들은 수년에 걸쳐 사회적 행동의 원인들에 대해 연구해 왔다. 사회적 행동은 매우 폭넓은 개념이므로 여기에서는 친사회적 행동과 반사회적 행동에 초점을 맞추고자 한다.

일반적으로 심리학자들은 두 개념을 구별하고 있다. 친사회적 행동은 이타주의, 봉사정신, 주민참여, 사회적 서비스 등을 포함하고, 반면 반사회적 행동은 범죄, 약물남용, 무단결석 등을 포함한다. 친사회적·반사적 행동은 동일한 차원에서의 극단적 양극, 즉 반대라고 보기보다는 독립된 다른 요인으로 간주되어야 한다(음의 상관이 예상될 경우에도). 다시 말하면, 어떤 사람이 친사회적으로 행동하지 않아도 그 사람이 반사회적 행동에 속해 있다는 의미가 아니다.

최근 몇 년 동안 성격과 친사회적 행동 사이의 관계 연구가 급증을 보이긴 했지만, 친사회적 행동보다 반사회적 행동에 대한 관심이 더 폭넓게 집중되어 왔다(Ozer & Benet-Martinez, 2006). 친사회적 행동은 긍정적으로 사회에 영향을 주는 것이긴 하나 다른 사람을 돕는 데 참여하는 의지의 관점에 있어서는 상당한 개인차가 있음을 쉽게 볼 수 있다. 무엇이 어떤 사람을 다른 사람보다 더 친사회적으로 만드는가? 왜 어떤 사람은 다른 사람이 하지 않는 자원봉사나 자선활동에 참여하는가?

연구에 따르면 친사회적 행동과 관련된 가장 중요한 성격은 외향성과 우호성이다(Carlo, Okun, Knight, & de Guzman, 2005). 연구들은 외향적이고 우호적인 개인은 다른 사람을 돕는 기질을 가지고 있고 자원봉사나 자선활동 같은 이타적인 활동에 참여하는 데 더 의욕적이라고 보고하였다.

이런 연구 결과를 해석하는 것은 쉬운 일이다. 예를 들면 외향성의 하위 영역 중 하나는 사교성이다. 그래서 높은 외향성을 가지고 있는 사람은 타인에게 관심이 더 많고 그로 인해 타인을 돕는 것을 더 좋아한다. 또한 우호성은 이타주의, 겸손함, 유익함과 같은 하위 영역으로 이루어져 있다. 이것은 모두 개념적으로 친사회적 행동과 관계가 있다. 페너, 프리체, 크래이거, 프라이펠트(Penner, Fritzsche, Craiger & Freifeld, 1995)는 친사회적 행동을 다음의 두 가지 핵심적인 구성요소 — (a) 공감 -우호성과 밀접하게 관련된 측면, (b) 친절-외향성과 상관이 있는 측면 —의 결과라고 제안하면서 앞의 내용들을 지지하였다(Penner, 2002).

친사회적 행동이 사회적으로 중요하고 긍정적이긴 하지만, 반사회적 행동으로 인한 사회적 비용이 워낙 많이 들기 때문에 반사회적 행동의 원인에 초점을 맞추는 연구들이 많은 실정이다. 매년 조직과 지역 사회는 직장 내 파괴적인 행동, 폭동, 폭행, 도둑질, 그 외 반사회적 행동 때문에 수백만 달러의 비용을 치르고 있다. 폭력과 공격적인 행동은 개인과 가족의 삶을 파괴하고 있다.

말할 필요도 없이 반사회적인 행동을 예방하는 것은 공익 차원에서 매우 중요한 일이다. 그러나 이러한 문제를 해결하고 예방하기 위해서는 반사회적 행동의 원인을 규명하고 이해해야만 한다. 반사회적 행동을 하는 이유는 다양하며 특히 학습적, 사회학적, 인구학적 영향과 연관되어 있다고 알려지고 있다. 통계학적인 측면에서 인구학적 변인들은 반사회적 행동을 예측 가능하게 한다. 젊고 가난한 무학력자 그리고 소수집단에 속해 있는 남성은 다른 사람들보다 반사회적 행동을 할 가능성이 더 있다고 보고되고 있다(Egan, 2011). 또 하나의 관점은 사회학적 측면이다(어느 정도는 정치적). 가난한 지역사회에서는 생존을 위한 삶의 투쟁은 힘들다. 이러한 조건에서, 생존이라는 동기는 반사회적 행동을 높이게 되고, 같은 공동체 사람들에게 해를 입힐 수도 있다. 가난한 지역사회는 그 기저에 부당한 영향을 미치는 상위 계층 사회가 있으므로 반사회적 행동은 사회적 현상으로 간주될 수 있다.

비록 반사회적 행동을 예측하는 인구학적인 변인들이 반사회적 행동을 설명하는 하나의 방법일 수 있으나, 비슷한 인구학적 집단 내에서도 질서나 규칙 그리고 법률적인 부분을 위반하거나 위반하지 않는 개인차가 존재한다. 즉, 교육을 받지 못한 소수의 모든 젊은 남성이 모두 반사회적 행동을 하는 것은 아니다. 사실, 반사회적 행동은 극소수의 사람들이 저지른다. 심지어 범죄 집단에서도 그 집단에 속한 약 6%가 대부분의 범죄에 책임이 있다고 보고되고 있다(Farringdon, Barnes, & Lambert, 1996).

범죄를 저지르는 사람과 저지르지 않는 사람(단일민족 사회 안에서)간 개인차를 설명하는 두 가지 방향이 있다. 하나는 환경이나 학습 과정을 통해서이다. 이것은 세대 간 빈곤, 양육 방법 및 자신이 속한 집단이 가지고 있는 감정이나 태도 등이 전이되는 것을 포함한다. 예를 들면 아이가 빈곤가정에서 자랄 수 있다. 그곳은 생존을 위한 투쟁이 종종 공격적인 형태를 취한다. 충분한 자원을 얻기 위해 부모, 형제, 친척들은 폭력이나 범죄행위에 가담할 수도 있다. 가족 구성원들은 사회와 공동체의 영향을 받아 반사회적 행동을 가르치고 강화시키는 반사회적 또는 범죄의 역할모델로서 행동할 수 있다. 따라서 이 모델에서는 학습과 강화가 반사회적 행동을 유발하기도 하고 유도하기도 하는 것이다.

또 다른 하나는 성향적 요인과 유전이다. 진화론적 관점에서 볼 때, 진화는 집단 생존에 유익한 유전자들을 촉진하기 때문에 반사회적 행동이 유전의 영향을 받는다는 것이 언뜻 생각하기에는 어폐가 있는 것으로 들릴지도 모른다. 그러나 폭력 행위가 진화적으로 적응되었을 수도 있음이 이론적으로 가능하다. 예를 들면, 수렵-채집 사회에서 폭력은 부족 간 그리고 그들이 속해 있는 부족 내 모두에서 발견되었다. 그러한 폭력적인 행동들은 자원을 쟁취하기 위한 부족 사이의 싸움뿐만 아니라 집단 응집력을 위협하는 집단 내 구성원들에게 폭력적인 경고를 포함하고 있다. 더욱이 위험하고 아무것도 예측할 수 없는 시대에 생존을 위해서는 공격적이고 기회주의적인 그리고 난잡한 행동이 우호적이고 사색적인 행동보다 더 효과적이었을지도 모른다. 자원과 짝을 얻는 데는 '싸움'이나 '교미' 반응을 더 빠르게 잘하는 사람이 필요하였는지도 모른다. 결과적으로 이러한 경향은 생존을 유지하고 촉진하기 때문에 세대에서 세대로 전달되어야 하는 셈이 되는 것이다.

이러한 주장을 바탕으로 반사회적 행동이 유전된다는 연구 결과들이 보고되었다. 행동유전 연구에서는 반사회적 행동의 유전자는 변이의 약 41%를 설명하고(43%를 설명하는 비공유된 환경), 유전의 영향력은 나이가 들수록 더 강해지게 된다고 하였다(Bergen, Gardner, & Kendler, 2007; Jacobson, Prescott, & Kendler, 2002). 이것은 사람들을 폭행하거나 도둑질하는 특별한 유전자가 있다는 것을 의미하는 것이 아니다. 2장에서 논의한 것 같이 유전자는 단일 유전자로서 직접적인 효과는 드물고 생물학적 메커니즘을 유도함으로써 간접적으로 그 효과를 갖는다. 즉, 생물학적 메커니즘은 반사회적 행동에 연루되어 있다는 것이다. 이것은 성 호르몬(테스토테론), 신경발달장애[주의력결핍 및 과잉장애(ADHD), 아동행동장애, 반항성도전장애], 특정정보처리장애(부적인 자극과 부적인 결과 간 관련성 학습이 되지 못하는) 그리고 중독이 간접적으로 반사회적 행동과 관련되어 있고 또한 유전적 취약성이 있다는 것을 의미한다(Egan, 2011).

위의 내용은 반사회적 행동이 환경적 또는 유전적 과정 중 하나에 영향을 받는다고 직접적이고 명확하게 설명한다. 그러나 전에도 언급한 것 같이 본성과 양육의 상호작용은 양자택일 현상이 아니고 둘 중 하나의 영향은 다른 하나에 의존하거나 때마다 다를 수 있다. 실제로, 유전적 및 환경적 요인 간 상호 작용을 조사한 종적연구에서는 반사회적 행동의 유발점을 강하게 예측하는 생물 심리적 과정을 발견 하였다. 예를 들면 출산과 빈곤 관련 문제를 복합적으로 가지고 있는 사람은 그렇지 않은 사람보다 폭력이나 절도를 저지를 가능성이 두 배 높다는 것이다(Raine, Brennan, Mednick, & Mednick, 1996). 유사하게, 학대 위험에 노출되어 있는 아이가 유전적 위험이 낮은 경우에는 행동 문제의 위험도가 불과 2% 증가하지만 높은 유전적 위험이 있는 경우는 24%까지 증가된다 (Jaffee et al., 2005). 카스피와 동료들(Caspi, et al., 2002)은 모노아민 산화 효소(이것은 도파민, 아드레날린, 세로토닌 같은 신경 전달 물질) 대사 유전자 수준이 높은 학대 아동이 낮은 수준의 유전자를 가지고 있는 동년배보다 폭력 범죄를 저지를 가능성이 9배나 적다는 사실을 발견했다. 마지막으로, 역기능적 가정환경도 반사회적 행동을 설명할 수 있다. 역기능적 가정환경은 반사회적 행동에 대한 유전적 민감성을 가진 아이들에게 대체로 더 많은 영향을 준다.

이러한 연구 결과는 환경이 반사회적 행동과 관련이 있다는 것을 입증해 보이는 동시에 유전적인 요인도 연계됨을 제시하고 있다. 그것은 유전자와 환경이 반사회적 행동의 유발에 복잡하게 연결되어 있음을 명백하게 말해 주는 것이다.

반사회적 경향과 유전자의 관계를 생각했을 때, 어떻게 반사회적 행동이 성격과 관련되어 있는지 질문하는 것은 당연하다. 성격과 반사회적 행동의 상관관계에 대한 연구는 수십 년 전부터 시작되었다. 아이젠크와 아이젠크(1976)는 PEN 모델의 정신증 차원인 강한 의지력, 적대감, 공격성, 냉담함, 자기중심주의, 충동, 낮은 공감과 같은 측면이 반사회적 행동과 관계가 있다는 가설을 내세웠다. 이 가설은 연구에 의해 확증되었는데 케일(Cale, 2006)은 정신증 기질이 .39의 평균 효과 크기로 반사회적 행동을 강하게 예측한다는 것을 알아냈다. 또한 신경증, 외향성, 반사회적 경향성 간에 연계가 있음을 발견하긴 했으나 이들의 관계는 정신증에 비해 더 적으며 특히 외향성은 가장 약한 예측 요인으로 나타났다 (평균 효과 크기 : 신경증＝.19, 외향성＝.09).

정신증과 반사회적 행동 간의 관계는 예상했던 대로 높다. 정신증이 높은 사람은 따지기를 좋아하며 부적절한 자기주장을 펼칠 수 있다. 그들은 갈등을 해결하기 위해 더 공격적인 언어를 사용하고 더 쉽게 폭력에 의존한다. 결과적으로, 그들은 충돌을 야기할 가능성이 높아서 점차적으로 반사회적 행위가 증가될 가능성이 있다. 이러한 정신증과 반사회적 행동 사이의 이론적인 관계에도 불구하고, 다른 성격 차원에 비해 심리 측정적인 속성이 약하기 때문에 정신증으로 반사회적 행동을 예측하는 것은 논쟁거리로 남아 있다. 따라서 많은 동시대 연구들은 성격 5요인의 각 차원과 반사회적 행동 사이의 관계에 더 초점을 맞추고 있다.

성격 5요인과 반사회적 행동의 관계 연구에서도 예상한 대로 반사회적 행동의 가장 강력한 예측 변인으로 낮은 우호성과 낮은 성실성을 확인했다. 반사회적 행동과 상관이 있는 또 다른 중요한 변인은 신경증이다. 흥미롭게도 외향성은 반사회적 행동을 예측하는 데 그리 중요해 보이지 않았는데, 그 이유가 친사회적 행동과 반사회적 행동이 서로 완전히 반대되는 행동이 아니라 서로 독립된 다른 요인이기 때문이라고 강조했다(Krueger, Hicks, & McGue, 2001).

성실성과 반사회적 행동 사이의 부적 관계는 성실성이 높은 사람은 도덕성이 높고 충동성이 낮으며 위험성을 추구하거나 물리적 행동을 억제할 수 있는 자기통제를 더 잘한다는 사실을 나타낸다(O'Gorman & Baxter, 2002). 실제로 낮은 성실성은 청소년 문제(Conger & Ge, 1999),

약물남용(Walton & Roberts, 2004), 파괴주의와 절도(Heaven, 1996), 범죄 행위(Wiebe, 2004) 그리고 심지어 자살 시도(Verona, Patrict, & Joiner, 2001)도 예측하는 것으로 알려져 있다.

우호성은 반사회적 행동을 예측하는 가장 강력한 성격 특성이다. 밀러, 리남, 루케펠트(Miller, Lynam, & Leukefeld, 2003)는 우호성은 안정성, 공격성 그리고 반사회적 성격장애 증후군과 지속적으로 관련이 있다고 하였으며, 버스와 페리(Buss & Perry, 1992)는 우호성이 일반적인 공격성(언어적 공격성, 분노, 신체적 공격성으로 구성된 요인)에 대한 가장 강력한 예측변인이 되고 다른 성격 차원이 가지고 있지 않은 신체적 공격성과 관계가 있음을 발견하였다.

종적연구에서는 성격이 과거뿐 아니라 미래의 반사회적 행동도 예측할 수 있다고 보고 하였다. 예를 들면 사무엘스와 동료들(Samuels, 2004)은 성격 5요인 특성이 12년에서 심지어 18년 후의 범죄 행위를 예측할 수 있음을 발견했다. 연구자들은 체포된 적이 있었던 사람들이 더 자주, 더 많은 분노와 적대감, 우울, 공격성(모두 신경증 측면)이 있었고 신뢰성, 정직함, 규정을 준수하거나 겸손함(모두 우호성 측면)이 낮음을 발견했다. 또한 범죄자들은 사교성(외향성 측면)과 감정의 개방성(개방성 측면)이 낮았다. 범죄자는 외향성의 한 측면인 자극 탐색을 더 많이 하였고 능력, 순종, 신중함을 포함한 성실성이 낮았다. 또한 그들은 공격적인 행동을 예측하는 성격의 전반적인 효과 크기는 나이, 성별, 인종, 물질의 오용이나 성격장애 진단 같은 인구학적 요인을 통제한 후에도 .5인 것을 발견했다.

전반적으로 반사회적 행동에 대한 내용은 일정한 패턴을 보여 주는 것 같다. 인구학적 요인들이 반사회적 행동에 영향을 주기는 하나 신경증이 높고 우호성이 낮고 성실성이 낮은 사람들은 반사회적 행동을 쉽게 할 경향이 있는 것으로 보인다. 이런 이유로 반사회적 행동을 설명하기 위한 모델들은 관련 요인들이나 요인들 간 상호 작용에 대해 제외시켜서는 안 될 것이다. 예를 들면 알코올은 종종 적대감을 촉발시키는 것으로 간주되지만, 알코올과 관련된 폭력은 우호성과 성실성의 성격적 특성에 의해 조절된다(Egan & Hamilton, 2008).

성격과 개인적 영향

우리의 사생활에 성격이 얼마나 중요한 걸까? 이에 대해 우리는 직관적으로 "아주 많이"라고 대답할 것이다. 우리가 처음에 언급 한 바와 같이, 이것이 바로 사람들이 성격심리학에 관심을 갖는 근본적인 이유 중 하나이다. 우리는 성격이 무엇인지 그리고 성격이 얼마나 우리의 삶에 영향을 주는지 알기 원한다. 예를 들면 사람들이 연애에 대해 생각할 때, 자신과 파트너의 성격을 고려한다는 것은 경험으로 다 아는 얘기다. 우리는 관계에서 바람직한 성격과 바람직하지 않은 성격에 대해서 생각한다. 이것은 가족과 친구의 경우에서도 마찬가지다. 우리는 성격이 이와 같은 사적인 문제의 결과에 영향을 미친다고 믿는다. 그렇다면 어느 정도까지 영향을 미치는 걸까? 우리는 성격 특성이 인간관계에 영향을 준다고는 믿고 있지만 과연 행복에까지 영향이 미친다고 가정할 수 있는 것일까? 건강에 대해서는 어떠한가? 여기서 우리는 성격이 어느 정도로 개인의 삶에 영향을 미치는지 살펴보고자 한다. 먼저 가장 흥미로운 주제 중 하나인 성격과 로맨틱의 관계에 대해 살펴본 후, 건강과 행복에 미치는 성격의 영향을 다루고자 한다.

성격과 로맨틱 관계

우리는 누구나 만족스럽고 건강하며 로맨틱한 관계를 원한다. '나와 딱 맞는 사람'을 찾아야 한다는 강박관념은 이런 열망에 대한 증거다. 모든 사람들은 행복을 원하며 행복하기 위해 관계가 매우 중요한 것임을 안다. 실제로 연구에서는 만족스러운 로맨틱 관계는 감정적 웰빙과 신체적 건강을 증진시키는 중요한 역할을 한다고 보고하고 있다(Berscheid, 1999). 프로이트가 정신건강이란 '사랑하고 일을 할 수 있는 능력'이라고 말했듯이 우리 행복의 최소 절반은 만족스런 관계 여부에 달려 있다.

이 책의 저자 중 한 사람의 이웃에 사는 12살 꼬마가 다음과 같이 물어본 적이 있었다. "당신이 운명을 찾나요? 아니면 운명이 당신을 찾나요?" 때때로 사람들은 운명이 '자신에게 딱 맞는 사람'을 만나게 할 것인지에 대해 궁금해 하고, 만약 각자가 적극적으로 운명을 찾아야만 한다면 그 운명을 찾기 위해 무엇을 해야 하는지 또한 할 수는 있는 것인지에 대해 의구심을 갖고 있다. 만약 사람들이 그 운명을 찾았다고 믿는다면, 남자와 여자가 서로에게 원하는 것은 무엇인지, 왜 어떤 커플이 다른 커플들보다 더 행복한지에 대해 알기를 원한다.

이러한 질문에 대한 답을 얻기 위해 성공적으로 관계를 잘하는 사람들의 성격을 알아보는 연구들이 많이 진행되었다. 성격과 로맨틱 관계의 개인차와 관련된 연구는 활발하게 진행되지는 않았고, 대부분 신체적인 특성만을 고려한 성적 매력에 초점을 둔 연구들이었다(Swami, Stieger, Haubner, Voracek, & Furnham, 2009). 그러나 지난 10~15년 동안 성격 특성이 사랑과 애정이 있는 삶에 어느 정도의 영향이 있는지를 조사하는 연구들이 많아졌고 꾸준히 늘고 있다.

비평가들은 "나와 딱 맞는 파트너의 매력, 영구적인 관계를 만들기 위한 성향 그리고 이런 관계를 지속할 수 있는 것은 병인과 연관된 것일 수 있고 병인은 성격에 뿌리를 두고 있다."는 것을 지적했다(Johnson, McGue, Krueger, & Bouchard, 2004, p. 285). 로맨틱 관계에 대한 개인차 접근 방식의 연구들은 어떤 성격 특성이 관계의 시작, 만족 및 유지 가능성을 만드는 데 영향을 주는지 알아내고자 하였다. 이와 같은 연구에서 주로 하는 질문은 다음과 같다. (1) 왜 사람들은 특정 소수에게 매료되는지 즉, 많은 성격 특성 중, 어떤 성격 특성이 자신과 어울리는 파트너라고 믿는 초기 매력에 관여하고 있는지, (2) 왜 어떤 커플은 다른 커플들보다 더 행복한지, 즉 많은 성격 특성 중 어떤 성격 특성이 행복한 관계를 이루는 데 관여하고 있는지, (3) 왜 어떤 관계는 지속되고 어떤 관계는 깨지는 것인지, 즉 많은 성격 특성 중 어떤 성격 특성이 관계를 지속하는 데 관여하고 있는지이다. 지금부터 이러한 질문에 대해 살펴보고자 한다.

첫눈에 반한다? 성격과 초기 매력

일반적으로 심리학자들은 대인관계에서 초기 매력을 이해하는 데 비신체적인 요소를 하찮게 여겨 왔다(Swami & Furnham, 2008). 그러나 몇몇 학자들은 대인관계 매력은 다각적이라 의사소통 기술, 유머감각, 동작 표현, 표정, 신체 언어 등과 같은 변수를 포함해야 한다고 제안했다(Rucas et al., 2006). 더욱이 초기 매력 과정에 관여하는 개인차 요인들은 관찰자와 관찰 대상 모두에 존재할 수 있는 것이다. 관찰자와 관찰 대상의 측면에서 대인관계 매력에 영향을 주는 심리적 특성에는 어떤 것이 있을까?

관찰자

성격은 대인관계의 초기 매력에 영향을 미치는 것으로 보인다(Swami, 2007). 그러나 이에 대해 실증적으로 검증한 연구는 많지가 않다. 우드와 브룸바(Wood & Brumbaugh, 2009)는 4,308명을 대상으로 한 연구에서 성격 5요인이 사진으로 선호하는 파트너를 선택하는 것과 관련이 있다고 보고하였다. 1,000명을 대상으로 한 또 다른 연구에서는 경험에의 개방성과 매력적으로 인식하는 신체 사이즈의 범위는 상관관계가 있음을 보고하면서(Swami, Buchanan, Furnham, & Tovée, 2008) 이 관계는 개방성이 사회적 규준에 얽매이지 않는 수용을 반영하고 있다는 것을 생각하면 예상할 수 있는 부분이라고 하였다. 개방성과 같은 성격 특성은, 잠재적 파트너를 많이 확보하게 하는 역할을 할 수 있다. 연구자들은 또한 성격 5요인 중, 우호성과 외향성도 잠재적 파트너의 신체 사이즈 인식과 상당한 연관이 있음을 보고하였다(Swami, Buchanan, Furnham, & Tovée, 2008). 신경증은 어느 관계에서든 남성이 여성보다 키가 커야 한다는 생각과 매우 밀접한 관계가 있음을 발견한 흥미로운 연구도 있다(Swami,

Furnham, et al., 2008). 이것은 신경증이 키와 관련된 사회적 규준과 관습을 거스르는 부정적 감정을 피하기 위해 더 신경증적으로 개인의 욕구를 반영하는 것일 수 있다고 보고하였다.

그러나 이에 반해 관찰자의 성격이 초기 매력에 유의할 만한 영향력이 없다는 연구(예 : Ahmetoglu & Swami, 2012; Swami et al., 2010)도 있으며, 만약 영향이 있어도 아주 미비하다고 보고하고 있다(상관계수가 .10~.28 사이라고 보고됨). 그러나 관찰자의 성격이 초기 매력에 중요한 영향을 준다고 하는 믿을 만한 충분한 증거들이 있고, 일부 경험적 연구들도 이 같은 사실을 지지하고 있다. 그러므로 관찰자의 대인관계 중, 초기 매력에 영향을 주는 성격 특성들을 파악하기 위해서는 관찰자의 신체적·심리적 특징을 검토할 필요가 있다. 이것은 이 분야에 대한 앞으로의 연구를 위해 매우 필요하다.

관찰 대상

개인이 타인에게 바라는 성격 특성에 대한 연구는 그동안 많이 이루어졌다. 연구 문헌들은 개인에게 미리 제공된 타인의 성격 정보가 매력적인 그 사람이라고 인식하는 것에 인과적 영향을 미칠 수 있음을 시사한다. 이러한 영향을 조사하기 위한 일반적인 연구 방법은 관찰 대상자에 대한 신체 정보(예 : 사진)와 동시에 성격 정보를 제공하는 것이다. 그로스와 크로프턴(Gross & Crofton, 1977)은 참가자들에게 관찰 대상자의 성격 및 신체적 정보를 보여 주고 이 프로파일에 기초하여 그들의 신체적 매력을 평가하도록 하였다. 그 결과 관찰 대상자의 매력은 성격 프로파일

호감도뿐 아니라 신체적 매력을 평가하는 하는 것에도 영향을 미치는 것으로 나타났다. 또 다른 연구에서 레반토프스키, 아론, 지(Lewandowski, Aron, & Gee, 2007)는 이성의 얼굴을 사진으로 접했을 때 긍정적인 성격 정보를 접하게 되면 그에 대한 평가가 변할 수 있음을 보여 주었다. 연구자들은 관찰 대상자들의 긍정적인 성격정보가 얼굴 사진과 함께 제공되었을 때가 그러한 정보가 제공되지 않았을 때보다 자신에게 더 바람직한 파트너로서 인식되었다고 보고하였다. 또한 성격 정보는 매력과 신체 사이즈 간의 중재적인 역할을 하고 있음을 보여 주었는데, 즉 긍정적인 성격 정보는 매력적이지 않은 신체적 특성을 어느 정도 보상하는 역할을 한다고 하였다(Swami, 2010).

지금까지의 연구 방법론과는 다른 연구에서도 성격이 초기 매력에 영향을 미친다고 보고하고 있다. 프리드먼과 동료들(Friedman, Riggio, & Casella, 1988; Riggio, Friedman, & Dimatteo, 1981)은 외향성은 초기 만남에서 매력을 평가하는 데 긍정적으로 관련되어 있다고 하였다. 흥미롭게도 연구에서는 사람들이 신체적 특징으로부터 성격 특성을 추론할 수 있고, 이 정보가 그 자체로 매력에 대한 인식에 영향을 미칠 수 있음을 보고하고 있다. 리틀, 버트, 페레(Little, Burt, & Perrett, 2006)는 원하는 성격 특성을 가지고 있다고 인식되는 얼굴은 그 특성을 소유하지 않은 얼굴보다 더 매력적으로 평가되고 있다는 것을 발견했다. 이와 유사하게, 아메토글루와 스와미(Ahmetoglu & Swami, 2012)는 생각과 감정을 신체 언어로 더 표현하는 남성은 그렇지 않은 남성에 비해 더 지배적이고 성적으로도 더 매력 있게 평가한다고 하였다. 지배적이고 강한 남성성, 감각 추구 경향성 같은 특징은 모두 초기 매력과 구애 성공에 관계가 있음이 밝혀졌다(Renniger, Wade, & Grammer, 2004). 이러한 연구는 관찰된 개인의 특성이 관계를 시작하는 데 영향을 미칠 수 있다는 확실한 증거를 제공하고 있다(Bogaert & Fisher, 1995).

결국 이러한 연구 문헌들은 관찰자나 관찰 대상자 모두 서로 간에 초기매력에 영향을 주는 성격 차가 있는 것이고, "한눈에 반한다."는 말은 우리가 통상적으로 믿어 왔던 것보다 훨씬 더 복잡한 개념일 수 있음을 보여 주고 있다. 그러나 초기 매력이나 한눈에 반한 다음에는 무슨 일이 일어나는 것일까? 과연 성격이 러브스토리가 해피엔딩인지 아닌지에 영향을 주는 것일까? 이어서 성격이 성공적인 관계에 영향을 미치는지에 대해 알아보고자 한다.

성공적인 관계의 비밀

성공적이고 행복한 관계를 만드는 비밀은 무엇인가? 사랑이면 충분한 건가? 사랑을 지속하게 하는 것은 무엇인가?

사랑과 성공적인 관계에 대한 논쟁은 친구들이나 동료들 그리고 지인들 사이에서는 일반적인 것이고, 시인이나 작사가들이 오랫동안 좋아했던 주제이다. 사람들은 가끔 성공적인 관계를 하기 위해서는 서로 완벽하게 일치하는 무언가를 찾아내면 되는 것이라고 생각할 것이다. 그렇다면 어떤 사람들은 좀 더 쉽게 사람들과 어울리는 경향이 있는 반면, 어떤 사람들은 그러질 못한다면 이런 질문을 할 수 있을 것이다. 관계를 행복하게 오래 지속하는 사람들은 어떤 사람들일까(다른 사람들은 매번 실패할 운명인 건가?)?

성공적인 관계와 관련된 요인들을 규명하는 것은 심리학이 해야 할 일이다(Griffiths, 2007). 발달심리학자들은 로맨틱 관계의 구성 요인으로서 특히 부모와의 관계에서 이루어지는 관찰과 모방을 포함한 양육의 중요성을 오랫동안 강조해 왔다(Booth & Amato, 2001). 예를 들면 콩어, 추이, 브라이언트, 엘더(Conger, Cui, Bryant, & Elder, 2000)는 어린 시절에 지지적인 양육을 받은 사람은 성인기에 덜 적대적 관계를 맺을 것이라고 예측했다. 또한 최근 연구(Donnellan, Larsen-Rife, & Conger, 2005)에서도 심지어 어렸을 때의 성격을 감안하더라도 부모의 양육 태도가 로맨틱 관계를 예측할 수 있다고 보고하였다. 이와 함께 연구자들은 성공적인 관계에 영향을 미치는 것으로 사회적, 경제적 그리고 기회 요인을 지적했다.

그러나 최근 몇 년간 많은 심리학자들이 성격의 개인차가 관계를 성공적으로 하느냐 못하느냐에 중심적인 역할을 할 수도 있음을 주장해 왔다. 이 내용은 성격과 관계의 기간(관계를 얼마 동안 맺어 왔나)이나 관계의 질 사이의 연관성을 설명하고 있다. 그렇다면 이것만으로 성격이 만족스럽고 안정적으로 지속되는 관계를 과연 예측할 수 있다는 것인가?

수십 년 동안 진행된 연구에서는 성격 요인들이 관계의 질이나 기간에 영향을 미친다는 증거들이 나왔다(Bradbury & Fincham, 1988). 특히 신경증이 결혼 관계나 기타 관계와 부적인 관계가 있으며(예 : Barelds, 2005; Heaven, Smth, Prabhakar, Abraham, & Mete, 2006; Watson, Hubbard, & Wiese, 2000), 신경증과 파경 간에는 정적인 관계가 있다고 보고하였다(Kelly & Conley, 1987). 관계에서 신경증은 부정적인 자기 편향의 단순한 유물로서 해석되어 왔으며(신경증에 걸린 사람은 일반인보다 더 비관적이고 어떤 것이라도 부정적인 평가를 하는 편이다), 관계에 유해한 것이라는 의견에 합의하고 있다(Bouchard, Lussier, & Sabourin, 1999). 더 나아가 최근 연구에서는 로맨틱 관계를 '파트너 모두가 상호 만족할 만한 지속적이고 낭만적인 조합을 형성하기 위해 개인이 할 수 있는 행동의 집합'으로 정의하였으며(Donnellan et al., 2005, p. 563), 신경증을 이러한 행동에 가장 강력한 위협 요인으로 간주했다. 도넬란과 동료들(Donnellan et al., 2005)은 쉽게 분노하고, 고통, 불안을 경험하는 신경증적 성향은 '관계에 파괴적인 것'이라고 결론을 내렸다(p. 572).

우호성은 관계의 역동을 이해하는 또 다른 중요한 특징이며, 결혼 생활 불만족(Botwin, Buss, & Shackelford, 1977), 파트너와의 부정적 상호작용(Donnellan, Conger, & Bryant, 2004)과 부적인 관계가 있고, 로맨틱 관계에서 갈등 해결(Graziano, Jensen-Campbell, & Hair, 1996)과는 정적인 관계가 있다. 이러한 관계는 우호적인 사람이 다른 사람을 긍정적으로 인식할 가능성이 더 있고 사회적 상호작용에 더 반응하며(Tobin, Graziano, Vanman, & Tassinary, 2000) 자신의 부정적인 감정을 잘 통제하고 충돌 상황에서 건설적인(강압적인 것보다는) 전술을 사용한다는 것을 생각하면 예상할 수 있는 부분이다(Jensen-Campbell & Graziano, 2001).

우리가 직접 실시한 연구(Ahmetoglu, Chamorro-Premuzic, & Swami,

2009)에서는 성격이 관계 스타일, 즉 관계에서의 친밀감, 열정적 그리고 헌신의 정도에 영향을 미친다는 것을 알 수 있었다(취할 수 있는 세부적인 관계 스타일 유형에 대해서는 5장 참고). 또한 취하는 관계 스타일은 그 관계의 결과에 영향을 미칠 것이라는 점을 이 연구에서 보여 주고 있다. 예를 들면 관계의 지속 기간이 그러하다. 우리는 2009년에 1만 6,000명을 대상으로 관계 스타일과 성격 프로파일에 관해서 연구하였다. 그 연구에서는 외향적인 사람들이 관계에 있어서 더 열정적인 반면, 성실한 사람들은 친밀감이 있고 헌신하는 것을 좋아하는 경향이 있다는 사실을 발견했다. 한편 우호적인 사람은 스턴버그(Sternberg, 1986)가 말한 '완전한 사랑', 즉 친밀하고 헌신적이고 열정적인 관계 스타일을 취하는 경향이 있다고 하였다.

중요한 것은, 이 세 가지 관계 스타일 중 두 가지가 관계의 지속성과 크게 관련되어 있다는 사실이다. 예상한 대로, 파트너십을 위해 얼마나 헌신하느냐가 관계의 지속을 예측하는 것으로 나타났다. 그러나 흥미롭게도 열정적인 관계 스타일은 관계의 기간과 부적인 관계가 있는 것으로 나타났다. 만약 당신이 더 열정적인 관계 스타일인 경향이 있다면 관계는 더 빨리 끝날 가능성이 있다—이것은 우선 당신이 얼마나 외향적인가에 달려 있다. 이것은 당신의 성격과 당신이 취하는 관계 스타일은 당신에게 꼭 맞는 파트너를 찾는 것과는 관계없이 지속 기간 측면에서만 보면 관계에 독립적인 영향을 미칠 수 있다는 것을 보여 주는 것이다.

성격이 성공적인 관계에 영향을 준다는 증거는 종단연구에서도 볼 수 있다. 성격 특성은 현재 관계의 결과뿐 아니라 미래의 관계까지도 예측한다는 연구 결과가 보고되기도 하였다. 예로서 뉴먼, 카스피, 모핏, 실바(Newman, Caspi, Moffitt, & Silva, 1997)는 3세에 나타난 기질이 21세의 관계의 질을 예측하고 있다는 것을 발견했다. 또한 로빈스, 카스피, 모핏(Robins, Caspi, & Moffitt, 2002)은 18세에 나타난 긍정적 정서가 26세의 관계의 질을 예측한다고 보고하였다. 마지막으로 청소년기에 다면적 성격 검사(Tellegen, 1982)로 측정한 성격 특성은 초기 성인기의 로맨틱 관계를 예측한다고 보고되기도 하였다(Donnellan et al., 2005).

완벽하게 일치한다는 가설은 어떤가? 유사성 매력이론으로 알려진 이 가설의 일반적인 이론은 두 사람이 정치적, 종교적 태도, 사회 경제적 배경, 교육 및 지능 수준, 성격에 있어 유사한 특성을 공유하는 경우 로맨틱한 관계를 형성할 가능성이 있다고 제안하고 있다. 대부분의 데이트 사이트에서는 광고에 이 이론을 사용한다. 유사성 매력이론은 일반 사람들 사이에서 흔히 믿고 있는 것이나 현재 성격과 로맨틱 관계 및 유지와 관련하여 유사성 매력 가설을 검토한 연구에서는 성격 유사성의 영향이 가장 약하다는 의견에 합의하면서 모호한 입장을 취하고 있다(Caspi & Herbener, 1990; Gattis, Berns, Simpson, & Christensen, 2004).

결론

이상과 같이 많은 연구들은 당신이 파트너와 만족할 만한 관계를 형성하고 지속해 나가는 데는 타고난 기질이 가장 중요한 역할을 한다는 것을 보여 주었다. 이것은 서로 어울리든지 어울리지 않든지와는 관련이 없다. 그러나 몇몇 종단적 연구문헌들은 성격 5요인의 역할을 조사한 내용뿐이라는 점에 주목해야 하고, 지금까지 살펴보았던 연구들은 '사랑과 관련된 성격'에 대해 살펴본 것으로 피상적으로 다루어졌다고 볼 수 있다. 앞으로의 작업은 성격, 사랑의 다양한 차원, 특히 초기 관계, 지속, 파경 사이의 밝혀지지 않은 연대 관계를 알아내는 일이 남아 있다.

그럼에도 지금까지의 연구에서 얻은 결과들은 개인적으로나 연구 측면으로나 모두에게 중요한 시사점을 가져다준다. 즉, 신경증과 낮은 우호성은 지속적으로 부정적인 관계의 결과를 가져오는 예측 요인이며 그리고 이것은 다른 파트너들과의 관계에서도 또한 그러하다(Robins et al., 2002). 사회적 상황 요인과는 다르게, 당신 자신의 성격과 당신 파트너(현재 혹은 앞으로 만나게 될)의 성격을 아는 것이 갈등을 해결하기 위해 더 인지적으로 접근하고 다양한 대처 전략을 사용할 수 있기 때문에 관계에 긍정적인 영향을 줄 수도 있다. 뿐만 아니라 연구에 의해 생긴 통찰력은 성격 차원의 변화를 통해 보다 안정적인 관계를 촉진하는 조언이나 개입의 수립에도 유용할 수 있다(즉, 갈등 상황에서 더 유화적인 전술을 선택하는 방법을 개인에게 교육). 아무튼 관계의 시작과 관계 성공에 대한 개인차 연구는 우리에게 로맨틱 관계를 이루는 데 성격이 영향을 미친다는 귀중한 교훈을 가르쳐준다.

성격과 건강

지금까지 우리는 로맨틱 관계에서 성격의 영향을 살펴보았다. 혹자는 사랑이나 관계에 미치는 성격의 영향은 직관적인 것이라고 주장할 수 있다. 성격 특성은 관계를 방해할 수도 있고 촉진할 수도 있기에 두 파트너의 성격 특성이 관계의 시작과 유지에 중요한 역할을 할 것이라는 생각이 일반적이다.

이번 장에서는 우리가 보통 생각하지 않았던 건강과 성격의 관계에 대해 살펴보고자 한다. 우리는 건강에 대해 고민할 때 심리적 요인보다는 생리적 요인을 생각하게 된다. 예를 들면, 어떤 사람들은 병에 걸리기 쉬운 반면 어떤 사람들은 병에 대한 면역력을 가지고 있다. 어떤 사람들은 병으로부터 빨리 회복되는 반면, 어떤 사람들은 장기간 병마에 시달린다. 또한 장수하는 사람이 있는 반면, 단명하는 사람이 있다. 이것은 피할 수 없는 인생의 현실이다. 그런데 우리는 건강 문제를 심리적 원인으로는 거의 생각하지 않는다. 우리는 건강에 영향을 주는 요인으로 유전적 가족력(예 : 부모가 장수하면 자식도 장수한다는 식)이나 양육 방식과 생활 습관(예 : 건강한 다이어트와 운동을 많이 하는지)에 대해 얘기하는 것이 더 일반적이다. 누군가의 건강이 쟁점이 되고 있을 때 그 사람이 얼마나 성실하고 정서적으로 안정되어 있는지에 관해 이야기하는 것을 듣는 것은 드문 일이다.

이런 이유 중 하나는 건강과 관련된 요인들이 심리학자들보다는 의사와 정신건강보다는 의료와 관련된다고 생각하는 것이다. 가장 일반적인 건강 치료는 약물이다(예 : 아스피린). 치료는 생리적인 부분에 해당하는 것임을 고려할 때, 건강에 문제가 생기면 자연적으로 생리학적인 원인을 추론한다. 만약 어떤 사람이 혈압이 높다면, 우리는 이것을 그 사람의 성격이나 특성과 관련지어 생각하지는 않을 것이다. 그러나 혈압과 같은 생리학적 요인은 성격과 연관되어 있을 가능성이 있지 않을까?

좀 생소해 보일 수 있지만, 생리학적 요인이 성격과 연관되어 있을 가능성에 대한 가설은 고대 그리스 시대에 제안되었다. 예를 들면 히포크라테스는 불안, 분노, 우울과 같은 성격 특성이 혈압에 영향을 주며 다양한 질병과 연관되어 있다고 주장했다. 현대 연구에서도 성격과 신체적 요인과의 관계에 기질의 연관성은 명백하게 나타난다(Shontz, 1975; 3장 참조). 그동안 성격과 생리적 요인의 관계는 생리적 요인이 성격에 영향을 준다(Alexander, 1939)는 관점에서 논의를 해 왔으나 최근에는 반대 방향, 즉 성격이 생리적 요인에 영향을 준다는 관점으로 연구가 진행되고 있다. 예를 들면 원인을 알 수 없는 고혈압은 갈등, 절망, 억압과 같은 개인차가 직접적인 원인이라고 이해하고 있다(Shontz, 1975). 예르겐센, 블레어, 코로지예, 슈리어(Jorgensen, Blair, Kolodziej, & Schreer, 1996)는 고혈압이 있는 사람은 수동적, 내성적, 순종적 그리고 분노와 적개심을 억누르기 쉬운 사람으로 묘사하고 있고(p. 294), 낮은 자기효능감은 생리적 활성화와 심리적 고통을 유발할 수 있다고 제안한 질적연구도 있다(Bandura, 1986). 따라서 건강에 대한 연구는 신체적 요인뿐 아니라 심리적 · 사회적 요인에 대한 조사도 요구된다는 것이 더 분명해졌다. 우리는 이것을 건강의 생물정신사회모델(biopsychosocial model)이라 부른다.

이 모델에서는 성격이 어떤 방식으로 건강에 영향을 주는가? 콘트라다, 캐더, 오리어리(Contrada, Cather, & O'Leary, 1999)에 따르면 성격이 건강에 영향을 주는 과정에는 세 가지 방법이 있다. 첫 번째는 성격 특성 중 내재적 특성을 통해서인데, 이것은 아마도 심리적 과정과 관

련이 있을 수 있다. 예를 들면 분노와 불신을 높이는 낮은 우호성은 교
감 신경계의 활성을 높이고 결국 관상동맥질환 가능성을 높일 수 있다
(Smith & Spiro, 2002). 두 번째는 흡연, 잘못된 다이어트, 약물남용과 같
은 위험한 행동 선택을 통해서이다. 예를 들면 건강에 해로운 행동을 많이
하는 사람은 성실성이 낮다는 사실을 많은 연구에서 보고하고 있다. 세
번째는 건강 문제에 대한 반응과 예방이다. 예를 들면, 성실한 사람은 건
강상의 문제를 느끼게 되면 의사를 더 자주 찾아갈 것이고 질병을 치료
하는 데 있어서 더 적극성을 취할 것이다(예 : 처방된 약을 모두 복용하
고 이로운 행동을 취하는 것).

이와 같은 가설을 바탕으로 지난 수십 년 동안 진행된 연구들은 성격
특성이 병의 부재와 장수와 같은 신체적 건강의 지표를 지속적으로 예측
한다는 것을 보고하고 있다(Casp, Roberts, & Shiner, 2005). 즉, 프리드
먼과 부스-큘리(Friedman & Booth-Kewley, 1987)는 초창기 메타분석에
서 적대감, 불안, 우울, 공격성과 같은 성격 특성이 다양한 질병을 유발
할 수 있는 예측 요인임을 발견하였다.

성격과 건강 사이의 관계 연구를 위한 주요 데이터 소스는 1922년에
시작된 터먼 라이프사이클 스터디(Terman Life Cycle Study)의 종단연구
프로젝트였다(Terman, Sears, Cronbach, & Sears, 2002). 터먼과 그의 동
료들은 스탠퍼드에서 1,500명 이상의 아동의 성격 특성을 측정하면서 이
프로젝트를 시작했다. 이 아동들의 성격 특성 데이터를 5~10년마다 지
속적으로 수집하였고 놀랍게도 이들 대부분을 70년이 지난 후에도 추적
조사 하였다. 여기서 수집된 데이터는 연구 참여자들의 건강과 죽음에

대한 정보와 그리고 결정적으로 연구 참여자들이 아동이었을 때 측정했던 성격 검사와 건강이나 죽음이 얼마나 관련이 있는지를 제공하였다.

이 연구에서 프리드먼과 동료들(1993)은 성실성이 높은 아동(그들의 부모에 의해 평가)은 사망 위험 요인이 더 낮았다. 흥미롭게도 이러한 결과는 연구자들이 10년 동안 연구 참여자들을 살펴보았을 때도 마찬가지였다. 계속된 연구는 앞의 연구 결과와 동일하였고, 20개의 메타연구 분석에서는 성실성과 사망 사이에 유의한 부적인 상관관계가 있음을 보고하였다. 놀랍게도 그 데이터는 성실성이 높은 사람들이 그렇지 않은 사람에 비해 2~4년 더 오래 사는 것으로 나타났다. 이런 놀라운 관계는 위험한 행동, 치료 처방에 따르는 것, 성공적인 대처 전략을 사용하는것, 일과 폭넓은 사회적 활동에 참여하는 성향이 성실성이 높냐 낮냐에 따른 차이에서 설명될 수 있다고 하였다.

성격 특성들과 건강에 대한 연관은 그동안 일관성이 없었다. 예를 들면 외향성의 측면인 지배력은 여성이 아닌 남성의 심장 질환을 예측한다는 것이다(Ferraro & Nuriddin, 2006; Rasul, Stansfeld, Hart, & Smith, 2005). 마찬가지로, 이런 성격 측면은 지배력을 나타낼 수 없는 환경에서 더 공격적인 형태로 드러나면서 건강에 부정적으로 관련하는 것으로 확인되었다(건전한 관계를 해치는, Smith et al., 2008). 그러나 컨과 프리드먼(Kern & Friedman, 2011)은 건강에 대한 지배력의 영향은 전후사정에 따라 다르다고 주장했다. 그러한 지배력이 만약 우호성과 결합되어 있다면 아마도 환경에 긍정적으로 적응할 수 있는 성격 측면이라는 것이다.

외향성의 또 다른 측면인 사교성은 여성의 신체적 건강을 예측한다고 터먼의 연구에서 밝혀졌다. 사교성은 사회적 유대감과 사회적 지지를 촉진하는 측면이 있음을 생각하면 대체로 건강에 유익한 면이 있다. 그러나 사회성이 높은 사람은 알코올, 약물, 문란한 행동, 불면에 빠질 수 있다. 그것은 질병이나 사망과 같이 부정적으로 건강에 영향을 줄 수 있다(Ploubidis & Grundy, 2009).

성격 특성과 건강에 대해 일관성 있는 결과로 나타난 긍정적인 효과는 바로 활동이다. 건강과 활동의 연계성은 활동을 많이 하는 사람이 신체적인 일을 더 많이 하게 되고 더 큰 긍정적인 각성, 에너지, 정신 상태를 초래하는 생활에 더 참여할 가능성이 있다는 사실은 예상할 수 있는 부분인 것 같다(Martin et al., 2009).

우호성과 건강 사이의 관계를 조사한 질적연구들을 살펴보면 우호성이 건강에 영향을 준다는 증거는 제시하고 있으나, 신체적 건강이나 장수 같은 객관적인 기준에 미치는 영향이 어느 정도인지는 명확하게 보고되어 있지 않다(Friedman, Kern, & Reynolds, 2010). 우호성은 건강과의 관계에서 성실성과도 상호작용할 수 있다. 특히 높은 우호성과 높은 성실성은 건강을 증진시킨다. 그러나 이 특성 중 어느 하나가 낮은 사람은 위험이 커질 수도 있다. 컨과 프리드먼(2011)은 중간 정도의 우호성이 건강에 가장 최적이라고 제안하고 있다.

우호성 연구에서 많은 관심을 받고 있는 하위 영역 중 하나가 적대감이다. 신경증 연구들은 적대감이 심장 질환, 질병 그리고 사망 위험 같은 부정적인 건강 문제와 관련되어 있음을 발견하였다(Suls & Bundy, 2005). 메타분석에서는 높은 적대감은 높은 체질량지수(BMI), 더 많은 알코올 섭취, 흡연, 심장 질환과 관련이 있다고 보고하면서 적대감은 역기능적 행동의 역할을 할 수 있다고 하였다. 다시 말해서 적대감이 개인의 사회적 유대를 나쁘게 만들어서 보살핌과 격려가 필요할 때 사회적 지지의 부재가 생기고 결과적으로 혼자 남게 될 수 있다고 하였다.

몇몇의 메타분석은 신경증이 건강상의 결과와 부적인 관계가 있음을 보고하고 있는데, 높은 신경증은 질병과 관상동맥 심장 질환의 발병률(Rugulies, 2002)을 높이고 그 결과 사망률의 위험을 증가(Roberts et al., 2007)시킨다는 것이다. 이것은 신경증과 각종 질병은 기초 생물학적 경로와 관련하여 부분적으로 설명될 수 있다. 또한 환경과도 관련하여 설명될 수 있는데, 예를 들면 신경증적인 사람은 건강을 위한 긍정적인 행동은 덜 하고 병과 질병의 근원적인 원인이 되는 흡연이나 음주 그리고 다른 위험한 행동들을 더 즐긴다는 것이다. 뿐만 아니라 불안한 사람은 덜 불안한 사람보다 어떤 사건을 더 부정적으로 해석하고 스트레스를 더 많이 받으며 더 안 좋은 대처를 취하는 경향이 있다(Vollrath, 2001). 이러한 반응 스타일은 더욱이 스트레스 반응을 증가시키고 정상적인 불안 수준을 상승시켜서 생리적 시스템의 장기적인 변화로 이어지게 되어, 그 결과 부정적인 악순환이 일어날 수 있다.

흥미롭게도 건강과 신경증은 정적인 영향을 미친다고 보고한 연구도 있다(즉, 높은 신경증은 더 좋은 건강으로 이끈다). 예를 들면 높은 신경증은 더 철저한 방어 행동으로 이어질 수도 있다(왜냐하면 신경증적인 개인은 건강상의 징후에 적절히 대응을 하기 때문이다). 그래서 결국에는 더 긍정적인 건강상의 결과가 유발될 수 있다(주관적인 평가에 상관없이). 더욱이 터먼의 연구에서 신경증은 남성의 사망 위험과 부적인 관계가 있고(여성에게는 정적인 관계가 있다), 성실성은 신경증의 영향을 완화할 수 있는 요인으로 작용한다고 하였다. 특히 높은 성실성과 연합된 높은 신경증은 방어 행동으로 이어질 수도 있다. 반면 낮은 성실성과 연합된다면 더 큰 위험으로 이어질 수도 있다(Ken, Martin, & Friedman, 2010).

결론

우리가 건강을 생각하면서 성격 특성을 고려하는 일은 거의 없다. 흔히 건강과 가장 관련 있는 요인으로 유전적 성향, 환경적 영향, 활동, 생활 방식을 떠올리지만, 성격 특성이 우리의 건강, 심지어 장수에도 영향을 줄 수 있다는 사실은 연구에 의해 검증된 부분이다. 성격과 질병의 관계에 영향을 주는 생물학적 경로를 살펴보는 생물학적 모델은 가치있는 정보를 제공하긴 하지만, 분명한 사실은 성격과 건강은 서로 복잡하게 연계가 되어 있다는 사실이다. 성격은 우리가 선택한 환경, 우리가 참여하는 모든 활동의 유형, 우리가 만드는 사회적 유대에 영향을 미친다. 사람들의 생활 방식(즉, 그들이 가지고 있는 일, 그들이 하고 있는 운동의 양 등)의 차이가 건강의 차이를 만드는 데 기여한다고 생각할 수 있지만, 성격은 개인이 애초에 갖고 있는 생활 방식 유형에 영향을 미치기도 하고 또한 성격 그 자체로 건강에 영향력을 발휘하기도 한다. 건강의 생물정신사회모델은 우리에게 신체적·정신적 건강을 설명하기 위한 가치 있는 내용들을 제공하고 있다.

성격과 행복

왜 사람들은(전부 다) 돈을 많이 벌고 에베레스트를 정복하기 위해 오르고 완벽한 파트너를 찾길 원하는 것일까? 확실한 것은 부자가 되고 산을 정복하고 자기에게 딱 맞는 사람과 함께 생활하는 것 그 자체가 궁극적인 목적은 아니라는 것이다. 이러한 것은 근본적인 목적을 의미하는 것이고, 궁극적인 목적은 행복이다. 인간이 추구하는 것은 행복이고 행복보다 더 가치 있는 다른 목표를 생각하기는 어렵다(비록 사람들은 살아 있다는 것만으로도 행복이라고 주장할 수도 있지만, 많은 사람들은 불행한 삶을 사는 것을 좋아하지는 않는다). 우리가 지금 하고 있는 모든 활동은 궁극적으로 이 목표와 관련되어 있다.

행복에 대해서 얘기할 때, 언제든지 다음과 같은 두 가지의 기본적인 질문을 한다. 첫째, 행복이란 무엇인가? 둘째, 어떻게 행복에 도달하는가? 이러한 질문에 대한 답은 간단하지 않다. 행복에 대한 관심은 태초 때부터 계속 있었으나 진정한 행복이 무엇인지에 대한 이해는 생각보다 그다지 큰 발전이 이루어지지는 않았다. 행복에 대한 연구는 지난 2~30년간 꾸준히 발전되어 왔는데, 특히 최근 몇 년 동안 에드 디너(Ed Diener)가 이끄는 연구는 우리가 행복에 대해 어느정도 이해할 수 있도록 하는 데 큰 공헌을 하였다. 이를 바탕으로 앞의 두 질문 중 먼저 행복은 무엇인가에 대해 다루고자 한다.

행복의 정의

언제 행복한가를 아는 것은 쉬우나 실제적으로 무엇이 행복인가를 말로 표현하기는 다소 어렵다. 그러나 대부분의 사람들은 행복이 내부의 감정이나 생각과 관련된 주관적인 것이라는 점에는 동의할 것이다. 그래서 심리학자들은 그 점을 중심으로 긍정적인 영향의 경험과 삶의 만족도를 바탕으로 행복을 개념화해 왔다.

심리학자들은 주관적 행복(subjective well-being, SWB)이란 용어를 선호한다(Diener, 1994, 2000). 주관적 행복이란 용어가 일반화되지는 않았지만, 연구자들은 SWB가 세 가지 요인으로 구성되어 있다는 내용에는 의견을 일치하고 있다. 세 가지 요인은 긍정적 영향(positive affect, PA), 부정적 영향(negative affect, NA), 삶의 만족도이다. PA와 NA는 사람들이 현재 가지고 있는 감정과 기분 상태를 반영하는 것이고, 삶의 만족도는 전체적인 삶의 질에 대한 인지적인 평가를 의미한다(Pavot, Diener, Colvin, & Sandvik, 1991). 정서적인 구성 요인인 PA와 NA는 같은 영역에 속하면서 반대 개념으로만 생각할 수 있으나 이 두 요인은 각각 독립적인 요인임을 많은 연구에서 보여 주고 있다. 그래서 SWB는 세 가지 구성 요인으로 이루어져 있다고 보는 편이 더 타당하며(Arthaudday et al., 2005), 이로 인해 긍정적이든지 부정적이든지 우리가 삶의 질에 대해 가지고 있는 주관적인 느낌과 감정으로 삶이 행복한지 불행한지에 대해 표현할 수 있다.

어떻게 하면 행복해지는가

행복을 정의하는 것은 중요하다. 특히 연구자의 관점에서 무엇이 행복을 결정하느냐를 알아내는 것은 매우 중요한 일이다. 확실히 행복에는 개인차가 있다. 어떤 사람들은 다른 사람들보다 더 행복하다. 이러한 개인차가 있는 이유는 무엇일까? 당신이 만약 지금 이 책을 읽고 있는 중이라면 당신에게 행복과 불행에 영향을 미치는 원인 서너 가지를 생각해 보라. 지금 이 순간(오늘 또는 이번 주)이 행복한지 아닌지를 결정짓는 것은 무엇이라고 생각하는가?

추측하건데, 우리는 대부분의 이유를 상황적 요인이나 생활 환경과 관련지어 말할 것이다. 즉, 과제로 이 책을 읽고 있다든지(이것이 부정적인 영향을 주지 않길 바란다), 일, 애인, 친구 또는 가족과 함께 있다든지 하는 일반적인 이유 같은 현재 상황과 영화를 본다거나 직장을 그만두었거나 사랑하는 사람을 잃었다거나 하는 무겁고 비참한 사건을 포함한 특정 상황이 그것이다. 이와 같이 행복이 주로 생활 환경에 따라 결정됨을 설명하는 이론을 상향식 이론(bottom-up theory)이라 한다. 상향식 이론에서의 행복은 다양한 삶의 영역(즉, 주택, 고용, 수입, 관계, 결혼 등)과 지속적인 삶의 경험에 대한 평가를 합한 것이다. 즉, 주관적인 행복인 SWB를 판단(심지어 잠재적이더라도)하기 위해 사람들이 각자의 생활 영역에서 얼마나 행복한지를 평가한 다음 지속적인 삶의 경험에 대한 평가를 종합하는 것이다. 그러므로 두 영역 중 하나의 영역에서의 변화는 SWB 전체를 변화시킨다.

한편, 당신의 현재 행복 수준을 성격이 좌지우지한다는 것에 대해 생각지도 못했을 것이다. 즉, 대부분의 사람들은 외향성이나 성실성 같은 성격 특성이 행복과 불행에 기여하지 않는다고 여긴다. 그러나 SWB의 연구문헌들을 보면 성격이 행복을 예측하는 강력한 요인임을 시사하고 있다. 이것이 하향식 관점(top-down view)에서의 이론인데, 이 이론은 정해져 있는 성격 특성 때문에 어떤 상황을 어떻게 느끼고 평가할 것인지가 정해져 있다고 주장한다. 다시 말해서 성격 특성이 자신의 감정과 인생 경험에 따른 평가에 영향을 주고 있다는 것이다.

하향식 관점 이론에서는 성격이 어떤 과정으로 행복과 불행에 영향을 주는지에 대해 다음과 같은 세 가지 방법을 제안하고 있다.

1. 성격 특성과 직접적인 관련을 통해 일어난다. 이전 장에서 논의한 것 같이 외향성은 PA와 관련이 있고 신경증은 NA와 관련이 있는 것으로 잘 알려졌다.

2. 정보 처리의 차이를 통해서 직접적으로 일어난다. 다시 말하지만 사람들이 가지고 있는 성격 특성은 어떤 사건을 해석하는 방식, 특히 그 사건을 긍정적으로 보는지 혹은 부정적으로 보는지에 영향을 준다고 제안하고 있다(즉, 부정적 또는 긍정적인 영향을 미치는 것은 성격 특성에 기초하여 발생한다).

3. 성격 특성은 생활 사건에 간접적으로 영향을 미침으로써 일어난다. 3장에서 논의한 바 같이, 환경이 성격에 영향에 미칠 수 있지만, 성격은 자신이 행복이나 불행에 해당되는 환경에 놓이도록 만드는 데

영향을 끼치고 있다는 것을 의미한다.

상향식 모델과 하향식 모델의 타당성에 대해서는 상당한 논란이 있어 왔으나 상향식 모델보다는 하향식 모델을 선호하는 경향이 있다. 상향식 모델에는 혼인 여부, 소득 수준, 속해 있는 사회나 국가와 같은 환경적 요인들이 SWB에 큰 영향을 미친다는 것을 보여 주고 있다(Diener, Suh, Lucas, & Smith, 1999). 그러나 이러한 변수 간 상관관계는 그다지 크지 않을 뿐 아니라 그 효과는 일관성이 없다.

이에 비해, 하향식 모델에서의 성격 특성들이 SWB에 더 강력하고 안정적인 영향을 주는 것 같다. 특히 외향성이나 신경증 같은 성격 특성이 행복을 예측하는 강력한 요인이고(비록 다른 성격 특성과 함께 유의한 상관관계가 발견되었을지라도), 뿐만 아니라 행복은 높은 자아존중감과 연관되어 있으며 높은 외향성과 낮은 신경증과 관련이 있다고 보고하고 있다. 스틸, 슈미트, 슐츠(Steel, Schmid, & Schultz, 2008)의 메타분석에서는 성격 특성이 SWB에 상당히 많은 변동성을 설명할 수 있다고 보고하였다(63%까지 오른다고 추정).

SWB의 안정성과 유전 관련 연구에서도 성격이 행복에 영향을 미친다고 보고하고 있는데, 이 연구에서는 일반적인 행복에 대한 이해와는 달리, SWB가 놀랍게도 시간이 흐름에 따라 안정적이라고 보고하고 있다. 예를 들면 루카스, 디너, 서(Lucas, Diener, & Suh, 1996)가 3년 동안 실행한 연구에서 SWB의 검사-재검사 상관관계의 범위가 .56~.61임을 발견하였고 이에 대해서는 여러 연구에서도 검증되었다(예 : Fujita &

Diener, 2005; Magnus et al., 1993). 행동유전자 연구에서도 유전 요인들이 행복에 영향을 주고 있음을 보여 주고 있다. 파보와 디너(Pavot & Diener, 2011)는 "SWB에 대한 유전의 영향력을 규명하는 데 초점을 맞춘 연구 결과, SWB의 전체 분산의 약 40~50%는 유전적 영향에 기인된다고 할 수 있다."는 결론을 내리고 있다(p. 709).

그렇다면, 환경적 요인이 우리의 행복에 그다지 많은 영향을 끼치지 않는 이유는 무엇일까? 이에 대해 '욕망의 쳇바퀴(hedonic treadmill)" (Brickman & Campbell, 1971) 이론은 어떤 새로운 환경의 변화(즉 복권에 당첨되는 경우)가 SWB에 일시적인 영향을 미칠 수는 있으나 사람들은 환경이나 생활 사건에 빠르게 적응하거나 길들여지고 또 다시 기대치가 높아져서 어느 정도의 수준이 되었을 때 그 수준을 높이는 또 다른 시도를 함으로써 다람쥐 쳇바퀴 돌듯 항상 제자리로 돌아오게 만든다고 말하고 있다. 이 이론과 상응하는 또 하나의 이론이 '설정점 이론(set point theory)'(Heady & Wearing, 1989)이다. 이 이론에 의하면 사람들의 욕망은 중립점이 아닌 설정점인 원래대로 돌아가려고 하는 성질이 있다. 그것은 외향성과 신경증의 특징 중 하나이기도 한데 하여간 생활에 어떤 변화가 있어도 SWB에 미치는 영향력은 크게 없을 것이다.

많은 연구에서 밝혀졌다시피 우리가 그동안 생각했던 것만큼 환경이 행복에 영향을 많이 끼치지는 않는 것 같다. 그러나 사랑하는 사람을 잃었다든지 또는 실업자가 되었다든지(Lucas, Clark, Georgellis, & Diener, 2004) 등의 적어도 몇몇 생활 사건들은 행복에 장기적인 영향을 미친다는 사실을 연구들은 보여 주고 있다. 또한 환경에 적응하는 데는 개인차가 있다. 즉, 어떤 사람들은 다른 사람들보다 환경 변화에 더 빠르게 적응하는데, 적응에는 신경증이나 낙관주의와 같은 성격적 특성들이 관련이 있다.

결론

건강, 수입, 교육 배경, 결혼 상태 같은 요인들은 웰빙을 가늠하는 데 있어 그다지 많은 영향을 주는 것 같지는 않다. 주관적 웰빙과 관련된 연구에서는 웰빙이 시간이 지나도 거의 안정성이 있고 주요한 생활 사건 후에도 원래의 상태로 되돌아오며 안정적인 성격 특성과 강한 상관관계가 있음을 보여 주고 있다(Diener, Oishi, & Lucas, 2003, p. 406). 사람들은 다양한 상실(즉, 지인, 친구, 배우자의 죽음)과 불운한 인생의 사건들(즉, 실업, 이혼, 스트레스, 건강 문제)을 경험하기도 하고 동시에 졸업, 약혼, 결혼, 승진, 자녀와 같은 긍정적인 사건들을 경험하기도 할 것이다. 이러한 사건들은 행복감이나 불행함의 원인으로 나타날 수도 있으나, 성격 특성은 오랫동안 행복에 영향을 주는 지표로서 알려져 왔다.

성격과 직업적 영향

프로이트는 행복한 인간관계와 직업에서의 성공이야말로 정신건강
의 척도라고 말했다. 이 개념은 사람들은 더불어 살아가고 한 분
야에서 앞서가는 것이 필요하다고 제안한 호건(Hogan, 1983)의 사회분
석이론(socioanalytic theory)과 일맥상통한다. 진화론적 관점에서는 행복
의 약 50% 정도가 인간관계에서 오는 것이고 다른 50%는 직업의 성공
에서 오는 것임을 설명하고 있다. 이미 우리는 성격이 인간관계에 미치
는 영향에 대해 논의하였다. 그러므로 이 장에서는 성격이 직무 성공에
미치는 영향에 대해 논의하고자 한다. 심리학에서는 성격과 직무에 대한
관계를 포괄적으로 이해하고 추론할 수 있는 탄탄한 이론적 · 실험적 기
반을 가지고 있다. 이를 바탕으로, (1) 학업 성취, (2) 직무 능력, (3) 리더
십, (4) 기업가 정신 영역에 관한 연구와 패러다임을 살펴보고자 한다.

학업 성취

좋은 교육과 기술은 경제적 · 사회적 발전을 위해 중요하다. 경제협력개발 기구(OECD)의 보고에 따르면(2011a), 고등학교를 졸업하지 못한 사람이 졸업한 사람보다 취업이 안 될 확률이 더 높았다. 더욱이 세계경제 위기 동안에, 대학 졸업자는 대학 중퇴자보다 조금 더 쉽게 일자리를 얻을 수 있었다. 높은 교육 수준은 실업 수당이나 복지 지원의 필요성이 적고, 특히 고학력자들은 구직 시장에서 더 많은 세금을 내는 경향이 있다. 실제로 대학교를 졸업한 개인 총수입 프리미엄은 OECD의 남성 30만 달러, 여성 20만 달러를 초과한다.

학업 성취(academic performance, AP)는 개인적 차원뿐 아니라 경제적 · 사회적 차원에서도 중요한 의미를 가지고 있다. 2008년, OECD 국가들은 국내 총생산(GDP)의 6.1%를 교육에 소비했다. 지난 30년 동안 유학생의 숫자가 1975년 80만 명에서 2009년 370만 명으로 급속도로 늘어났다(OECD, 2011b). 이것은 학업 성취가 어느 모로 보나 상당한 함축적인 의미를 가지고 있음을 보여 주는 것이다. 정부와 교육자들은 학업 성취가 부진한 사람들이 자신의 재능을 파악하고 능력을 개발할 수 있도록 도움을 줄 수 있는 교육 프로그램에 대해 오래전부터 관심이 많았다.

교육적 측면에서 IQ에 대한 예측 타당성의 증거들이 많이 있고 (Chamorro-Premuzic & Furnham, 2005a, 2006) IQ가 개인의 AP를 예측하는 데 여전히 널리 사용되고 있다(Deary, Whiteman, Starr, Whalley, & Fox, 2004; Gottfredson, 2002). 반면, 심리학자들은 직무와 학업에서의

수행 능력이 인지 능력 이외의 의지(will)나 성격 특성에 의해 결정된다는 사실을 주장해 왔다. 예를 들면, 1915년 초 웨브(Webb)는 학문적 능력을 예측하는 성격 특성으로 동기의 지속성을 개념화하였고, 이후에 알렉산더(Alexander, 1935)는 요인 X로 이름 붙여진 이와 유사한 개념을 제시하였다. 스피어만(Spearman, 1927)도 또한 이 '의지' 요인이 학업 성취에 기여하는 요인인 g와 독립적이라는 데 동의했다.

심리학자들은 이러한 사실에 대해 확고한 신념을 가지고 있는데, 그 이유는 인지 능력은 개인이 무엇을 할 수 있는지를 반영하지만 성격 특성은 개인이 무엇을 해야 할지를 반영한다는 사실 때문이다(Furnham & Chamorro-Premuzic, 2004). 따라서 학업 수행 능력은 인내, 신중함, 대인관계 기술, 자기주장 등과 같은 행동 특성을 통한 평가와 성격 검사 같은 수행 능력 측정을 통해 예측할 수 있음을 알 수 있다(Goff & Ackerman, 1992).

성격과 학업 성취 관계에 대한 초기 연구 결과(예 : De Raad & Schouwenburg, 1996; Harris, 1940; Margrain, 1978; Stein, 1963)들은 일관성이 없고 모호한 부분이 있었으며 인지 능력이 어떻게 학업 성취에 영향을 주는지를 설명하는 데 부족함이 있다. 이것은 문제가 되는데, 왜냐하면 인지 능력과 성격은 소폭이기는 하지만 지속적으로 관련이 있다는 연구가 계속되어 왔기 때문이다(예 : Ackerman & Heggestad, 1997; Judge, Jackson, Shaw, Scott, & Rich, 2007; Poropat, 2009). 인지 능력이 AP의 강력한 예측 요인임을 생각할 때, 인지 능력을 고려하지 않은 채 성격과 학업 성취 사이의 관계 유의성을 설명한다는 것은 어리둥절할 수

밖에 없다(예를 들어, De Raad & Schouwenburg, 1996; Harris, 1940; Margrain 1978; Stein, 1963).

지난 10~15년 동안 AP와 성격의 상관관계에 대한 검토와 연구는 급증했다(Chamorro-Premuzic & Furnham, 2004; O'Connor & Paunonen, 2007 참고). 현대 연구들은 메타분석 기술 및 성격의 요인 모델의 성장(즉, 5요인 모델)으로 초창기 연구 결과를 반박하였다. 특히 최근 성격과 AP 관계에 대한 세 편의 메타분석(O'Connor & Paunonen, 2007; Poropat, 2009; Trapman, Hell, Him, & Schuler, 2007)에서는 AP의 개인차는 성격 특성에 의해 구체적으로 설명될 수 있다는 것을 보여 주고 있다.

AP를 예측하는 다섯 가지 요인들

AP와 가장 강한 상관관계가 있는 성격 특성은 성실성이다. 이에 대한 많은 연구들은 성실한 사람이 그렇지 않은 사람보다 더 체계적이고 더 의욕적이며 책임감이 있고 주도적일 가능성이 있으며, 성실성은 지속적인 노력과 목표 설정(Barrick, Mount, & Strauss, 1993), 과제에 집중하기(Trautwein, Lüdtke, Schnyder, & Niggli, 2006) 그리고 학습 관련 시간 관리와 규정을 준수하는 노력과 관련된다고 하였다. 수업에 출석하고 과제를 하고 시험 공부를 하는 것과 같은 몇 가지 행동은 성실성이 가지고 있는 자연적인 행동일 수 있다. 다시 말해 성실성이 덜한 개인은 수업에 늦거나 결석을 하고 과제하는 것을 잊어버리고 시험 공부를 하고 준비하는 데 있어 더 부주의할 것이다(Chamorro-Premuzic & Furnham, 2003a, 2003b, 2005a). 그러므로 성실성이 AP를 예측할 수 있는 요인이 될 수 있다는 것이다.

포로팻(Poropat, 2009)이 실시한 메타분석에서 특히 주목할 만한 결과는, 성실성과 AP의 상관관계가 지능에 대해 독립적이라는 것인데, 이것은 성실성이 지능만큼 AP의 강력한 예측 요인이 되며, 고등교육에서 더 두드러진다는 것이다. 포로팻은 성실성이 낮은 학생들이 성실성이 높은 학생들에 비해 실패할 확률이 거의 두 배가 됨을 밝혔다. 이로 인해 연구자들은 이 성격 차원을 'g-요소'로 부르게 되었다.

학업 성취와 관련된 것으로 확인된 두 번째 요인은 개방성이다. 편견이 없는 개방적인 사람이 엄밀한 평가, 심층적 분석, 유연성을 포함한 광범위한 전략과 학습 기술을 사용한다고 알려져 있다(Chamorro-Premuzic, 2011). 그런 전략들은 모두 학업 성취에 기여할 수 있는 것이고, 더욱이 메타분석 연구(특히 Ackerman & Heggestad, 1992)에서는 개방성이 IQ와 중간 정도의 상관관계가 있고, IQ는 AP의 강력한 예측 요인이라는 것을 보여 주고 있다. 따라서 개방성과 AP 사이의 관계를 합리적으로 추정할 수 있다. 그러나 이러한 논리에도 불구하고 개방성과 AP 사이의 관계에 대한 연구 결과들은 엇갈리고 있다. 예를 들면 차모로-프레무직과 펀햄(Chamorro-Premuzic & Furnham, 2005a)은 개방성과 시험 점수는 아무런 연관이 없음을 보고한 몇몇 연구를 언급했다. 이 연구들은 인지 능력의 효과 검증과 함께 개방성과 AP 사이의 유의한 관계에 대해 회의적이라고 보고하였다. 또한 오코너와 파우노넨(O'Connor & Paunonen, 2007)도 메타분석에서 개방성과 학업 성취의 상관관계가 겨우 $r=.06$임을 보고하였다. 그러나 오코너와 파우노넨(2007)은 개방성과

AP 관계의 효과 크기에 있어서 실질적인 변화가 있음을 발견하면서(상관관계의 범위가 $r=.10$ 에서 $r=.22$) 개방성과 AP 관계가 다른 요인(또는 조절변인들)에 의한 복잡한 관계일 수 있음을 제안하였다.

최근의 포로팻(Poropat, 2009)의 메타연구에서는 개방성과 학업 성취 간 더 큰 상관관계(그다지 크지는 않더라도, 즉 $r=.12$)를 발견하였다. 또한 이전의 연구와는 달리 지능의 효과를 통제한 결과, 개방성과 학업 성취의 관계에 매개효과가 있음을 보고하였다(효과 크기는 .12에서 .09로 감소하였다). 이것은 포로팻의 연구가 개방성과 AP의 관계에서 성격 특성이나 인지 능력이 영향을 주는 역할을 한다는 가설을 부분적으로 지지하고 있는 것이다.

개방성에서 마지막으로 주목해야 할 점은, 개방성은 두 가지 구성 요소를 포함하고 있다는 것이다. 하나는 지적 참여와 아이디어 관련 특성이고 다른 하나는 심미성이나 환상과 관련된 예술적인 특성이다(DeYoung et al., 2009). 개방성이 지능이나 AP와 관련이 있다는 것은 후자보다는 전자라고 생각된다. 이와 관련하여 본 스텀, 차모로-프레무직, 애커먼(von Stumm, Chamorro-Premuzic, & Ackerman, 2011)은 "지능과 관련된 개방성 효과 연구는 개방성의 구성 요소 중, 표현형(phenotypic level)인 전자가 측면형(facet level)인 후자에 비해 활발하지 못했는데, 이것은 표현형이 더 고차원 요인과 관련되어 있기 때문인 것 같다."고 주장한다(p. 226).

AP에 영향을 주는 또 다른 성격 특성은 신경증이다. 이 특성은 학업과 관련되어 있는데, 특히 시험, 과제 최종 기한, 발표와 같은 영역에서 다양한 형태로 불안을 유발한다. 신경증이 높은 사람의 특징은 근심 걱정을 많이 한다는 것이다. 이것은 신경증이 더 높은 학생은 시험이나 발표 같은 평가를 받는 것에 대해 불안을 더 많이 느끼고 걱정을 더 많이 한다는 것을 의미한다. 신경증적인 내적 심리 상태는 평가 상황에 효과적으로 대처하는 능력과 주의력을 감소시키기 때문에 신경증이 높은 사람은 학업과 관련하여 불이익을 받을 것이다(Lazarus & Folkman, 1984; Matthews, Davies, Westerman, & Stammers, 2000). 예를 들면 신경증은 시험 불안을 예측하는 강력한 요인임을 입증하였는데(Chamorro-Premuzic, Ahmetoglu & Furnham, 2008), 시험 불안은 시험 지침을 이해하거나 집중하는 데 어려움으로 이어질 수 있고 결국에는 시험을 수행하는 데 있어 타격을 입힐 것이다(Halamandaris & Power, 1999).

그러나 이러한 가설은 연구에 의해 확인된 건 아니다. 신경증이 AP, 특히 시험에(Chamorro-Premuzic & Furnham, 2003a) 유해하다고 지적한 연구에도 불구하고 신경증과 AP의 관계 연구는 큰 성과를 내질 못했다. 오코너와 파우노넨(2007)과 포로팻(2009)의 메타분석도 신경증과 AP의 상관관계가 각각 .03과 .12임을 보고했다. 그러나 이러한 결과는 별로 중요하지 않다. 왜냐하면 신경증이 일부 특정 평가 상황이나 전체 학업 성취에 영향을 주는 강력한 결정 요인은 아닐 수 있지만, 학교 시험으로 인한 불안과 걱정에는 상당한 영향을 미칠 가능성이 있기 때문이다.

AP와 외향성의 관계 연구는 평가의 유형에 의해 강화될 수도 완화될 수도 있다는 다양한 결과들을 도출하고 있다(Furnham & Chamorro-Premuzic, 2005). 예를 들면, 수업에 참여하고 구두시험 같은 사회적 상호 작용을 강조하는 분야에서는 외향적인 사람이 더 유리할 수 있다. 그러나 장시간 교정을 보는 것과 같은 장기적인 지적 투자를 요구하는 분야는 내향적인 사람들에게 유리할 수 있다. 또한 외향적인 사람은 학업을 더 잘 수행할 수 있는데, 그 이유는 그들이 선천적으로 가지고 있는 높은 에너지 수준과 삶을 긍정적으로 바라보는 시각은 배우고 이해를 위한 욕구로 이어지기 때문이다. 그러나 외향적인 성향은 읽기, 듣기보다 더 자극이 되는 활동을 추구하는 학생들로 이끌 수 있어서, 결과적으로 낮은 성취 수준으로 이어질 수 있다는 것도 가능하다.

그러므로 외향성과 학업 성취에 관한 연구 결과들이 일관되지 않다는 것은 놀라운 일은 아니다. 연구들을 살펴보면 외향성은 평점(grade point average, GPA; Furnham et al., 2005), 심리학개론 점수(Hair & Hampson, 2006), 통계학 시험(Furnham & Chamorro-Premuzic, 2004) 같은 여러 가지 학업 성취와 부적인 관계를 가지고 있다고 보고한 반면, 외향성과 학업 성취 간에는 아무런 관계가 없다고 보고되기도 하였고 심지어 몇몇 연구는 정적관계를 확인하기도 했다(O'Connor & Paunonen, 2007 참고). 최근 두 편의 메타분석(O'Connor & Paunonen, 2007; Poropat, 2009)에서는 외향성과 AP 간에 매우 적은 상관관계가 있다고 보고하였다(각각 $r=-.05$, $-.02$). 그래서 현재로서는 연구 문헌에서 나타난 외향성과 AP 간 관계는 맥락적 요인의 영향을 받는다고 할지라도 전반적으로 적다고 볼 수 있다.

마지막으로, 성실성은 학업 성취를 예측하는 강력한 요인으로는 간주되고 있지는 않지만, 연구자들은 이 특성이 학습 과정과의 협력을 적극적으로 촉진함으로써 AP에 영향을 미칠 수 있다고 주장했다. 예를 들면, 성실한 사람은 교사 지침을 준수하고 학습 과제를 잘 수행하기 위한 노력을 할 수 있다(Vermetten, Lodewijks, & Vermunt, 2001). 포로팻(2009)의 메타분석에서는 성실성이 AP에 주는 영향은 미비하나 유의미한 예측 요인임을 보고하면서 성실성이 학업 성취와 관계가 있다는 연구 보고들을 지지하였다.

결론

성공적인 학업 성취는 개인과 사회 모두에 중요한 사회적 · 경제적 의미를 가지고 있다. 그렇기 때문에 AP의 예측에 대한 관심은 한 세기 이상 동안 심리학 연구에서 계속되어 왔다. AP는 교수법, 교육의 질, 교육자 자원, 가정 요인 등과도 관계가 있으나 특히 AP 연구는 학업 성취에서의 개인차 연구에 집중되어 있다. 전통적으로는 인지 능력이 학업 성취에 가장 크게 기여하는 요인으로 알려져 왔으나, 성격 특성도 그에 못지않게 학업 성취에 기여하는 중요한 요인임이 밝혀지고 있다.

성실성은 AP에 영향을 주는 매우 강력한 예측 요인이며, 성실성에는 지속성, 자기 수양, 성취를 향하는 성향이 있어서 어떤 일의 성과를 이루는 데 효과적인 역할을 한다는 연구 결과가 보고되고 있다(Chamorro-Premuzic & Furnham, 2004). 또한 학업 성쥐에 다른 성격 특성들(개방성, 신경증, 우호성)이 성실성보다는 영향이 더 적게 미칠 수는 있으나, 상황에 따라 중요하게 기여할 수도 있다.

일부 연구자들은 성격과 AP의 관계가 지능과의 상호관계에서 기인될 수 있다고 주장하고 있지만, 지능이 성격 5요인 모델 차원에 비하면 그저 아주 작은 효과만을 가지고 있음을 많은 연구에서 보여 주고 있다. 실제로 AP와 가장 높은 상관관계를 가지고 있는 성실성은 지능과 반비례 관계가 있다. 따라서 성격은 학업 성취의 예측 요인으로 간접적인 영향을 준다기보다는 서로 상호보완적이라고 할 수 있다.

지능 측정 검사와는 달리, 성격 검사는 AP를 예측하도록 설계되지 않았다. 그러므로 특히 성실성이 AP뿐만 아니라 지능을 예측한다는 것은 놀라운 일이다. 게다가 성격 검사는 학력이 높을수록 학업 성취를 예측하는 지능의 타당성이 감소된다는 것을 보여 주고 있는데 이것은 학력이 높아질수록 인식 능력이 증가되므로 동질성 특성이 나타나기 때문이다. 그러나 성실성의 타당성은 감소가 보고되지 않았다. 그리고 지능과는 달리 성격 요인은 특정 사회집단에 불리한 영향을 미치지 않는다. 지금까지의 사실을 종합해 보면, AP를 예측할 때는 인지 능력 외에도 성격 특성을 고려해야 한다는 것이다. 이 같은 사실은 연구자와 교육 실무자들이 학생들이 무엇을 할 수 있는지뿐 아니라 무엇을 해야 할 것인지를 생각해야 한다는 것을 말해 주고 있다. 성격은 개개인의 AP를 보다 정확하게 예측할 수 있게 할 것이고, 이에 대해 교육 기관도 중요한 의미를 알아야 할 것이다.

성격과 업무 성과

현대 사회에서 업무 실적은 경제적으로 가장 중요한 결과 중의 하나이다. 프로이트에 의하면 개인의 웰빙은 사랑과 일의 능력에 의존한다고 한다. 자기가 하는 업무가 만족스러운 사람은 행복하며 자신과 회사를 위해 목적을 성취한다. 반면 업무에 불만족하는 사람은 일하는 것이 고통스럽고 다른 직업을 찾게 되며 심지어 생활도 변하게 된다. 업무 능력에 있어서 개인차는(일부 직원들은 지속적으로 다른 사람보다 더 잘 수행할 수 있다) 있게 마련인데 중요한 것은 회사가 개인차 유발 원인에 대해 이해하는 것이다. 업무 능력에 있어서 개인차의 주요 원인은 지능, 동기 부여, 가치와 이해, 특히 성격과 같은 안정된 심리적 특성이다. 우리는 회사가 사람을 채용할 때 무작위로 선택하는 것을 볼 수 없는데, 그 이유는 일반적으로 고용주는 지원자의 이력서와 면접을 활용하여 개인적 기질을 이해하고 그(그녀)가 어떻게 어느 정도로 업무를 수행할 수 있을지를 예측하기 때문이다.

이력서와 면접은 업무 능력 예측력이 상대적으로 낮은 반면(둘 다 측정에 있어서 신뢰성이 없기 때문에), 그에 비해 IQ검사는 신뢰성이 있는 검사로 알려져 왔다. 많은 연구 문헌들은 IQ검사가 업무와 관련된 수행 능력을 가장 잘 예측하는 요인임을 보고하고 있다. 그러나 우리는 IQ나 인지적 능력이 직장에서 성공하기 위해 요구되는 심리적 특성은 아니라고 말한다. 왜냐하면 지적 능력이 높은 친구나 동료가 어떻게 다른 사람과 상호작용을 하고 어울리는지에 대해 알기 때문이다.

사실 몇몇 사람들은 꼼꼼하거나, 불안하거나, 사교적이거나 하는 성격들이 업무를 수행하는 데 영향을 미칠 것이라는 점을 부인할 것이다. 그러나 대부분은 성격이 IQ처럼 업무 능력을 예측하는 중요한 요인이라는 것을 믿는다. 성격과 IQ의 한 가지 차이점은 측정에 있다. 객관적 검사인 IQ 검사와는 다르게 성격 검사는 자기보고식 검사다. 이미 언급한 것처럼 대부분의 자기보고식 검사는 신뢰성이나 타당성이 낮다. 이것이 일반적인 연구 상황(로맨틱 관계 또는 AP 평가)에서는 문제가 되지 않을 수 있지만, 업무 능력과 같은 중요한 문제를 예측하는 데 있어서는 문제가 발생된다.

다른 검사와 달리, 성격 검사는 일자리, 승진, 연봉 상승 같은 중요한 일들을 상실한 대상자들을 평가한다. 검사 대상자들은 이러한 부정적 상황에서 자존심을 높이는 거짓 응답을 할 확률이 있다. 따라서 자기보고식 질문지인 성격 검사에 대한 가장 일반적인 논쟁은 만약 어떤 사람이 거짓 응답을 했다 하더라도 그 사람에 대한 성격은 검사 결과에 의해 판단된다는 것이다.

속임수의 문제를 둘러싼 논쟁은 7장에서 상세히 설명할 것이다. 개인적으로, 성격이 업무 능력을 예측한다는 것을 믿고 있어도 성격 검사는 그렇지 않게 나올 수 있다. 왜냐면 성격 검사에서 나온 점수가 지원자의 실제 성격을 진실되게 표현하는 것이 아닐 수 있기 때문에 실제로 정직하고 유능한 지원자가 선택이 안 될 수도 있고 정직하지 못하고 무능한 지원자가 선택될 수 있다. 결과적으로, 성격 검사가 업무 능력을 잘 예측한다는 것은 기대하지 말아야 한다.

자기보고식 성격 검사의 타당성

자기보고식 성격 검사의 타당성 문제는 아직까지도 논쟁이 되고 있다

(Morgesen et al., 2007; Ones, Dilchert, Viswesvaran, & Judge, 2007). 성격과 업무 능력의 관계에 대한 초기 연구에서는 성격이 업무 능력을 예측하는 요인으로 보기에는 미비하다는 보고들이 많았다. 자기보고식 성격 검사로 측정된 성격과 업무 능력 간 상관관계는 .14~.36 범위인 것으로 나타났다(Ghiselli & Barthol, 1953). 1950년대와 1960년대에 수행된 대부분의 연구(80~90%)에서는 성격 특성이 업무 능력을 예측하는데 유의하지 않았음을 보고하였다.

자기보고식 성격 검사의 타당성을 제시하지 못했던 이유는 연구 방법론에 있었다. 성격 구조에 관해서 연구자들의 합의가 거의 없었던 1990년대까지, 연구자 두 명 중 한 명은 자신이 만들어 낸 개념을 가지고 성격의 주요 성향을 설명하였다. 또한, 이 분야 대부분의 연구가 양적연구보다는 질적연구였다. 또한 해석의 문제도 있었다. 자기보고식 성격 검사에 대한 비판은 성격 특성과 예측 사이의 그다지 크지 않은 관계성에 있었다(Morgeson et al., 2007). 예를 들면 1960년대 성격 특성과 예측 간 관계성에 관한 첫 양적연구를 실시하였을 때, 연구자들은 업무 능력을 예측하기 위해 성격 검사를 사용하는 것을 권하지 않았다(Guion & Gottier, 1965). 그러나 아이러니하게도 최근 연구에서는 반대의 결론이 도출되었고, 지셀리와 바르톨(Ghiselli & Barthol, 1953)의 메타분석에서는 성격과 업무 능력의 연관성에 상당히 높은 타당도가 있음을 지적하였다. 이러한 결과 보고를 신뢰하는 단순한 이유는 최근 연구들이 메타분석과 같은 통계학적 고급 기법을 이용하고 또한 FFM 같은 분류 시스템을 사용하고 있기 때문이다.

허프, 이턴, 두네트, 캠프, 맥클로이(Hough, Eaton, Dunnette, Kamp & McCloy, 1990)가 제시한 업무 능력을 예측하는 성격 5요인에 대한 메타분석에서 성격 검사가 체력, 군사방위, 노력과 리더십, 개인 훈련과 관계가 있다는 것을 보고하면서 이들의 상관관계는 .3을 초과하지는 않지만, 성격 특성이 업무 능력을 타당하게 예측한다는 것을 지지하였다.

이 연구는 성격이 기타 업무 능력을 타당성 있게 예측한다는 사실을 지지하는 여러 유사한 연구들로 이어졌다. 그중 가장 유명한 것이 배릭과 마운트(Barrick & Mount, 1991)의 세미나 자료다. 그 자료는 117개의 조사연구(23,994명의 연구 대상자를 포함하고 있음)로부터 결과를 도출한 메타분석이었다[비록 같은 연도에 Tett, Jackson & Rothstein(1991)은 유사한 결과를 도출한 비슷한 메타분석을 실시했지만]. 그 자료에는 성격 5요인에 따른 적합한 업무가 정리되어 있는데, 예를 들면 외향성은 경영과 영업직, 개방성은 교육 훈련을 훌륭하게 예측하는 요인으로 설명하고 있다. 이와 같이 배릭과 마운트는 성격 특성이 전문 직종, 경찰, 관리직, 반숙련 직업에 이르기까지 다양한 직업의 업무 능력을 유의하게 예측하고 있음을 처음으로 보고하였다.

몇 년 뒤, 살가두(Salgado, 1997)는 성격 특성과 업무 능력의 관계에 대한 미국의 연구들을 기반으로 유럽 지역을 중심으로 한 메타분석을 실시하였다. 연구자들은 미국에서의 연구 결과를 재현할 수 있었는데, 성실성뿐 아니라 정서적 안정이 업무 능력을 타당하게 예측한다는 것을 보여 줌으로써 그동안의 결과를 일반화시킬 수 있었다(Salgado, 1997).

그러나 이러한 결과에도 불구하고 성격이 업무 능력에 영향을 준다는 주장에는 비판이 계속 있어 왔다. 비평가들은 성격과 업무 능력 관계에 대한 연구 결과가 확산되는 것을 저지하면서, 성격 특성이 업무 능력에 미치는 영향력은 전체 분산의 15% 정도(Murphy, Morgeson et al., 2007, 재인용)만 차지하고 있음을 지적했다. 다른 연구자들은 이 비판에 대해 비록 예측 분산이 15% 정도로 작기는 하나 여하튼 영향은 끼치는 것이라고 반론했다. 효용성 분석(utility analysis)에서는 성격 특성이 업무 능력에 영향을 주고 있음을 확인하였고, 메타분석에서는 성격 특성이 업무 능력에 영향을 미치는 과정이 고차원적이고 복잡하긴 하지만 .40 범위 내에 있음을 보고하였다(Hogan, 2005 ; Ones, Viswesvaran & Dilchert, 2005). 이와 같이 양적연구는 개인의 업무 능력을 예측하는 데 성격 검사를 사용하는 것에 대한 타당함을 지지하고 있다.

지능과는 달리, 성격 특성의 타당도는 업무에 따라 다르게 나타나는데(Salgado, 2003), 어떤 성격 특성은 특정 직업에서 더 중요하고 또 어떤 성격 특성은 다른 특정 직업에 더 중요하기 때문이다. 예를 들면 외향성은 영업직이나 관리직과 더 관계가 되는 것 같아 보이고, 이에 반해 개방성은 교육 훈련과는 관계가 있지만 업무 능력과는 관계가 없는 것처럼 보인다(Barrick & Mount, 1991). 우호성은 높은 대인관계를 원하는 직업일 경우에는 필수적인 성격 특성이다. 즉, 고객이 항상 옳다고 생각하는 고객서비스를 기반으로 한 직업에서 더욱 그렇다(Hogan, Rybicki, Motowildo & Borman, 1998). 우호성은 고객들의 기분을 이해할 수 있게 만드는 능력을 가지고 있다. 한편 신경증은 낮을수록 긍정적인 것이며 특히 낮은 신경증은 업무에서 공정하고 냉정한 판단을 요구할 때는 중요한 것이다. 또한 신경증이 낮은 병사는 불안과 우울증이 낮기 때문에 전투에서 더 효과적이라는 연구들이 많이 있다(Hough et al., 1990).

성격 특성 중 성실성은 모든 직업의 업무 능력을 예측하는 요인이다. 메타분석에서는 성실성과 업무 능력의 상관관계가 가장 일관적이고 강력함을 확인하였고 학업에서도 유사한 결과가 보고되었다. 이러한 연구 결과는 당연한 것이다. 만약 어떤 사람이 체계적이고 성취 지향적이며 규율을 잘 따르고 지속적으로 일을 열심히 한다(성실성의 측면)면 거의 모든 업무에서 능력이 강화될 것이다. 일반적으로 업무 능력과 성실성 간의 상관은 .2~.3이다(Barrick & Mount, 1991). 그러므로 성실성은 검사 방법에 대한 연구자들의 갈등에도 불구하고, 취업 지원자의 업무 수행 능력을 평가하는 중요한 요인 중 하나다.

때로는 업무 능력이 서로 결합된 성격 특성에 의해 예측될 수 있다. 결합된 성격 특성이란 성격의 여러 차원이 조합되는 것을 말한다. 예를 들면 연구들은 정직성 검사가 성실성, 우호성, 정서적 안정감만을 평가하기 위한 것이지만 업무 능력을 예측하는 것으로는 성격 5요인보다 높은 타당성이 있음을 보여 준다(Ones, Viswesvaran, & Schmidt, 1993). 더욱이 슈미트와 헌터(Schmidt & Hunter, 1998)의 메타분석은 이 검사를 통해 일반 정신 능력과 성실성은 .4의 상관관계를 가지고 있음을 보고하였으며 비정상적인 작업 관행(직장 내 절도)과 비생산적인 행동(험담이나 소문을 퍼뜨리는 행동; Ones et al., 1993)이 상관관계가 있음을 발견하였다. 정서적 안정감, 자기효능감, 통제소재, 자기만족을 복합적으로 평가하는 코어(Core)의 자기평가척도는 성격 5요인이 업무 능력을 예측한다는 것을 보고하였다(Ones, Visveswaran, Hough, & Dilchert, 2005). 마지막으로, 최근에는 자신의 감정을 조절하고 다른 사람의 감정을 파악하는 능력인 정서지능(emotional intelligence, EI)이 업무 능력의 중요한 예측 요인으로 등장했다. 정서지능은 특히 기존의 성격 구조인 외향성이나 정서적 안정감과 상호 작용하는 것으로 밝혀졌다. 비록 정서지능이 IQ나 성격에 비해 높은 타당성은 없다고 비평가들은 주장하고 있지만(예 : Joseph & Newman, 2010), 최근에는 이 결론이 시기상조였을지도 모른다고 지적했다. 특히 오보일, 험프리, 폴락, 하우버, 스토리(O'Boyle, Humphrey, Pollack, Hawver, & Story, 2010)에 의해 수행된 메타분석에서는 정서지능이 IQ와 성격 5요인보다 업무 능력을 더 잘 예측하는 것으로 나타났다. 오보일과 동료들은 이러한 결과를 바탕으로 최적의 업무 능력을 예측하는 모델에는 앞의 세 가지 모두를 포함하는 통합적인 관점을 취할 필요가 있다고 결론지었다.

전반적으로, 업무 능력에서 개인차의 원인은 인지 능력과 같은 예측변인이 중요하고, 성격 특성 중에서는 특히 성실성이 자기보고식 검사라는 취약점에도 불구하고 업무 능력을 예측하는 데 중추적인 역할을 하고 있는 것으로 보인다. 특정 개인이 다른 사람보다 왜 더 일을 잘 수행하고, 더 많은 만족, 생산성, 헌신하는지에 대한 이유를 완전히 이해하기 위해서는 자신이 가지고 있는 성격 특성뿐만 아니라 득정한 직업을 가진 사람들의 성격 특성에 관한 정보를 아는 것이 필요하다. 비록 자기보고식검사에 대한 신뢰성이나 타당성에는 의문이 있긴 하나, 분명한 것은 성격 검사가 업무 능력을 예측하는 데 널리 사용되고 있고 많은 연구에서 타당성을 지지받고 있다는 것이다.

성격과 리더십

우리는 가끔 자신이 좋은 지도자로서의 능력이 있는지 궁금한 적이 있었을 것이다. 리더십은 사회의 핵심 부분이며 집단에는 필히 존재한다. 우리가 리더십에 관심을 갖는 것은 특별한 일이 아니다. 리더십은 모든 문화와 인종에 관계없이 존재한다. 사회활동을 하고 사회적 구조를 이루고 있는 경우에는 언제든지 리더가 있는 법이다. 리더의 위치를 종종 '알파'라고 부르는데, 몇몇 사람들은 이 위치에 오르기 위해 고군분투한다. 알파의 위치를 차지하는 사람들은 매우 적다. 일단 알파에 오르면 자신이 원하는 목적을 이루는 데 도움이 되는 자원에 더 쉽게 접근할 수 있게 된다. 그것은 알파라는 위치에 올라가는 사람에게 아주 중요하다.

결정적으로 알파를 차지하는 사람은 자신뿐 아니라 집단 전체에 끼치는 영향력이 대단할 것이다. 리더는 사람들이 무엇을 하고 어디를 가는지에 책임이 있다. 리더십 정의에 의하면 인간 사회에서는 집단 구성원들이 리더를 따른다는 것이다. 그러므로 리더십(좋거나 나쁜)은 집단이 존재하기 위해서는 필수적이며 수렵채집 사회부터 오늘날까지 존재한다. 리더라는 지위를 얻고 유지하기 위한 고군분투로 20세기에는 1억 6천 7백만 명이 정치적인 문제로 죽었으며 그중 침략군대 3천만 명이 죽었고 1억 3천 7백만 명은 정부에 의해 죽임을 당했다(Rummel, 1994).

리더 자리에 있지 않은 사람들은 리더의 자리에 있는 사람이 정말 리더로서의 자질을 가지고 있는지 확실히 알고 싶어 한다. 여기에도 업무 능력이나 AP처럼 개인차가 있다. 어떤 사람은 다른 사람보다 리더로서의 역할을 잘한다. 그렇다면 여기서 두 가지 질문을 생각해 볼 수 있다.

1. 어떤 사람들이 리더의 지위를 얻을 수 있는가?
2. 무엇이 좋은(효과적인) 리더를 만드는가?

당신은 이 질문에 개인적인 견해를 가지고 있을 것이다. 사실 이 분야 연구에서도 개인은 리더십에 대한 암묵적인 이론을 가지고 있음을 보여 주기도 하지만 또한 이런 암묵적인 이론이 언제나 옳은 것이 아니라는 것도 보여 준다. 거기에는 몇 가지 복잡한 문제가 있다. 첫 번째는 리더십에 대한 정의이다. 리더십은 지위 또는 행동으로 정의할 수 있다. 그러다 보니 리더십 연구의 대부분은 리더십 용어를 책임자와 관련하여 정의하고 있다(Kaiser, Hogan, & Craig, 2008). 호건과 카이저(Hogan & Kaiser, 2010)는 책임자들의 3분의 2가 무능하다고 평가하고 있는데, 이 말은 리더십의 지위를 개인의 욕망을 성취하기 위해 이용하는 것과 리더로서의 역할을 효과적으로 해내기 위한 것과는 다르다는 것을 의미한다. 두 번째 쟁점은 리더십의 특이성과 관련된다. 우리가 생각하는 좋은 리더십이라고 하는 것이 과연 모든 상황에서 다 좋기만 한 것인가? 상황에 따라 다른 유형의 지도자가 필요한 것인가? 이러한 질문은 리더는 선천적으로 태어나는 건지 만들어지는 건지에 대한 기본적인 질문과 관련이 있다. 이에 관련하여 세 번째 쟁점은 단순히 리더는 선천적으로 '태어나는 건지' 아니면 어느 누구든지 경험이나 훈련을 통해서 좋은 리더로 '만들어지는 건지'에 관한 것이다.

'위인설' 이론

리더십을 이론화한 초기 문헌에는 리더가 가지고 있는 것이 무엇인지에 대해 큰 중점을 두었다. 리더의 성격이나 특성에 초점을 맞춘 심리학적 이론은 칼라일(Carlyle, 1907)의 '위인설(Great man)'이론에 의해 많은 영향을 받았다. 위인설 이론에서는 세계 역사를 위인들의 자서전이라고 말하고 있다(Carlyle, 1907, p. 18). 칼라일은 리더들과 구성원들을 구별하는 개인적 특성이 있음을 제안하였다. 예를 들면 키와 근육 같은 신체적 특징, 교육이나 사회경제적 수준 같은 인구사회학적 배경 변인, 자기주장, 자기확신 그리고 스트레스를 견딜 수 있는 능력 같은 성격 특성은 리더들과 구성원들을 구별하는 데 있어서 아주 결정적인 것이었다.

　'리더십 성격'에 대한 연구는 20세기 초에 시작되었고 많은 성격 특성들이 리더십의 예측 요인으로 부각되었다. 1948년에 스토그딜(Stogdill)은 30년에 걸친 연구를 통해, 구성원들에게 없는 성격 특성이 지도자들에게는 있긴 했으나, 그 어느 것도 리더십을 예측할 수 있는 확실한 요인은 없었다고 말했다. 리더십의 타당도는 항상 상황적 요인에 의해 변했다. 그 이후 20년은 리더십에 부합한 성격 특성을 찾는 것에 회의론이 나타나면서 연구가 거의 진행되지 않았다. 지셀리와 브라운(Ghiselli & Brown, 1955, p. 47)은 "주어진 상황에서 어떤 사람은 훌륭한 리더가 될 것이며, 다른 사람은 그렇지 못할 것이다."라고 언급하였고 바론과 바이른(Baron, Byrne, 1987, p. 405)은 "결론은 … 리더들이 구성원들과는 다른 명확한 성격특성은 없다."라고 말했다.

이 내용은 리더십의 경우 성격 특성 같은 내부적인 힘보다는 상황에 의해 결정되는 것이라고 했던 50~70년대의 행동주의 심리학자와 상황주의자들의 주장을 지지하는 것이 되었고, 그로 인해 성격과 리더십에 관한 연구들은 수십 년 동안 관심을 받지 못했다. 학업 및 업무 능력에 관한 연구와 마찬가지로, 성격과 리더십 연구에서도 리더십에 영향을 주는 성격 특성을 분류하는 연구의 부족과 열악한 데이터 분석 방법으로 인해 발전이 되질 못했으나 80, 90년대에 관련 이론 및 통계가 개발됨에 따라 리더십과 성격 특성 연구들이 다시 활기를 띄기 시작했다. 1980년 중반에 두 가지 출판물이 발간되었는데 그중 하나가 성공한 미국 대통령의 특성을 심리적 · 전기적으로 분석하여 통합한 사이먼턴(Simonton, 1986)의 대통령 리더십에 관한 책이었다. 두 번째는 인지 능력과 리더십 간의 상관관계가 .50임을 보고한 로드, 드 베이더, 알리저(Lord, De Vader, Alliger, 1986)의 인지 능력과 리더십에 관한 메타분석이었다[Judge, Colbert & Illies(2004)의 최근 연구에서는 .27).

이외에도 1997년 로크(Locke)는 성격과 리더십의 연계성에 관한 학술지를 출간하였으며 리더십에 필요한 다양한 성격 특성을 확인하였다. 로크는 리더십에 필요한 다양한 성격 특성이 일관성과 계속성이 있음을 제안하면서 이전에 연구되었던 많은 성격 특성들이 좀 더 기본 특성(또는 더 높은 순서)으로 나누어져 구성될 수 있음을 보여 주었다. 예를 들면 '인지 능력과 사고방식'의 하위 구성으로 활기찬 정신, 지능, 비전을, '동기 부여, 가치, 행동'의 하위 구성으로는 어떤 목적이나 문제 해결을 위한 약속, 야망, 노력과 끈기를, '부하 직원에 대한 태도'의 하위 구성으로는 능력에 대한 존중과 정의를 위한 노력과 같은 변수들을 개념화하였다. 이것이 능력 있는 리더십과 무능력한 리더십을 설명하는 데 조금이나마 진전을 보였다고 할 수는 있으나, 성격 5요인 모델은 성격 특성과 리더십 연구에 실제적인 도움을 주었다고 할 수 있다.

업무 능력에서 성격 5요인의 역할에 대해 언급한 사람 중 한 명이 에이드리언 펀햄이었다. 펀햄(1994)은 현대 조직에서 리더들이 구성원들보다 좀 더 개방성, 성실성, 안정감, 우호성, 외향성인 면이 있을 거라고 예상했다. 호건, 컬피, 호건(Hogan, Curphy & Hogan, 1994)은 성격 5요인과 펀햄(1994)의 예측에 근거하여 리더십과 관련된 성격 특성의 스토그딜 목록을 체계화하고, 유능한 지도자가 정서적 안정성, 외향성, 개방성, 우호성, 성실성의 수준이 비교적 높은 경향이 있음을 지적하였다. 성격과 리더십이 서로 관계가 있다는 결정적인 증거는 2002년 저지와 동료들(Judge et al.,)이 실시한 메타분석이다.

이 메타분석은 73편의 연구문헌에서 222개의 상관관계를 조사한 대규모 연구로 5천 개 회사에서 2만 5천 명 이상의 관리자를 연구 대상으로 하였다. 펀햄과 호건은 예상한 대로 정서적 안정성, 외향성, 개방성, 우호성, 성실성이 능력 있는 리더십 발휘와 관계가 있으며 성격과 리더십의 다중상관관계는 .53이라고 보고하였다. 저지와 동료들(2002)은 외향성이 리더십 발휘와 능력 있는 리더십 모두를 예측하는 가장 강력한 요인이라고 결론을 내렸다. 이것은 아마도 외향적인 성격 안에 주장, 지배,

사교성의 성향이 있기 때문일 것으로 보인다.

비교문화 연구도 이러한 성격 특성의 보편성과 관련된 로크의 개념을 지지하고 있다. 실버손(Silversthorne, 2001)은 미국인과 중국인을 대상으로 한 연구에서 유능한 리더는 유능하지 않은 리더보다 외향성, 우호성, 성실성에 대한 점수가 더 높고 이에 반해 신경증이 낮다고 설명했다. 이전 연구에서도 거의 모든 문화에서 성실성과 정서적 안정성(낮은 신경증)은 사회적으로 바람직한 특성을 나타내는 경향이 있었다. 또한 외향성(하위 구성으로 주장과 지배)은 서양 문화에 비해 동양 문화에서는 미덕으로 간주될 가능성이 적다(Redding & Wong, 1986)고 하였다.

무능력한 리더십

지난 20년 동안, 무능력한 리더십(bad leadership)에 대한 관심이 증가되어 왔는데, 특히 지난 몇 년은 뉴스와 미디어마다 기업들의 실패와 금융 스캔들 보도로 가득 찼었다. 호건과 호건(2001)에 따르면 개인을 더 높은 단계로 올라가도록 고취시킬 수 있는 자신감, 카리스마, 정치적 수완 등과 같은 성격 특성은 능력 있는 리더십에는 유해할 수 있다고 하면서 뛰어난 성과를 내는 일부 리더들은 집단 구성원들이나 다른 집단, 나아가 사회에 해가 될 수도 있다고 하였다. 이러한 성격 특성은 처음에는 뛰어난 능력을 발휘하나 나중에는 치명적인 결과를 초래하게 될지도 모른다고 주장했다.

이것은 바로 '카리스마적' 또는 '변혁적' 리더십을 말하는 것이다(Bass, 2008). 바스(2008)는 카리스마적 리더는 기대 이상의 성과를 내기 위해 자신의 구성원에 부정적인 영향을 미칠 수 있다고 주장하였다. 호건과 아마드(Hogan & Ahmad, 2011)는 카리스마는 양날의 검이 될 수 있고, 카리스마가 나르시시즘과 상관관계가 있다는 연구 결과는 많은 카리스마 리더들이 자아도취적인 방식을 취하고 있음을 시사하고 있다(Hogan & Fico, 2011). 저지, 르 파인, 리치(Judge, LePine, & Rich, 2006)는 자아도취와 업무 능력 간에는 부적 관계가 있고, 직장에서 일탈하는 것과는 정적인 관계가 있음을 발견했다. 그리고 뛰어난 CEO들의 성격 특성을 살펴보는 연구에서는 '끈질김'과 '겸손' 두 가지 성격 특성에 대해 보고하였다. '끈질김'과 '겸손'과 같은 성격 특성을 지닌 CEO가 이끄는 기업들은 지속적으로 경쟁에서 앞서가고, 자기도취적인 CEO들이 이끄는 기업은 상대적으로 연간 실적에 많은 변동성을 보이는 경향이 있음을 밝혔다.

그러므로 능력 있는 리더십을 위해 지니고 있어야 할 기본적인 성격 특성은 진실성, 정직함, 공감임을 강조하는 것은 당연한 것이다(예 : Greenleaf & Spears, 2002). 흥미롭게도 사람들은 리더들이 무엇을 해야 하거나 하지 말아야 한다는 것이 어떤 측면에서는 결점이 될 수도 있고 역효과를 가져올 수도 있다는 사실을 암묵적으로 무시하고 있다. 이에 대해 시울라(Ciulla, 2004)는 사람들의 카리스마적인 리더에 대한 찬사는 리더들을 잘못된 길로 가게 할 수도 있고 또한 구성원들을 잘못된 방향으로 이끌 수 있다는 사실을 사람들이 간과하고 있음을 의미하는 것이라고 주장한다. 물론, 파괴적인 카리스마를 지닌 리더들이 누가 있었는지를 생각해 내는 것은 어려운 일이 아니다.

결론

리더라는 자리에 있는 사람의 리더십은 중요하다. 그것은 기업을 성공시킬 수도 있고 망하게 할 수도 있으며(Collins, 2001), 때로는 삶과 죽음의 문제를 가져올 수도 있다. 성격과 리더십에 관한 연구는 리더의 성격 특성이 집단을 이끄는 수행 능력에 상당한 영향을 미친다는 것을 보고하고 있다. 즉, 성격 특성은 개인, 조직, 나아가 국가의 운명을 결정할 수도 있다. 그러나 좋은 리더십과 관련된 성격 특성은 계속적인 연구가 필요한 부분이며, 우리가 알고 있었던 능력 있는 리더에 대한 많은 부분이 잘못되어 있을 수 있다는 사실도 명심해야 할 것이다. 그러므로 리더십의 근본적인 문제는 "누가 이끌 것이다."가 아닌 "누가 이끌어야 한다."가 아닐까?

성격과 기업가정신

성격과 업무 능력 및 성과(그리고 리더십)에 관한 연구는 주로 조직 내 활동과 수행[이러한 전반적인 업무 성과, 과제 수행, 단위(unit) 성과, 기능장애 행동, 승진, 수입 등과 같은 것으로 구성되어 있는]에 초점을 맞춘 반면, 최근 심리학 연구의 추세는 기업가정신과 관련된 것이다. 실제로 성인 두 명 중 한 명은 삶의 어느 시점에 자신이 자영업자가 되어 있다고 할 정도로 창업을 많이 한다(Shane, 2008).

본래 기업가정신이 의미하는 것은 조직을 새로이 만드는 것이라고 정의하고 있으나(Shane, 2008) 이 정의는 편협하고 탈맥락화되었다는 비판을 받아 왔다(McKenzie, Ugbah, & Smothers, 2007). 연구자들은 기업가정신이 반드시 사업 활동에서만 필요한 것이 아니라(예 : Ahmetoglu, Leutner, & Chamorro-Premuzic, 2011; Kuratko, 2007) 기회, 혁신 변화 및 가치 창출의 인식과 개발을 모두 포함하는 활동이라고 여기고 있다(Ahmetoglu et al., 2011; Shane & Venkataraman, 2000). 이 두 견해는 새로운 비즈니스의 창출은 혁신의 기회를 활용하는 효과적인 수단임을 고려하면 상호보완적이라고 볼 수 있다(새로운 벤처의 대부분은 이러한 이유로 만들어지지는 않지만; Shane, 2008).

성격과 기업가정신에 대한 연구는 시작된 지 얼마 되지 않았고, 주로 경제, 정치, 경영 연구원들이 연구에 매진하고 있어서 심리학에서는 거의 다루지 않는 분야였다(Baron & Henry, 2010; Hisrich, Langan-Fox, & Grant, 2007). 주로 기업가정신과 관련된 심리적 요인의 조사가 주를 이루고 있으며(Hisrich et al., 2007) 지난 3, 40년 동안에 이루어진 대부분의 연구는 성격 특성과 기업가정신의 관계성을 조사하는 것이었다.

8, 90년대 초창기 양적연구에서는 성격 특성이 기업가정신에 영향을 미친다는 증거가 거의 없다고 보고하였으나, 최근의 연구는 영향을 미친다는 긍정적인 결론을 도출하고 있다. 올드리치(Aldrich)의 양적연구(1999)부터 몇몇 메타분석은 성격 특성이 사업 창출이나 사업 성공과 같은 기업가적 성과에 영향을 미친다는 사실을 발견했으며(예 : Rauch & Frese, 2007; Zhao, Siebert, & Lumpkin, 2010), 이로 말미암아 기업가적 활동에 성격 특성이 중요한 역할을 한다는 주장이 대두되었다. 이를 테면 아메토글루와 동료들(Ahmetoglu et al., 2011)은 핵심 자기 평가(Judge

& Bono, 2001)와 감정지능(Petrides & Furnham, 2001) 검사에서 나타난 성격 특성은 기업가적 성과들(즉, 혁신, 가치 창출, 기회의 포착)을 예측한다는 것을 발견했고 또한 성격 특성과 기업 활동은 강한 상관관계가 있음을 발견했다(기업가적 경향과 능력의 측정; Ahmetoglu & Chamorro-Premuzic, 2010a, 2010b).

기업가정신이 고용, 경제 성장, 기술 진보의 주요 원인이 된다는 점을 감안할 때(Reynolds, Bygrave, & Autio, 2004), 성격이 기업가정신에 매우 중요한 요인임을 밝힌 연구 결과는 상당한 영향을 미칠 가능성이 있다. 그러나 아직까지 기업가정신에 초점을 맞춘 심리학 연구 결과 간에는 상당한 차이가 있기 때문에(Hisrich et al., 2007) 심리학자들은 이 분야에 대한 연구를 계속 수행하기 위한 노력이 필요하다.

그러나 성격과 기업가정신의 관계를 이해하기 위해서는 몇 가지 중요한 점을 지적할 필요가 있다. 첫 번째, 단순히 창업정신에 그치는 것이 아닌 그 이상으로 기업가정신에 대해 알 필요가 있다. 기업가정신의 핵심은 혁신, 인식된 기회의 포착, 가치 창출이다(Shane & Venkataraman, 2000; Shumpeter, 1911). 중요한 것은, 대부분의 기업 설립자는 혁신과 기회 포착에 관심이 없다. 이런 기업 설립자는 사업 시작 5~10년 안에 실패한다. 그래서 사회적 경제적으로 성공가도를 달리고 있는 기업이 가지고 있는 숨어 있는 힘을 이해하는 것이 중요하다. 그러기 위해서는 기업가적 성격과 기업가의 성격(즉, 기업 설립자)을 명확하게 구별하여 탐색하는 연구가 수행되어야 한다. 혁신적인 기업가는 기회를 잘 지각하고 그 기회를 더 자주 이용하여 가치 있는 일을 생성함으로써 사회의 변화와 발전을 가져오는 사람이다. 이런 사람들이 인정받고 양성되어야 한다. 몇 가지 중요한 단계들은 이미 이 방향으로 진행되었지만(Ahmetoglu et al., 2011), 이런 추세에 따라 진행되는 연구는 앞으로 매우 가치가 있을 것으로 예상된다.

종합적 결론

성격은 우리 삶에 많은 영향을 미친다. 특히 리더십이나 반사회적 행동과 같은 측면에서는 더욱 그러하다. 그러나 아직까지 사람들은 자신의 행복과 불행에 대해 생활 환경이나 사건 탓으로 생각하고 있다. 우리의 삶에 일어나는 다양한 사건들이 우연은 아니다. 그리고 우리의 주관적인 생각과 감정이 항상 생활 환경의 영향을 받는 것도 아니다. 사실, 우리 삶에 일어나는 다양한 사건을 인식하는 생각과 감정은 성격과 관계가 있다. 즉, 우리의 성격이 우리를 그곳으로 이끌고 우리를 다른 곳으로 가지 못하게 하기 때문에 결국 그 일자리를 잡게 되는 것이다. 우리는 누군가와 성격이 잘 맞거나 누군가와 결혼하고자 하는 생각을 갖게 되는 것은 우리의 성격이 그 선택을 이끄는 것이고 결국 그 누군가와 결혼하게 되는 것이다. 성격은 우리가 지각적인지 도전적인지 또는 호기심이 있는지 아니면 전통적인지에 영향을 미치기 때문에 나름대로의 정치적, 종교적 신념을 가지고 있다. 성격이 인생을 살면서 일어나는 많은 사건들과 환경에 영향을 주기 때문에 그로 인해 우리가 행복한지 불행한지를 느낄 수 있는 것이다. 더 나아가 성격은 우리가 스트레스 상황에 놓여 있을 때 사용하는 대처 전략을 선택하는 데도 영향을 주기 때문에 수명에도 영향을 미친다.

그러나 사람들은 상식 수준의 가설들을 주장할 수 있다. 예를 들어, 일자리를 얻기 위해서는 자신이 누구인지 아는 것이 무엇을 하는지보다 더 중요하다. 좋은 사람을 만나는 것은 단순히 적절한 시기에 적절한 장소에 있는 것과 관계가 있다. 정치적·종교적 태도는 부모에 의해 전달된다 등이다. 이러한 가설은 연구를 통한 것이 아니므로 증거가 없다. 반면 성격이 삶의 많은 부분에 영향을 준다는 가설은 충분한 증거를 가지고 있기 때문에 이로 인한 성격 검사의 중요성과 타당성이 재조명되고 있다. 확실한 것은 성격 연구는 성격 검사 도구를 통해 많은 진전을 보이고 있다는 것이다. 그래서 우리는 성격이 삶에 영향을 미친다고 확신할 수 있는 것이며, 성격 검사를 통해 우리의 '진짜' 성격이 어떤지에 대해 조금이라도 알 수 있는 것이다.

성격심리학 101

3

논쟁과 앞으로의 방향

개인차에 대한 관심은 종종 대중들의 과열된 논쟁과 격렬한 반응을 불러일으킨다. 7장에서는 법(문제가 있는 성격 성향을 위한 정보 수집에 관한 부분), 교육(교육 현장에서 성격 검사 사용에 관한 부분), 소비 습관(온라인 정보 수집에 관한 부분), 직원 채용(인사 선발에 관한 부분), 로맨틱 관계(성격과 디지털 사랑에 관한 부분)에서 사용되고 있는 성격 검사에 대한 몇 가지 논쟁을 살펴보고자 한다. 성격 검사에 대한 지금까지의 내용을 종합해 보면, 성격 검사를 적용하고 의미를 부여하는 데는 몇 가지 논란이 있다. 그럼에도 성격 검사를 활용하는 이유는 성격을 연구하는 연구자에게 일반적인 문제점을 해결해 주는 유일한 도구이기 때문이다.

8장에서는 이 책의 주요한 내용들을 요약하고 성격심리학 분야의 향후 방향에 대해 논의하였다. 즉, 우리가 성격에 대해 알고 있는 것은 무엇이며 어떤 연구를 하고 있는지 그리고 앞으로 성격을 예측할 수 있는 새롭고 흥미로운 방법에는 어떤 것이 있는지에 대해 논의하였다. 더불어 성격의 본질과 성격평가에 관한 몇 가지 격려의 말과 앞으로 이루어야 할 목표로 이 책을 마무리하였다.

성격에 대한 논쟁들

성격에 대한 논쟁은 다음과 같은 질문으로 요약할 수 있다. (1) 우리의 행동은 결정되어 있는가(성격의 안정성과 변화를 둘러싼 이슈)? (2) 우리의 성격 정보가 다른 사람(특히 기업들)에게 넘어가는 것은 안전한가(기밀 유지와 익명성에 관련된 이슈)? 마지막으로 (3) 성격 정보 수집은 도덕적으로 옳은가(성격 검사와 같은 심리 검사를 신봉하는 소수의 사람들은 검사 결과로 사람에 대한 편견과 차별을 정당화한다)? 우리는 이 장에서 이러한 질문들이 가지고 있는 심리학적 함의를 명백하게 논의하고자 한다. 우리는 심리학을 공부하고 있는 학생들에게 다음과 같이 얘기하곤 한다. 심리학에서 배워야 할 첫 번째 중요한 교훈은 '사정에 따라 다르겠지'라고 말이다. 심리학을 수강했던 사람들은 아마도 이 말을 기억할 것이다. 생각해 보면 이 말이 어쩌면 이러한 질문에 대한 답이 될 수도 있다는 생각이 들기도 한다.

역기능적 성격 특성에 대한 정보 수집

먼저, 우리는 나르시시즘, 마키아벨리주의, 사이코패스 등과 같이 역기능적인 성격 특성을 지닌 사람들에게 성격 검사는 어떤 역할을 하는지 논의하고자 한다. 이것은 임상심리학에서 연구되어 온 내용이나 지난 10년간 비임상심리학에서도 많은 관심을 가져 왔다. 사람들은 성공한 CEO와 기업가의 경우 타인과의 상호작용에 문제를 일으킬 수 있는 역기능적인 성격 특성을 가지고 있다고 믿고 있다(리더십과는 거리가 먼). 이런 이유 때문에, 어떤 사람이 일상 생활에서 정신병리학적인 요소가 있는지를 파악하기 위해 성격 검사를 하는 것이 유용한 것일까? 만약 그렇다면 문제행동을 예방하기 위해서 성격을 평가하는 것은 괜찮은 논리일까?

정신병이라고 하면 한니발 렉터나 토막 살인자 잭을 생각하겠지만 신문이나 뉴스에서 보도된 사건들, 즉 컬럼바인 학교 총격 사건, 버지니아 테크주립대학교 대학살, 최근에 노르웨이에서 일어난 총격 사건 등을 보면 타인에 의한 위협은 예고된 것이 아니라 언제라도 발생할 수 있다는 생각을 하게 한다. 미국에서는 이러한 문제를 둘러싼 논쟁이 총기 법안과 미디어(폭력 영화나 비디오 게임)에 집중되는 경향이 있지만, 2011년 지구상에서 가장 평화로운 문명 국가 중 하나인 노르웨이에서 일어난 총격 사건은 그 위험으로부터 제외되는 사람은 아무도 없다는 사실을 보여 주었다. 성격 연구자인 우리의 관심은 이러한 사건들을 일으킬 수 있는 원인으로서 문화적 요인이 아닌(문화적 요인의 존재를 부정하지는 않지만, 사회학자와 인류학자로서의 역할은 생각하지 않겠다), 타인에게 끔찍한 행위를 저지를 수 있도록 이끄는 개인의 특성에 있다. 그러나 여기에는 다음과 같은 윤리적인 질문을 하게 된다 ─ 만약 우리가 누군가가 잔학 행위(죄 없는 시민들을 죽이는 것)를 저지를 가능성이 있다는 것을 확실히 예측할 수 있다면, 그 사람을 예방 조치시키는 것이 정당화될 수 있을까? 예를 들어 버지니아테크나 노르웨이에서 일어난 학살 사건의 가해자가 사이코패스의 경향성을 가지고 있었다는 사실을 심리검사를 통해서 밝혀냈다고 상상해 보라. 당신은 그런 사람이 치료를 위해 시설에 수용되는 상황을 받아들일 수 있는가? 또한 잠재적 위험인으로 간주되는 사람들(심지어 다른 사람들에게 아무 짓도 하지 않는다)에게 예방이라는 명목하에 치료를 받게 한다면 그들의 삶은 어떻게 될까?

이런 질문에 답을 찾기 위해서 먼저 사이코패스의 본질에 대한 설명이 필요하다. 사이코패스는 1942년 하비 클렉클리(Harvey Cleckley)의 정상인의 가면(*The mask of Sanity*)이란 책에서 처음으로 관심을 끌었다. 그는 감옥에 감금된 사이코패스들과 많은 임상 인터뷰를 실시했는데, 사이코패스들 대부분은 겉으로는 '정상'으로 나타나고 있음을 알았다. 클렉클리는 사이코패스들의 무감각과 뒤틀린 생각은 정상이라는 가면에 가려져 있다고 설명하면서, 사이코패스들이 취하는 정상적 가면의 능력은 사이코패스다운 면모를 발휘할 수 있도록 한다고 주장했다. 클렉클리의 주장에 흥미를 가졌던 심리학자 로버트 헤어(Robert Hare)는 무엇이 사이코패스를 만들고 그들이 다른 사람과 어떻게 다른지를 성격 차이에 초점을 맞추어 처음으로 연구했으며, 그 결과 '사이코패스 체크리스트

(Psychopathy Checklist, PCL)'를 개발했다. PCL은 현재 사이코패스를 식별하는 표준화된 임상 면접 기술이다. 그것은 성격의 네가지 측면 즉, 비정상적인 인간관계, 피상적인 감정, 반사회적 경향성들, 충동적이고 기생충 같은 생활 방식을 평가하는 것이다. 헤어는 임상적으로 진단된 사이코패스는 전체 인구의 약 1%이며, 사이코패스는 성격장애임을 지적했다(Hare & Neumann, 2008). 잘 알려지지는 않았지만, 당신과 같은 평범한 사람들이 일부 사이코패스적 특성을 보유할 가능성이 있다. 사이코패스에는 1유형과 2유형이 있다. 1유형 사이코패스는 인간관계나 감정 측면과 관련이 있고, 2유형 사이코패스(보통 반사회적 성격장애라고 언급된다)는 생활 방식과 반사회적 측면과 관련되어 있다.

헤어의 연구에 따르면, 사이코패스는 자신의 목표를 달성하기 위해서만 다른 사람들과 관계를 형성하며 피상적이고도 교묘하고 부정직하게 사람을 조종하여 관계를 해 나간다고 하였다. 그들은 자신을 위해 사람들을 '이용'하며 이용하는 사람들을 통해 스스로를 확인하고 타인을 어떻게 해서든 이기는 것에 시간과 에너지를 많이 투자한다. 또한 자신이 원하는 것을 갖게 되면 이용한 사람(피해자)을 쉽게 버린다. 사이코패스들은 다른 사람들의 감정을 공감하지 못하고 이해하지 못하기 때문에 함부로 대하는 것에 대해 아무런 느낌이 없다. 무언가를 잘못했을 때 죄책감이나 슬픔을 느끼는 대부분의 사람들과 다르게 사이코패스는 오히려 피해자의 무방비한 것에 대한 비난만을 한다. 그들은 세상을 경쟁의 눈으로 보고, '적자 생존'식 태도를 항상 가지고 있다. 연쇄 살인자 잭 애벗은 악랄한 범죄를 저지른 이유에 대한 질문에 이렇게 답했다. "감정이라는 말은 단지 글을 통해서만 안다…. 이러한 감정들을 느끼는 나를 상상은 할 수는 있지만 실제로는 안 된다"(Babiak & Hare, 2007, p. 54). 연구 문헌에서는 사이코패스들을 종종 '포식자'로 묘사하는데, 그 이유는 다른 사람에 대한 배려가 부족하고 상황을 교묘하게 조작하는 놀라운 능력이 있기 때문이다.

사이코패스를 유발시키는 원인은 무엇일까? 사이코패스는 타고나는 것인가? 또는 만들어지는 것인가? 수세기 동안 논쟁거리였던 이 질문을 설명하기 위한 중요한 행보들이 최근에 이루어졌다. 그중 하나인 뇌 영상화 연구는 사이코패스의 뇌와 일반인의 뇌에 구조적 차이가 있음을 발견했다. 특히 사이코패스의 뇌 전두피질에서 비정상성이 발견되었는데 (성격 형성과 표현에 큰 역할을 하는 눈 위쪽에 위치하고 있는 뇌의 영역), 그것은 행동을 통제하고 조절하는 대표적인 메커니즘이 결핍되어 있다는 것을 의미하는 것이다. 비정상성이 발견된 또 다른 뇌의 영역이 대뇌 변연계이다. 다양한 뇌 구조들을 구성하고 있는 이 시스템은 두려움, 분노, 공감과 같은 감정을 만들어 내는 영역이다. 또한 대뇌 변연계의 영향을 많이 받는 편도체와 해마가 사이코패스인 경우 보통 사람들보다 작다는 사실이 발견되었다. 이런 발육부전은 사이코패스들이 왜 다른 사람들의 감정을 읽는 데 어려움이 있는지를 설명해 줄 수 있다. 사이코패스들의 뇌는 정보를 충분히 처리할 수 없다. 편도체가 적절하게 작동하지 않고 있다는 사실은 자신의 행동 결과에 어떤 두려움이나 죄책감을 느끼는 것을 방해받고 있다는 것이다. 이것을 '정서의 둔마'라고 하는데 이에 대한 연구는 1980년대에 헤어에 의해 수행되었다. 헤어는 사이코패스의 뇌는 감정적인 단어를 다른 단어와 동일한 방식으로 처리한다는 것을 발견했다. 이러한 결과는 사이코패스가 어떻게 감정으로부터 차단될 수 있는지를 명확하게 보여 주었다. 신경심리학자 켄트 키엘(Kent Kiehls)은 사이코패스가 발달이 덜 된 신경경로와 피드백 고리를 거쳐 역기능적인 의사소통을 하고 그로 인해 비정상적인 행동을 만들어 내는 신경발달장애(비정상적 뇌 발달이 특징인 장애)일 수도 있음을 제안하였다 (Kiehls, 2006).

그럼 진화론자들의 생각은 어떠한가? 진화론은 유기체가 처해 있는 환경에 적응해야만 하는 행동과 특성에는 유전적 요인이 전적으로 영향을 미친다고 말한다. 라르손, 바이딩, 플로민(Larsson, Viding, & Plomin, 2008)은 사이코패스는 환경적 요인(안정된 가족 환경과 같은)이 반사회적 성격을 감소시키는 영향력이 적고, 유전적 요인이 많은 영향을 미친다는 강력한 증거를 제시했다. 최근의 유전자 연구도 어떤 특정의 유전자가 사이코패스를 유발시키는 데 큰 영향을 미칠 수 있음을 제안하고 있다. 짐 팰런(Jim Fallon)이 수행한 연구에서는 투사유전자라고 알려진 MAO-A 유전자(Fallon, 2006)와 사이코패스 사이에 일관된 관계가 있음을 보여 주고 있다.

이러한 결과와 연계하여, 글렌, 쿠르즈반, 레인(Glenn, Kurzban, & Raine, 2008)은 사이코패스에 대해 두 가지 진화 이론을 제안했다. 첫 번째, 사이코패스는 특별한 환경 상태에 대한 적응 반응일 수도 있다는 것이다. 예를 들면, 타인을 자기 마음대로 희생시킬 수 있다는 사이코패스의 생각은 타인에게 아무런 어려움 없이 쉽게 접근하여 자신의 생존에 이용할 수 있다는 것을 의미한다. 두 번째, 사이코패스는 약간의 부적응 특성이 있긴 있지만 일상 생활에서 정상적(정신분열증과는 다르게)인 기능을 할 수 있다는 것이다. 그러므로 사이코패스들이 다 연쇄 살인범은 아니며 평범한 회사원들일지도 모른다.

'성공한 사이코패스(successful psychopath)'는 지금까지 법적인 문제없이 사람들을 계속 조종하고 속이고 부당하게 괴롭히는 사이코패스다. 그들은 사회에 자기 자신을 너무나도 잘 끼워 맞추기 때문에 '성공한 사이코패스'를 구별해 내기는 매우 어렵다. 사실 많은 연구들은 '성공한 사이코패스'의 유병률은 우리가 생각한 것보다 훨씬 높을 수 있음을 시사하고 있다. 심리학자 폴 바비악(Paul Babiak)은 최근 기업을 대상으로 사이코패스에 관한 최초의 대규모 분석을 실시하였다. 오랫동안 고든 게코(Gordon Gekko) 같은(월스트리트) 일화에 의해 주도된 가설이었지만, 바비악은 조직의 고위 직위에 있는 사람들이 PCL에서 높은 점수를 받을 가능성이 훨씬 높음을 발견했다. 또한 기업이라는 조직은 지역사회보다 사이코패스가 4배나 높았다. 사이코패스 경향이 강한 조직원의 생산성과 긍정적인 동료 평가 사이에는 음의 상관관계가 있음을 보고하고 있는데(Babiak, Neumann, & Hare, 2010), 이것은 사이코패스들이 일은 제대로 못함에도 불구하고 '가면'을 잘 사용해서 동료들은 여전히 그들을 호의적으로 생각하고 있다는 것을 의미한다. 다시 말해 동료들은 사이코패스의 가장무도회에 휘둘리고 있는 것이다.

사실 사람들은 고정관념화 되어 알고 있던 사이코패스보다 '성공한 사이코패스'에 더 관심을 갖고 있다. 이 시점에서 우리가 생각해 봐야 할 부분은 과연 기업과 국가에 만연해 있는 사이코패스에 대해 우리가 할 수 있는 일이 무엇인가이다. 물론, 뭔가를 한다는 것은 매우 어려운 일이다. 영국에는 브로드무어 병원 같은 임상기관이 있는데 그곳은 정신 문제를 갖고 있는 상태에서 범죄를 저지른 사람을 위한 곳이다. 사이코패스적인 경향성이 촉발되지 않도록 하는 최선의 시도는 좋은 가정환경을 조성하고 어린 나이에 '위험성이 있는' 사람을 식별하는 것이다(예 : 지역사회와 가족 프로그램을 통해서). 앞서 밝혔다시피, 아동행동장애는 나중에 사이코패스와 반사회적 행동을 예측하는 요인이 된다(Larsson et al., 2008; Viding, Blair, Moffit, & Plomin, 2005). 만약 사이코패스의 특성을 가지고 있으면서 폭력 행위의 위험이 높은 사람들을 체크하지 않는 경우, 그들은 사는 내내 교묘하게 사람들을 조종하고 속이고 학대할 수 있다. 최근 행동유전학과 뇌 영상의 발전으로 인간의 뇌에 대한 새로운 연구 결과를 얻고 있으며, 아마도 언젠가는 성격장애에 대해 완전히 이해하는 날이 올 것이다. 그러나 그때까지는 위험성이 있는 요주의 사람들을 구별해 내기는 어려울 것이다.

일을 하거나 친구를 만나러 가는 길에 양옆을 한번 둘러보라. "혹시 저 사람이 사이코패스일까?"

교육 현장에서의 성격 검사 활용

성격 검사가 교육 현장에서는 많이 사용되고 있지는 않지만, 앞서 성격 검사 점수는 학업 성취 결과와 상관관계가 있음을 논의하였다(4장을 다시 보기 바란다). 즉, 성실성 점수가 낮은 사람은 학교에서 정서적 안정과 개방성이 낮은 경향이 있다(Chamorro-Premuzic & Furnham, 2005b). 이러한 성격 특성을 가진 사람들이 교육에서 원하는 성과를 내기 어렵다는 실험적 연구가 많이 보고되고 있다. 성실성이 낮은 사람은 다소 체계적이지 못하고 게으르며 충동적인 경향이 있고 교사나 교수들의 요구 사항을 잘 받아들이질 못하는 경향이 있다. 또한 정서적 안정성이 낮은 사람은 스트레스를 쉽게 받는 경향이 있고 낮은 신뢰성을 보이는데, 그것은 학교시험을 망치게 하는 원인이 될 수 있다. 마지막으로 개방성이 낮은 사람은 일반적으로 공부에 관심이 덜하고 지적인 호기심이나 창의성이 낮다. 이러한 맥락에서 보면 대학 및 기타 교육 기관은 학생들을 선발하기 위해 성격 검사를 해야 하는 것인가? 당신은 "아니요"라고 하겠지만 이미 전세계 대부분의 대학에서는 어떤 기준을 바탕으로 학생들을 선발하고 있다. 미국에는 대학수능시험(SAT)과 대학원 입학 자격시험(GRE)이 있다. 이것은 미국 내 대부분의 고등교육 기관에서 학생 선발 과정의 일환으로 쓰고 있는 표준화된 시험이다. ETS는 이 시험을 주관하는데, 지원자들은 이 시험을 치르기 위해 응시료를 지불하고 있다. 뿐만 아니라 이 서비스를 사용하는 대학들도 ETS에 수수료를 지불하고 있다. 그렇게 지불한 돈은 학생들이 응시한 대학으로 점수를 보내고, 대학은 그 학생이 자신들의 학교에 적합한 학생인지의 여부를 결정하는 것을 '돕는' 데 쓰인다.

확실히 ETS의 사업적 모델은 대단하다. ETS는 이미 각 대학의 입학 커트라인을 만들어 놓았기 때문에 만약 어느 학생이 아이비리그 같은 좋은 대학에 들어갔다고 한다면 어느 정도는 ETS에 의해 운영되고 있는 표준화된 시험 덕분임을 알아야 할 것이다(여담이지만, 미국에서 이 시험의 독점권을 가지고 있다). 이와 같이 학생을 선발할 때 성격 검사나 임의의 다른 어떤 기준을 바탕으로 해야 하는지에 대한 논쟁에서 근본이 되는 사안은 학업 성취에서의 개인차에 관한 것이다. 하버드에서나 삼류 대학에서나 모두 마찬가지이다.

4장에서 우리는 성격 검사가 학업 성취에서 개인차를 일관적이고 강하게 예측하는 요인이라고 입증한 연구들을 살펴보았다. 그러나 아직 대부분의 교육 기관은 학생들을 선발할 때 다른 기준에 의존하고 있다. 즉, (a) 수입(부모가 비싼 수업료를 내줄 수 있는 학생이 자격이 있음), (b) 과거 학업 성취(이전의 정규교육 수준), (c) 입학시험(의학, 법률, 경제학 등의 전공을 기반으로 한 지식)이다. 이들 중 (b)와 (c)는 앞으로의 학업 성취에 대해 어느 정도는 예측할 수 있기 때문에 타당하다고 생각한다. 그러나 학업 성취는 성격 특성으로도 예측할 수 있다. 실제로 보면 (b)와 (c)를 잘 수행하는 학생들이 대학교에서도 잘한다. 성실성, 안정성, 개방성 등의 성격 특성을 가지고 있기 때문이다. (a)에 대해서는 불공평하다고 생각할 수 있지만 수입은 어느 정도의 사회경제적 지위를 예측한다. 그렇다면 심리 검사가 개인의 학문적 잠재력의 차이를 평가하는 데 더 효율적인 방법이라는 것인가?

학업 성취(ETS 같은)를 예측하는 데 사용하는 대부분의 심리 검사는 인지능력 검사들이다. 인지능력 검사는 객관식으로 구성되어 있으며, 정해진 시간 안에 하나의 정답을 선택해야 한다. 예를 들면 노르웨이의 수도는 어디인가? 120의 7%는? 국내총생산(GDP)은 무엇을 의미하나? 등이다. 이러한 질문의 답은 이미 알고 있는 지식을 바탕으로 예측하여 선택하게 되고 그 예측이 맞으면 인지 능력이 높다고 평가되며 이에 따라 학업 성취도 높다고 판단한다. 최초의 IQ 검사는 100년 전 이러한 목적을 위해 개발되었다. 프랑스 교육부는 행동과는 별도로 학습 부진아를 변별할 수 있는 방법을 고안하는 작업을 알프레드 비네(Alfred Binet, 1857~1911)에게 의뢰했다(비네 전에는 미흡한 행동을 하는 아이들과 품행이 단정한 아이들에 대해 편견을 가지고 있었던 선생님들에 의해 학생들의 잠재력이 평가받아 왔다). 오늘날 인지능력 검사의 목적은 아직까지도 동일하다. 객관적인 측정 도구를 사용하여 양적으로 얼마나 빠르게 형식적인 지식을 잘 고르는지를 보고 개인의 학습 잠재력을 평가한다.

GRE 및 SAT 같은 시험은 표준화된 IQ 검사 점수와 실질적으로 상관관계가 있음을 보여 주는 증거가 많음에도(Chamorro-Premuzic & Furnham, 2010a, 2010b) 이러한 시험을 'IQ'라고 언급하지 않는 이유는 어떤 사람이 다른 사람보다 더 똑똑하다고 말하거나 암시하는 것을 방지할 수 있기 때문이다. 사람들은 'GRE'나 'SAT'는 중립적이라 좋다고 말한다. 이러한 시험을 사용하는 이유는 평균 득점자들보다 최고 득점자들이, 낮은 득점자들보다는 평균 득점자들이 학업에서 더 성취적이라는 것이다. 하지만 'GRE'나 'SAT'시험은 소수 민족보다 더 부유하고 교육을 잘 받은 백인이 고득점을 올리기 때문에 문제가 있다. 그러므로 이런 시험을 기준으로 하여 학생을 선발하는 대학들은 결국 히스패닉, 흑인 그리고 사회경제적 지위가 낮은 사람들이 적어질 수밖에 없다. 그러나 현재로서는 이러한 시험이 개인의 미래 학업 성취를 예측하는 가장 좋은 방법 중 하나이며, 다양한 배경을 가진 지원자들을 비교할 수 있는 유일한 방법이다(예 : 방글라데시의 학교 순위 25위인 학교에서 상위 5% 안에 드는 지원자와 아르헨티나에서 17위인 학교에서 상위 20% 안에 드는 지원자). GRE나 SAT 같은 표준화된 성취 검사는 학생이 할 수 있는 최대한의 수행 능력이나 학생들이 무엇을 할 수 있는지를 평가한다. 그러나 동기 부여의 부족이나 징계, 또는 상황이 맞지 않아서 학교나 대학에서 수행 능력이 저조할 수 있는 유능한 학생들이 많다.

이에 대해 성격 검사가 도움을 줄 수 있다. 성격 검사는 개인의 학습 잠재력의 차이를 ETS의 성취 검사와는 다른 이유로 평가한다. 성격 검사는 개인이 하는 대표적인 행동에 대한 정보를 제공하기 때문에 학업 수행 능력을 예측하는 데 있어서 IQ 및 기타 인지 능력 검사를 보완할 수 있다. 즉, GRE 점수가 높은 학생이 성실성 점수가 낮다고 가정해 보자. 이 학생은 아마도 '학습 속도가 빠른 사람'이겠지만 교사가 제시한 학습 프로그램 참여에 필요한 자제력이나 통제력 수준은 부족하다고 볼 수 있다. 반대로 높은 성실성은 낮은 GRE, SAT, IQ 점수를 보충해 줄 수 있을 것이다(von Stumm, Hell, & Chamorro-Premuzic, 2011). 이것이 의미하는 것은 성격이 학습과 학업 수행 능력에 영향을 준다는 것이다. 따라서 우리는 학생이 무엇을 할 것이며 어떻게 그것을 수행할 것인지 그리고 왜 그렇게 할 것인지에 대해 보다 많은 이해를 얻기 위해 학생의 전체적인 프로필을 같이 보고할 필요가 있다.

학생 선발에 있어서 성격 검사를 포함해야 하는 두 번째 이유는 성격 검사는 그룹 간 차이가 거의 없다는 것이다. 예를 들면 히스패닉, 흑인, 백인의 신경증이나 성실성, 개방성 점수 간에는 차이가 적었다(학업 수행 능력과 이러한 세 가지 예측 요인은 큰 관계가 없다). 당신이 부자이든 가난하든, 일류학교에 갔든 삼류학교에 갔든 관계없이 성격 특성은 점수가 높거나, 평균이거나 또는 낮을 수 있다는 것이다(거의 같은 확률로). 즉, 학교 현장에서 성격 검사의 예측 타당도를 생각할 때(4장 참고) 성격의 개인차는 IQ와는 크게 관련이 없다는 사실이다(Chamorro-Premuzic & Furnham, 2005b). 그러므로 학생 선발에 사용하는 성격 검사들은 학업 성취에 있어서 개인차를 더 잘 예측하고 이해하며 또한 교육 현장에서 소수 민족을 홍보하고 사회 경제적 다양성을 이해하는 데 도움이 될 것이다.

어느 교육 기관이라도 누구나 자유롭게 공부할 수 있는 기회를 거부하는 것은 공정하지 않다고 주장할 수 있지만, 거기에는 피할 수 없는 공급과 수요의 차이가 있다. 그러나 어떤 '경쟁력 있는' 훌륭한 교육 시스템에서도 부인할 수 없는 역설적인 것이 있는데, 그것은 바로 시장 원리라는 것이다(미국 같이). '경쟁력 있는' 교육 시스템은 세계에서 가장 훌륭하고 수요가 많은 명성 있는 학교나 학습 프로그램을 창출하게 될 것이다. 예를 들면 세계 상위 20위 대학에서 17위까지가 미국에 있다(ARWU, 2011). 상위 대학이라는 평판은 좋은 학생을 선택할 수 있게 한다. 여기서 좋은 학생이란 명석하고 자신감이 있고 체계적이며 호기심이 있으며 공부하는 동안 경제적으로 충분한 지원을 받을 수 있는 그런 학생들이다. 이것은 학생들 간 학업의 잠재력 기준 차이를 크게 함으로써

'부익부 빈익빈'이라는 악순환을 만든다. 솔직히, 일류 학교의 진정한 상징은 학업 수준과 학습 속도가 낮은 학생을 미래의 지도자로 변화시키는 것이다. 하지만 지금의 아이비리그와 같은 일류 대학들이 하는 일은 미래의 최고 지도자가 될 만한 학생을 미리 식별하고 평가하는 것이다. 그리고 그들에게 열심히 공부하고 경쟁한 댓가로 일류라는 학위와 지위를 부여하고 있다. 만약 최고 지도자가 될 만한 학생들이 삼류 학교에 갔다면 얼마나 잘할 수 있을까? 반대로 형편없는 일반 학생들이 아이비리그 학교에 갔다면 얼마나 잘할 수 있을까? 생각해 보면, 최고의 학생을 선발하는 것은 가르치는 어려움을 최소화하는 방법이다. 열심히 일할 의지가 있는 사람, 호기심이 있는 사람, 배움을 빠르게 인지하는 사람을 다루는 것은 동기가 없고 행동 문제를 가진 사람을 다루는 것보다 확실히 더 쉽다.

온라인 성격 프로파일

이번에는 소비자 행동과 관련 있는 온라인 성격 프로파일의 현재 동향을 살펴보고자 한다[사이코그래픽 세그먼테이션(psychographic segmentation)으로 알려져 있음]. 아마존, 구글, 페이스북 같은 거대한 인터넷 회사들은 '그들의 고객을 잘 알기 위한' 치열한 경쟁을 벌이고 있다. 즉, 그들은 고객 개개인이 무엇을 할 것인지, 어떤 것을 사는 걸 좋아하는지, 생활 방식은 어떤지를 예측하기 위해 행동학적, 인구통계학적 및 심리적 데이터를 수집한다. 이것이 타당하고 윤리적인 방법이라고 볼 수 있나?

당신은 적어도 한 번은 아마존, 구글, 페이스북, 지메일, 유튜브, 이베이 같은 것들을 사용해 본 경험이 있을 것이다. 사용한 경험이 없다면 당신은 아직 20세기에 살고 있는 것이고, 사용한 경험이 있다면 이러한 사이트에는 광고가 많이 있다는 것을 알 수 있다. 즉, 사이트의 주요 기능 바로 옆에 '팝업 광고'나 기타 시각적인 광고들이 표시되어 있다. 당신이 관찰력이 뛰어나다면, 그런 광고가 소비자인 당신이 선호하는 것들과 관련되어 있다는 것을 눈치 챘을 것이다. 이것이 광고주와 마케터가 말하는 '표적행동(behavioral targeting)'이라는 것이다. 만약 우리가 지메일 전자메일 계정을 자주 사용하고 있다고 치자. 이메일의 받은 편지함을 클릭할 때마다 작은 문자로 보이는 광고를 볼 수 있다. 이 광고는 메일의 메시지 내용과 관련이 있다. 최근 이 책의 저자 중 한 사람이 지인에게 "런던 교외의 조용한 그린위치에서 술 한잔 하자."라고 편지를 썼다. 그 편지 맨 아래에는 저자가 소속되어 있는 대학 이름이 함께 전달되게 되어 있었다. 그랬더니 놀랍게도 '그린위치대학교의 새로운 강좌'에 대한 광고가 화면에 나타났다. 당신이 지메일 계정을 가지고 있다면 이러한 사실을 지금이라도 테스트 해 볼 수 있다―당신이 누군가에게 쿠바에서 보낸 휴가에 대해 편지를 쓴다면 아마도 쿠바 담배(물론 미국에서는 수출금지 품목이기 때문에 안된다)나 카리브 해에서 휴가 때 머물 수 있는 주택에 대한 광고를 받아볼 수 있을 것이다. 표적행동에서 '행동'은 일반적으로 구매 행위를 말하는 것이며 광고는 소비자들의 구체적 구매 행위를 유발시키기 위해서 소비자가 관심을 보인 내용을 조합한 키워드 매칭을 통해 선택되어 개인 메일함으로 받아볼 수 있게 된다(이것은 구글이 어떻게 세계에서 가장 인기 있는 검색 사이트가 되었는지와 현재 세계에서 가장 수익성 있는 광고회사인지를 알게 해 주는 것이다).

또 다른 예를 들어 보자. 당신이 만약 아마존에서 물건(CD, DVD, 의류)을 구입했거나 심지어 카탈로그에서 품목만 봤더라도 자동으로 당신의 컴퓨터 화면에 아마존 사이트가 뜨게 된다. 즉, 아마존은 당신에게 무료로 품목을 훑어보도록 제공하는데, 여기서 끝나는 것이 아니다. 당신이 그 품목 중 무언가를 구매하기 위해서는 계정을 여는 것이 필요하다(이것은 무료지만 자세한 개인 정보를 제공해야 한다). 이것은 아마존이 품목을 검색하는 사람들의 인터넷 쇼핑행동을 저장하여 개개인의 소비욕구를 파악하기 위한 것이다. 예를 들면 당신이 로버트 드 니로의 영화를 구입했다면 그 배우가 출현한 다른 영화도 추천을 받게 될 것이다(심지어는 '미트 페어런츠'를 구입했는데 '디어 헌터'를 추천받는다. 두 영화는 로버트 드 니로와는 관계가 없는데도 말이다). 이런 시스템은 소비자가 이전에 구입한 물건에 대한 부정확한 만족도 평가 때문에 마음에 들지 않는 리바이스 청바지를 구입한 경우에도 계속 청바지 제품을 추천한다. 심지어 또 다시 리바이스 청바지를 추천하기도 한다.

현재 더 논란이 되고 있는 사례는 페이스북의 계정 사용자에 대한 정보(그 사람이 누구인지, 어디에 있는지, 무엇을 좋아하는지)이다. 만약 당신이 디즈니랜드에서 찍은 여행 사진을 페이스북에 태그하는 경우, 아마도 올랜도 여행 또는 최신 디즈니 영화 등에 대한 광고를 받게 될 것이다. 이러한 광고 전략에 관해 소비자들 사이에서 논란이 되는 것은 다른 사람들이 자신의 개인 정보를 염탐하고, 침해하고 위반하고 있다고 느낀다는 것이다. 그러나 대부분의 사람들은 페이스북에서 개인 정보가 유출되는 정도는 괜찮다는 것을 깨닫게 된다. 왜냐하면 다른 대안 사이트들(아마존, 페이스북, 지메일, 이베이 등을 사용하지 않거나 비슷한 서비스나 제품을 위해 더 지불을 하는 것)은 더 좋지 않다는 것을 알고 있기 때문이다. 우리는 웹에 대해 '빅 브라더' 사회라는 인식이 있다. 많은 웹사이트들은 이런 인식을 소비자들에게 고취시킴으로써 소비자들이 스스로 온라인에 올린 정보가 어느 날 자신에게 손해를 가져올 수 있다는 사실을 불식시키고 있다.

소비자들의 성격 특성을 수집하는 것이 유용하긴 한가? 소수의 온라인 기업들은 소비자들의 성격 특성만을 수집하는 데 그치고 있지만, 실제로는 기업들끼리 소비자들의 행동을 예측하는 것과 더 정확하고 많은 정보 수집을 위한 '디지털 전쟁'을 하고 있다. 우리는 성격 특성으로 소비자의 행동을 이해하고 예측하는 것인지 대해 온라인 소매 업체(사회연결망사이트 포함)가 중요한 역할을 할 것으로 판단하며, 특히 이 과정에서 중요한 점은 투명성과 책임성이 있어야 한다고 생각한다. 그러나 먼저 생각해야 할 두 가지가 있다. 첫 번째, 성격 연구자들은 성격 특성마다 제품에 대하여 소비자 개개인이 지각하는 행동 경향성과 특정 제품을 구입할 때 얻게 될 편익을 예측하는 정도가 다름을 강조할 필요가 있다. 어떤 성격 특성은 직관적이다. 개방성이 높은 사람은 개방성이 낮은 사람에 비해 인습에 얽매이지 않고 더 창의적인 경향성을 가지고 있다. 만약 우리가 어떤 창의적인 제품을 알고 있다면 ─ 예를 들면 많은 사람들은 애플의 맥 랩톱은 델 PC보다 더 창의적이라고 인식한다(오늘날 세계 대부분의 사람들이 맥을 선호하지만 그들이 실제 창의적이라는 것을 의미하는 것은 아니다) ─ 개방성이 더 높은 사람들이 맥 제품 선호도와 정적인 상관관계가 있다. 두 번째는 사람들이 물건을 구입하고 사용할 때 만족할 제품이나 브랜드는 무엇이며 제품 구입에 영향을 미치는 심리적 요구는 무엇인지에 대해 알아볼 필요가 있다. 다음 장에서 논의하겠지만, 어떤 사람들은 직업과 관계 형성은 정신건강에 기본적으로 필요한 일과 사랑만 관련된 것이 아니라 다양한 동기들을 부여한다고 말한다. 직업성공과 관계 만족은 경쟁을 부추기고 재생산을 촉진한다. 단독가구로 살거나 실업자여도 그들은 여전히 소비자이며, 그들이 형성하고 있는 인간관계나 직업은 구매력뿐 아니라 더 좋은 제품을 구매하도록 하는 데 영향을 준다. 그런 사람들을 욕심이 많고 피상적이고 물질만능주의라고 생각할 수 있지만 우리 모두는 그런 면들이 조금씩은 있다.

그러나 소비자 행동에는 개인차가 분명히 있다. 우선, 우리는 모두 같은 제품을 좋아하지 않는다. 마음에 드는 물건을 소유하기 위해서 얼마나 많은 돈과 시간을 쓰느냐에는 개인차가 있다(심지어 소득의 차이가 일정하게 유지 될 때도). 그리고 사람들이 광고에 어떻게 반응하는지, 그리고 그들이 같은 제품을 구입한 후 무엇을 느끼고, 생각하고, 행동하는지에 있어서도 차이가 있다. 분명히 성격은 소비자의 행동과 연계가 있는 것 같다. 개인의 특성이나 성격 프로파일에 대한 정보는 그들이 무엇을 소비하려고 하고, 무엇이 소비를 촉진시키는지, 어떻게 마케팅 및 광고 캠페인에 반응하는지를 예측할 수 있다. 무엇보다 놀라운 것은 사람들은 자신의 소비습관을 바탕으로 타인의 성격 프로파일을 해석한다는 것이다. 예를 들어, 당신은 중금속 티셔츠를 입고 있는 50세 남자에 대해 어떻게 생각하는가?(그는 아마 IT 관리자일 것이다. 이것뿐인가?). 그 티셔츠는 무생물이지만 우리는 티셔츠를 입고 있는 사람의 성격을 생각할 수 있다. 다시 말해 중금속 티셔츠는 티셔츠를 입은 사람의 행동과 선호하는 취향을 나타낸다. 중금속 티셔츠를 입고 있는 50세 남자는 단지 헤비메탈 음악을 좋아하는 중년의 위기를 겪고 있는 사람이라는 것 이외의 많은 것들을 알리는 신호임을 알아야 한다. 그렇다면 어떤 것들을 알 수 있을까? 관습이나 규칙을 거스르는 것, 반사회적 행동의 경향성, 권한 문제, 반항적임, 내향성, 낮은 우호성, 새로운 경험에의 개방성, 감각 추구 문제 등이다. 그렇다. 이것은 단지 우리의 브레인스토밍일지도 모르지만, 이러한 가설은 이미 입증이 되었다.

예를 들면 성격의 개인차는 각자 좋아하는 특정한 예술의 유형이 있음을 보여 주고 있다(Chamorro-Premuzic, Reimers, Hsu, & Ahmetoglu, 2008). 개방성이 높은 사람은 다양한 유형의 예술을 좋아하지만, 그들은 특히 틀에 얽매이지 않는 소설이나 입체파, 추상, 일본 미술 같은 인기가 적은 유형의 예술을 선호한다. 마찬가지로 개방적인 사람은 복잡하고 독특한 음악을 선호하는 경향이 있고(Chamorro-Premuzic, Fagan, & Furnham, 2010) 일반적인 사람보다 음악에 더 많은 시간과 에너지를 소비한다. 비슷한 맥락에서, 성격은 선호하는 영화에서도 개인차가 있다. 신경증적인 사람은 극적이며 감정적으로 적재된 향수를 불러일으키는 영화를 좋아한다. 외향적인 사람들은 피상적이며 유쾌한 영화를 좋아한다. 개방적인 사람들은 예술적이면서 사실에 기반을 둔 공상과학 영화를 좋아한다. 이와 같이 성격과 선호하는 영화 간에는 높은 상관관계가 있다고 많은 연구에서 보고되고 있다(Chamorro-Premuzic, Kallias, & Hsu, 2014). 이와 같이 성격과 미디어 유형 간 연구는 주로 미술 역사가들, 영화 비평가들, 음악 연구가들에 의해 이루어지는 것이고, 심리학자들은 앞으로 성격과 소비자 상품의 관계 또는 성격과 브랜드 간의 관계에 대한 연구에 좀 더 적극적일 필요가 있다. 이 분야에서 많은 연구를 한 심리학자는 재클린 애커(Jacqueline Aaaker)이다.

직원 선발

다음은 기업에서 직원의 성격 특성을 알아보기 위해 사용하는 성격 검사에 대해 살펴보고자 한다. 가장 잘 알려진 성격 검사 도구로는 MBTI(Meyer-Briggs type indicator)로 매년 200만 명이 사용할 정도로 널리 알려진 도구이다. 소수의 교육연구 심리학자들은 MBTI가 과학 세계와 현실 세계 간 불일치를 보인다고 말한다. 즉, 학계와 기업이 MBTI에 대해 서로 다른 시각을 가지고 있다는 것이다. 학문적 목적으로서의 성격 연구는 성격 특성을 측정하거나 지적 능력 검사의 타당성을 검증하는 것이다. 기업 입장에서 성격 검사는 기업의 궁극적인 목표인 이익을 증가시키는 데 도움이 있는 경우에만 유용한 검사이다. 그러나 아이러니하게도, 이렇게 다른 시각들이 서로 관계가 있다는 것이다. 응용심리학자인 산업·조직 심리학자들은 개인의 수행 능력과 조직의 수행 능력을 예측하는 것에 관심이 있다. 그들은 성격 검사 점수의 정도를 어떤 사람이 무엇을 할 가능성이 있음을 예상할 수 있도록 해 주는 강력한 도구로 간주하고 있기 때문에, 정책이나 의사결정을 하는 데 활용한다. 성격 검사는 직원을 채용하거나 특정한 직업에 맞는 최적의 직원을 찾아내는 데 쓰이고 있다. 정말 성격 검사는 특정 업무에 적합한 사람을 식별하는 데 도움이 되는가? 간단히 대답하자면 "그렇다"이다. 이에 대한 부연 설명을 하고자 한다.

성격 검사(자기보고식 척도)는 업무 성과와 .2~.3의 상관관계가 있다. 다음을 생각해 보자. 구직 면접을 보는 세 명의 후보자가 있고, 그중 최고로 매력적인 사람이 뽑히게 된다(이것은 농담이 아니다. 외모지상주의 또는 잘생긴 사람들이 어떻게 능력을 포함한 심리적 특성에 있어서 그렇지 않은 사람보다 더 호의적으로 평가되는지에 관한 연구 문헌이 있다─ Langlois et al., 2000). 교육을 받은 대부분의 사람들은 ─ 심지어 그들이 진보주의자가 아니어도 ─ 이러한 편견에 대해 불만을 터뜨릴 것이다. 덜 매력적이라고 해서 사람들에게 선택을 못 받는다는 것은 확실히 불공평하다. 그러나 그렇게(그들은 매력적이거나 또 다른 이유 때문에) 선택된 후보가 자신의 업무 성과에 대해 긍정적으로 평가된다면 어떻게 될까? 그 선택이 옳은 것이었음을 입증하는 것이다. 업무에 적합한 사람을 채용하고 그 사람이 채용된 후에 일을 잘 수행한다는 것은 처음부터 올바른 선택을 했다는 증거일 것이다(채용 방법이 '타당'했어도 채용과 성과 평가에는 편견이 있을 수 있다). 이것은 예상할 수 있는 일이다. 인간은 편견의 대상이 되기도 하고 또한 누군가에게 선택받고 평가받기도 한다.

이것은 다음과 같은 의문을 갖게 한다. 당신은 그 업무에 맞는 후보가 누구인지를 어떻게 결정할 수 있는가? 당신이 그 일에 맞는 사람을 선택하기 위해 어떤 방법을 사용하든 간에 대답은 똑같다. 우선 업무에서 높은 평가를 받고 있는 개인의 특성을 파악하고 나중에 그 특성을 나타낼 가능성이 있는 개인을 선택하는 것이다. 이것은 업무 성과에서 개인차가 있음을 말하는 것이고, 그렇다면 개인차를 결정하는 요인을 식별하여 개인의 특성을 예측하는 것이다. 만약 주어진 업무가 판매하는 것이라고 가정해 보자. 유능한 영업사원은 어떤 특성을 보이는가? 그들은 자신감을 갖는 경향이 있다(다른 사람을 설득하거나 거부에 대처하기 위해). 그들은 사람들의 감정을 읽는 장점이 있다(다른 사람들이 원하는 것이 무엇인지를 이해하기 위해). 그들은 또한 사회성이 좋고 외향적이다(그들은 심지어 이메일이나 소셜 네트워크를 통해 다른 사람들과 교류를 해야 한다). 영업을 아주 잘하는 사람들이나 어떤 직업에서든 성공적인 업무 성과를 보이는 사람들의 성격 특성이 어떤지에 대해서는 연구 문헌들을 참고하면 알 수 있다. 이에 따라 성격이 어떻게 모든 직업군의 '업무 성과'를 잘 예측할 수 있는지 논의하고자 한다. 이미 언급한 바와 같이, 성격과 업무 성과 간의 상관관계는 평균 .3 이상이다(Ones & Vishveswaran, 2011 참고). 이것이 의미하는 것은 '그 일에 맞지 않는' 성격 프로필을 가지고 있는 취업 지원자는 그 일을 잘할 가능성이 35%인 것에 반해 '그 일에 맞는' 성격 프로필을 가지고 있는 취업 지원자는 65% 이상 잘할 가능성이 있다는 것이다(일반적인 성격 프로필은 50%). 물론 문제는 어떤 성격 특성이 특정한 한 가지가 아닌 여러 가지 업무에서 잘할 수 있도록 하는 데 영향을 끼치는가이다. 이에 대한 답은 쉽게 생각해

낼 수 있다. 정서적으로 안정(낮은 신경증)되고 책임감이 있고, 규율적, 체계적이며(높은 성실성), 사회성이 있고 자신감이 넘치는 호감적인(높은 외향성) 사람들은 주관적 평가든 객관적 평가든 상관없이 일반적으로 업무 성과가 더 높은 경향이 있다. 직원의 객관적 업무 성과 평가 지표는 정량적 추정치이다. 콜센터에서는 시간당 받은 전화의 수가 될 수 있다. 증권 주식 투자나 판매에서는 얼마의 이윤을 남겼는지가 될 수 있다. 직원의 주관적 업무 성과 평가 지표는 관리자 평가를 적용하는 것이다. 주관적 업무성과 평가는 편향된 평가가 될 가능성이 있고, 상사가 당신을 좋아하는지 아닌지 여부로 귀결될 수도 있다. 그러므로 이 모든 것을 종합해 보면 사교적이고 정서적으로 안정적이며 근면한 직원들은 상사에 의해 더 인정받는 경향이 있고 또한 객관적인 업무 성과에 있어서도 좋은 결과를 보여 준다.

만약 높은 외향성, 낮은 신경증, 높은 성실성의 성격 특성을 모두 가지고 사람은 일반적인 사람보다 15% 더 그 일을 잘할 가능성이 있는 것이다. 그런데 이 세 가지 성격 특성이 서로 독립적이라고 한다면 15%+15%+15%가 되어 보통 사람보다 45% 더 잘할 수 있음을 의미하게 된다. 그러나 불행히도 이 세 가지 특성은 독립적이지 않으며 업무 성과와는 중간 정도의 상관관계가 있음이 보고되었다(Rushton & Irwing, 2011; 이 연구 결과에 대한 반박은 Ferguson, Chamorro-Premuzic, Pickering, & Weiss, 2011 참고). 그러나 이러한 성격 특성들은 모두 업무 성과를 예측하는 유용한 성격 특성임이 일반화되고 있다. 이 같은 결과는 그동안 조사한 엄청난 데이터를 바탕으로 한 메타분석 결과로 인한 것이며, 현재도 다양한 검사 도구를 사용하여 많은 연구가 진행되고 있다. 사실 이러한 연구는 성격이 직장에서 미치는 실제적인 영향을 과소평가할 가능성이 높다. 왜 그런가? 주어진 업무에서 어떤 성격 특성이 높은 업무 성과를 가져오는지가 정해지기 때문이다. 그러므로 업무 성과를 예측할 수 있는 성격 특성과 그런 성격 특성을 찾아내는 가장 효과적인 방법에 대해 더 많은 고찰이 요구된다.

성격 검사는 아직까지는 채용 목적으로 널리 사용되고 있지 않지만, 미국과 영국을 제외한 몇몇 경제대국들은 성격 검사를 직원 채용에 이용한다. 만약 당신이 현재 어딘가에 입사지원서를 제출했고, 입사 과정 중 성격 검사가 포함되지 않았다면 당신에게는 입사의 기회가 더 높아질 수 있다. 그동안 당신은 여러 회사에 입사지원서와 이력서를 보냈을 것이고 누군가에게 추천서도 부탁했을 것이다. 그리고 면접도 보았을 것이다. 사실 지원자들은 이러한 방법을 선호하는 경향이 있고 성격 검사보다 더 많이 사용되고 있기는 하다. 그러나 이런 방법은 성격 검사에 비해 지원자의 업무 성과 능력을 예측하기에는 신뢰성과 타당성이 떨어진다(Chamorro-Premuzic & Furnham, 2010a, 2010b). 입사지원서는 지원자의 미래 행동을 예측하기 위한 질문이 있기보다는 다른 지원자와 차별을 일으키게 만드는 인구사회학적 요인만을 평가하는 경향이 있다(이것은 성격 이론의 주요 전제 중 하나다; Chamorro-Premuzic, 2011). 그러나 지원자들이 젊고 그 일에 대한 경험이 없는 경우는 어찌되는가? 불공평한 일이겠지만, 회사는 지원자들 중에서 특별하지 않는 한 경험이 많은 지원자를 선호할 것이다. 이력서도 완전히 믿기 어려운데, 그 이유는 사람들은 자신의 약력을 속이기도 하고 심지어는 '마음대로 바꾸는' 것을 배우기도 한다. 사실 우리도 학생들에게 이력서를 작성할 때는 그들이 성취한 일이나 기술 등을 과대포장하라고 조언한다. 왜냐하면 고용주는 지원자들이 이력을 과대포장할 거라 생각하기 때문에 이력서에 기술된 업적을 20~30% 낮춘다. 예를 들면 프랑스어를 "유창하게 구사한다."고 말하면 인사담당자들은 보통 프랑스어 몇 마디를 구사하거나 고등학교에서 몇 년 공부한 것으로 해석한다. 프랑스어의 '기본' 지식이 있다고 말한다면, 그들은 당신이 겨우 'oui'를 말할 수 있다고 여길 것이다. 이렇게 참고할 만한 자료들로는 지원자들의 능력을 예측하기 어렵다. 겉으로는 게으르고 문제가 있는 직원일지라도 그들이 가지고 있는 성격의 몇몇 측면들에 대해 한두 사람은 긍정적으로 언급하는 것을 볼 수 있기 때문이다(누군가에 대한 부정적인 참고 내용을 제공하는 것은 거의 불법이다 — 미국에서 그렇게 하면 고소를 당할 수도 있다). 앞에서 우리는 인터뷰가 가지고 있는 문제점에 대해 언급했다. 사람들은 부적절한 질문을 하고 부적절한 행동에 초점을 맞추며 매력이나 카리스마가 없는 지원자에 대해 부정적인 편견을 갖는다. 사이코패스나 나르시시스트들은 면접을 아주 잘하는 경향이 있는데, 그들은 적어도 몇 시간 동안은 누군가를 매혹시킬 수 있으며 본인이 사회성이 있다는 것을 보일 수 있기 때문이다(그들이 채용되면 고용주들은 가끔 그들의 '어두운 이면'으로 인해 충격을 받고 결국 그들의 파괴적인 행위에 대해 대가를 치르게 되는 처지에 놓인다; Hogan, 2007). 그래서 성격 검사는 완벽한 직원 채용 도구는 될 수 없으나, 다른 대안보다는 나은 편이기에 채용 시 사용하게 되는 것이다. 현재 성격 검사를 대신할 유일한 검사는 인지능력 검사(IQ 검사)이다. 그러나 IQ 검사는 성격 검사에 비해 보편적이지 않고 소수 민족과 (때로는) 여성을 차별하는 단점이 있다. '차별한다'는 말이 어떤 편견을 갖고 있다는 것을 의미하는 것은 아니나, IQ 검사를 해 보면 어떤 특정 집단의 사람들은 다른 사람들보다 평균적으로 점수가 낮은 경향이 있다. 여기서 점수가 낮다는 것은 능력면에서 다소 떨어지는 경향이 있다는 것이다. IQ 검사가 업무 수행 능력을 예측할 수 있는 이유는 IQ 검사가 학습 속도와 학습 능력을 훌륭하게 예측하기 때문인데, 실제적으로 많은 업무들은 일을 하면서 배우는 것을 요구하기 때문이다.

끝으로, 면접, 이력서, 참고자료, 지원신청서가 업무 수행 능력을 예측하고, 높지는 않지만 성격 검사와도 상관관계가 있다는 것을 많은 연구에서는 보여 주고 있다. 앞에 제시된 방법들이 입사지원자에 대한 다양한 정보를 제공하지는 않지만 그동안 사용되어 온 방법들이다. 이런 방법들은 신뢰도가 떨어지고 성격 검사를 대신할 수는 없더라도, 기여하는 부분은 확실히 있다 — 성격 검사는 입사지원자들 사이의 잠재적인 업무 능력 차이를 예측하고 확인하는데 있어서 그 가치는 더해질 것이다.

성격과 디지털 사랑

독신인구가 많이 늘어나면서 사람들은 '이상적인' 파트너를 찾기 위한 목적으로 온라인 데이트 서비스를 이용하고 있다. 이로 인해 온라인 데이트 시장이 거대한 성장을 하고 있으며 특히 미국인들은 2005년에 온라인 데이트에 5억 달러를 소비했다. 온라인 데이트는 현재 웹에서 포르노 다음으로 규모가 큰 유료 콘텐츠이다. 매치닷컴과 e하모니 같은 온라인 데이트 사이트에서는 개인의 심리 검사를 로맨틱 커플을 식별하는 데 사용하고 있다. 이에 대해서는 논쟁이 되고 있는 부분이 있는데, 우리는 성격 특성과 로맨틱 선호도 간의 관계 연구(Ahmetoglu, Swami & Chamorro-Premuzic, 2009)를 바탕으로 논쟁이 되고 있는 부분을 살펴보고자 한다. 우리는 온라인 데이트를 '디지털 사랑'이라고 언급하고자 하며, 개념은 '개인이 원하는 대로 할 수 있는 사랑'으로 정의하고자 한다.

사랑이라는 것이 무엇인가? 대부분의 심리학자들은 이 질문에 명확한 답변을 힘들어 하지만 미국 심리학자 로버트 스턴버그(Robert Sternberg)는 삼각이론을 제안하며 사랑에 대해 개념화하였다(Sternberg, 1986). 이 이론에 의하면 남녀간의 사랑에는 세 가지 유형 즉, 낭만적 사랑, 우애적 사랑, 허구적 사랑이 있다. 사람들은 낭만적 사랑은 서양 문화나 청소년 시기에 하는 사랑이라고 생각한다. 낭만적 사랑은 다른 사람에게 끌리고 가슴이 두근거리며 친밀감이 높은 사랑이다. 바로 이 친밀감 때문에 많은 사람들이 온라인으로 파트너를 만나길 꺼려한다. 술 취한 밤에 누군가를 만나는 것이 낭만적이라고 보기에는 어렵다. 두 번째 사랑의 유형은 오래된 우정 같은 우애적 사랑이다. 우애적 사랑은 다른 사람과 모든 순간을 공유하길 원하며 함께 어울리는 것이 너무 재미있기 때문에 오랫동안 그 관계에 헌신하는 것을 말한다. 마지막으로 허구적 사랑은 성적 매력과 열정을 기반으로 하지만, 헌신이 부족한 사랑이다(불륜이나 하룻밤 상대가 포함될 수 있다). 여기서는 이 세 가지 사랑의 유형만을 설명하긴 했지만, 모두가 원하는 그런 사랑의 관계가 있다. 즉, 헌신, 열정, 친밀감 모두를 가지고 있는 사랑의 관계 말이다. 이러한 관계를 스턴버그는 성숙한 사랑이라고 했으며, 아마도 이것이 대부분의 사람들이 말하는 '완벽한 일치'의 의미를 가장 잘 반영한 관계일 것이다.

성격과 로맨틱 관계 간에는 이론적인 관심만 있는 것은 아니다. 사실 만남을 주선하는 수백 개의 웹사이트와 전화 어플리케이션이 있는데, 그 프로그램들은 점점 더 성격심리학의 일부를 통합하고 있다. 사람들은 누군가가 웹사이트를 이용하여 파트너를 쉽게 찾을 수 있다는 생각 자체에 놀라움을 금치 못할 수 있지만 전혀 놀라운 일이 아니다. 인터넷은 세계 대부분의 지역에서 사용하고 있고 가상 세계는 물리적 세계와는 달리 장소와 시간에 상관없이 동시에 많은 사람들을 만날 수 있다. 어떻게 페이스북이 7억 명 이상의 사용자를 가지고 있다고 생각하는가?(당신이 이 책을 읽을 때는 아마도 1백만은 훨씬 넘어 있을 것이다). 페이스북은 동료 학생들을 대상으로 한 대학 웹사이트로 시작했다. 그 후 다른 대학, 도시, 국가로 확장되었다. 이것에 대해서는 굳이 말할 필요는 없고, 우리가 말하고자 하는 것은 데이트 사이트로서의 페이스북의 기능이다. 페이스북에서 당신이 로맨틱한 파트너를 만날 수 있는 가장 일반적인 방법은 '입소문'이나 친구의 추천을 통해서이다. 그렇기 때문에 서로 알고 있는 친구가 있다면 추천할 만한 사람을 공개할 가능성이 더 높다. 이것은 계승된 것이다. 만약 당신이 중세 시대로 돌아가거나 산업화되기 이전으로 간다고 생각하면, 당신은 부모님들이 그 자녀를 이웃 사람의 아들이나 딸과 연결시키려고 하는 것을 발견할 것인데, 그것이 과학기술의 발달로 인해 온라인 데이트로 변화되었다.

페이스북은 홈 화면의 개인 프로파일에 '관계 상태'를 포함시킨 후 기하급수적으로 성장했다는 전설이 있다. 프로필 사진이 없는 경우 사람들이 친구 맺기와 '좋아요'에 흥미가 덜 한 것처럼, 어떤 사람의 관계 상태가 '약혼' 또는 '결혼'일 경우 관심이 확실히 덜 하다. 세상의 많은 사람들이 자신의 애정 생활에 불만이 있다는 것(어떤 사람들은 싱글이어서 또 다른 사람들은 자신과 맞지 않는 사람과 함께 있기 때문에)과 많은 시간을 온라인상에서 보낸다는 것을 감안할 때 인터넷이 인기 있는 만남의 장소가 되었다는 것은 당연해 보인다. 실제로 온라인은 파트너를 만나는 데 인기 있는 방법 중 하나이다. 그렇다면 온라인 데이트에서 성격 프로파일을 어떻게 활용할 수 있는가?

대부분의 온라인 데이트 사이트는 사이트 멤버들에게 수백 수천의 프로파일을 훑어볼 것을 제안한다. 이런 프로파일에는 사진이 있는 경우가 많다(여기에서 신체적 매력이 심리적으로 영향을 미치는 것에 대해서는 논의하지 않을 것이다. 하지만 사진이 사이트를 사용하는 사람들의 관심을 더 많이 집중시킬 수 있다는 사실은 상상할 수 있을 것이다). 온라인 데이트 사이트에 있는 프로파일에는 프로파일 당사자를 아는 사람이 쓴 그 사람에 대한 간단한 글귀가 있다(참고할 만한 내용이거나 추천서 같은 것이다). 예를 들면, "밖에서 밤을 시내는 것과 페퍼로니 피자를 좋아하고, 춤을 잘 추고, 정치에는 관심이 없으며, 산이나 해변에 가는 것을 좋아하고, 서로 지루한 운동 파트너를 해 주는 것을 바라고 있다." 당신이 심리학자가 아닐지라도 이런 프로필을 읽었을 때 그 사람의 성격을 대강 그려볼 수 있을 것이다. 또한 좀 더 전문적으로 성격 5요인의 관점으로도 생각해 볼 수 있을 것이다(뿐만 아니라 다른 분류 체계로도). 문화에 따라 다른 의미를 가질 수 있긴 하지만 한 번 생각해 보자.

- "밖에서 하룻밤을 보내는 것": 외향적, 활동적, 감각을 추구하고 파티를 좋아하는 사람(아마도 학구적이지는 않고 세상 물정에 밝음, 만약 밤에 밖에서 술이나 담배를 한다면 건강하지 않을 수도 있는데 영국에서는 그럴 것이다)
- "춤을 잘 춘다.": 위와 같음. 어쩌면 과신, 소수의 남성(남성일 거라 추측한다)은 자신이 춤을 잘 춘다고 느끼고, 심지어 그것에 대해 자랑함, 남성은 어떤 것들에 대해 여성보다 더 자랑하는 경향이 있다.
- "정치에는 관심이 없다.": 지적이지 않으며 낮은 개방성, 간절함이나 무질서 또는 공적인 부분에 관심이 없음, 낮은 성실성(시민의식 등이 없다고 느낌)
- "해변이나 산을 좋아한다.": 자만심이 강하고 다소 피상적임, 사교적이고 외향적이긴 하나 관습적인 틀에 박혀 있으며 지적인 면은 없음.
- "서로 지루한 운동 파트너를 해 주는 것을 바라고 있다.": 게으름, 자기통제력 부족, 낮은 성실성, 높은 사회성
- "페퍼로니 피자": 순수하고 따뜻하며 현실적임, 편안한 사람이며 쾌락적이고 정직함(피자는 손쉽게 찾을 수 있는 메뉴이다-온라인 데이트 사이트의 많은 사람들은 실제로는 레이디 가가를 좋아하는

데 바흐를 좋아하는 척한다)

이와 같은 방법이 과학적이지 않음을 인정하지만 실제로는 이렇게 형용사를 이용하여 자기를 설명하는 것이 어느 정도는 과학적인 방법이라는 사실이 연구를 통해 입증되었다. 연구에서는 공정한 판단이 가능한 평가자들이 타인의 성격에 대한 각자의 해석에 확신하는 경향이 있음을 보여 주었다. 더욱이 평가자들은 무선표집된 사람들에 대한 30초의 짧은 비디오만 보고도 그들의 성격을 성격 5요인이나 그와 유사한 성격을 나타내는 언어를 사용하여 정확하게 평가해 냈다(Graham, Sandy, & Gosling, 2011). 즉, 우리가 하는 모든 행동과 말에는 다른 사람들이 파악하고 해석하게 될 개인의 성격 정보가 있다. 그러므로 만약 당신이 온라인 데이트 선전 문구에서 사람들의 성격 특성에 대한 중요한 단서를 볼 수 있는 능력을 가지고 있다면, 누군가에 대한 정확한 성격 프로파일을 알 수 있을 것이다. 그렇기 때문에 온라인에서 파트너를 찾는 경우에는 그 사람이 이러한 사람일 거라고 예측할 수 있는 숙달된 안목과 정교한 레이더가 필요할 것이다. 온라인 데이트의 좋은 점은 어디에서 무엇을 하고 있을지라도 단시간에 여러 명을 만날 수 있다는 것이다. 그러나 이것은 데이트 할 후보자들 사이에 시간적 간격을 두어야 한다는 측면에서 해결해야 할 과제이다. 비록 온라인 데이트가 시간과 비용 면에서 효율적이라고는 하나 필터링 할 수백 명의 프로파일이 있고, 만약 필터링한 목록을 가지고 있어도 여전히 이메일을 하기 위해 시간을 투자해야한다. 거기다가 '서로 강하게 끌리는 것(chemistry)'이 있는지도 확인해야 한다.

　만약 (a) 데이터들이 자신들과 잘 맞는 상대방의 성격을 알고 있고 (b) 다른 데이터들의 성격을 예측할 수 있다면, 훨씬 더 효율적인 만남을 만들 수 있다. 그런 면에서 온라인 데이터는 '아날로그' 데이터와 다르지 않다. 데이터들은 상대방이 무엇을 좋아하는지 알아야 하고 그 결과 서로 맞는지 안맞는지를 결정한다. 사랑에 대해 우리는 여전히 로맨틱한 사랑은 있다고 여기지만 — 많은 사람들은 일생에 한 번 그런 사랑이 있다고 믿는다 — 그것은 불가능하다. 세상에는 60억의 사람이 있고 인기가 아주 많은 사람들은 성인기 동안 만 명 정도의 사람을 만날 수도 있다. 그래서 나와 완벽히 맞는 사람을 만날 가능성은 매우 적다. 계산을 해 보면 0.0002%이다(당신이 매우 인기남이어서 페이스북에 5천 명의 친구가 있어도). 나와 잘 맞는 사람들은 몇 명 정도 있을까? 10명, 100명, 1,000명, 또는 100만? 100만이 과도해 보이지만, 그것은 세계 인구의 0.02%도 안 된다. 이것이 의미하는 바는 서로 잘 맞는 사람은 1,000명 정도라는 것이다. 대부분의 사람들은 어느 정도 맞으면 큰 불만 없이 만남을 받아들일 것이다.

　성격심리학은 온라인 데이트에서의 세 가지 중요한 부분을 가르쳐준다. (1) 성격은 어떤 커플이 다른 커플보다 관계를 더 성공적으로 해나가는 것에 대해 어느 정도는 설명해 준다. 넓은 의미에서 서로 잘 맞는 성격(종종 대조적인 성격 스타일을 가짐으로써 서로를 보완할 수 있지만)을 가지고 있는 사람은 그들의 관계에 더 만족하며 오랜 시간을 함께 한다. (2) 각자의 성격 특성은 다른 사람의 성격 특성에 대한 선호도를 결정한다. 로맨틱한 파트너는 스스로의 자아 개념을 확인하는 데 도움을 준다. 그래서 비슷한 사람을 사랑하게 되는 것은 개인의 자아존중감을 높게 유지할 수 있기 때문이다(프로이트는 이것을 정상적인 나르시시즘의 징후로 보았다). 마지막으로 (3) 완벽하게 일치한다는 것은 존재하지 않는다. 오히려 몇몇 사람들과 잘 지내는 것이 더 쉽다. 그것 또한 자신과 다른 사람들의 성격 프로파일에 의해 결정된다. 온라인 데이트 사이트에서는 타당하고 신뢰할 수 있는 성격 검사를 활용하여 서로 얼마나 잘 맞고 소통하는지를 쉽게 예측할 수 있도록 해야 한다(예측이 완벽하지 않더라도 기회의 확률을 높일 수는 있어야 한다).

그렇기는 하나, 독자들이 연애의 과정에 과학이 개입하는 것에 대해 어느 정도 회의적일 것이라고 생각한다. 사람들은 기회라는 것은 확률이기보다는 받아들일 수 있는 무언가라고 믿는다. 10년 전에 출간된 기술 잡지인 Wired에 실린 글에는 다음과 같은 구절이 있다. 20년 후 '온라인 없이 사랑을 찾는 사람은 바보'라는 생각은 '찾고자 하는 책은 우연히 발견'되는 것이기 때문에 책을 찾기 위해 서가를 이리저리 해매는 대신에 도서관 카드 카탈로그를 보는 것과 비슷하다. 우연은 비효율적인 특징을 가지고 있는데, 사랑을 찾는 시장은 좋든 싫든 더 효율적으로 되어가고 있다(Wired, 2000).

왜곡

3장에서 언급했듯이 성격 검사에서 가장 우려되는 것이 피험자들의 거짓응답이다. 이 거짓 응답 때문에 성격 검사를 직원 채용에 사용하는 것이 괜찮은가 하는 의문을 제기하게 되는 것이다. 이런 의문에도 불구하고 많은 회사들은 입사지원자에게 성격 검사를 요구하고 있는 이유는 특정 성격 특성이 특정 업무 능력에 좋은 예측인자가 된다는 많은 연구 문헌들 때문이다(Li, Liang, & Grant, 2010; Seibert & Lumpkin, 2009). 만약 어떤 업무에 유능한 지원자를 파악하는 것이 목표라면 성격 검사에 의지해서 그 업무에 맞는 직원들을 선별하는 것은 의미가 있을 것이다. 또한 업무 활성화에 촉매 역할을 할 특정한 특성을 보이는 지원자를 고용하기 위해 성격 검사를 활용하는 것 역시 의미가 있을 수 있다(예 : 광고회사 같은 창조성을 기반으로 하는 조직은 많은 아이디어 교류가 있어야 하기에 직원들 간의 좋은 상호작용과 사교적 환경을 조성하기를 원할 것이고, 그 때문에 좀 더 외향적인 사람을 고용하기를 선호하고 있다).

그러나 때로는 이 방법은 부메랑 효과를 낳을 수 있다. 이 장 앞부분에서 기업이 특정 유형의 개인(높은 수준의 사이코패스인 사람들)에게 어떻게 끌리는지를 설명하였다. 만약 회사들이 고용할 사람을 선별하기 위해 성격 검사를 사용한다면 낭패를 볼 수 있다. 왜냐하면 사이코패스는 사회적으로 바람직함을 묻는 문제에 관한한 옳은 응답을 할 가능성이 충분하기 때문이다. 그렇게 해서 사이코패스가 채용이 된다면 그들은 교묘하고 부정직하게 사람이나 어떤 일을 조종하는 조작의 네트워크를 형성하기 위해 자원 및 플랫폼을 가질 것이고 그것은 확실히 기업의 안정성과 생산성에 부담으로 돌아올 것이다(Babiak & Hare, 2007). 또한 성격 검사를 이용한 채용 방법은 입사지원자에게도 치명타가 될 수 있다. 마이클 캠피언(Michael Campion)에 의하면 입사지원자의 5%가 완벽한 점수를 달성한다고 한다(Morgeson et al., 2007). 완벽한 점수를 획득한 지원자는 도덕성이 완벽하다는 것인데 이것은 불가능한 것이기에 정직하게 대답했을 가능성은 희박하다. 그는 이러한 속이는 자들의 거짓 응답, 즉 왜곡은 도덕적이고 유능한 지원자들이 선별되는 것을 막아서 고용을 위축시키는 원인이 되고 있다고 하였다. 속임수는 속이는 당사자뿐 아니라 타인들의 삶에도 영향을 주고 있다. 실제로 직업심리학에서는 속임수에 윤리적 딜레마가 있다는 것을 보여 주고 있다.

속임수에 대한 연구 결과는 일관적이지 않다. 뮬러-한슨, 헤그스테드, 토튼(Meuller-Hanson, Heggstad, & Thorton, 2003)은 입사지원자들은 단지 채용을 위해 자신을 좋은 쪽으로 보이도록 응답할 것이므로 성격 검사의 높은 점수 분포는 타당성에 문제가 될 수 있다고 하였다. 이러한 가설은 두 그룹의 수행 능력을 비교한 연구에 의해 뒷받침되었다. 즉, 뮬러-한슨과 동료들은 동기 부여에 대한 두 그룹 간 성격 검사 점수에 의미 있는 차이가 있음을 보고하면서, 성격 검사가 위조에 취약해서 최종 채용 결정을 내릴 플랫폼으로는 사용하지 말고 잠재력이 있는 지원자를 선별하는 데만 사용되어야 한다는 결론을 내렸다.

한편, 사람들은 성격 검사가 실제로 자신에게 아무런 이득이 없는 경우에도 거짓으로 응답하는 것으로 나타났는데(예 : McDaniel, Margaret, Perkins, Goggin, & Frankel, 2009) 사람들은 단순히(순수하게) 자신이 호의적으로 보이길 원하기 때문이라고 하였다. 이런 연구 결과는 성격 검사가 그 자체로 정말 중요한 건지에 대한 의문을 들게 한다. 그렇다면 이런 거짓 응답이 성격 특성과 업무 성과 간의 관계도 왜곡하는지의 여부는 중요한 사안이 될 수 있다.

속임수가 성격과 업무성과 간의 관계를 왜곡하여 성격 검사의 타당성에 영향을 주는지 여부는 원스, 비스웨스바란, 라이스(Ones, Viswesvaran, & Reiss, 1996)가 실시한 메타분석에서 자세히 설명하고 있다. 이 연구에서는 우리가 예상했던 것과는 다르게 사회적 바람직성 척도는 업무 능력을 예측하지 못하는 대신 정서 안정성이나 성실성과는 상관이 있는 것으로 나타났다. 이에 따라 연구자들은 속여야 하는 동기가 있던 없던 그것이 문제가 되지 않을 수 있다는 결론을 내렸다.

심지어 속임수가 이론적 관점에서도 문제가 되지 않을 수 있다는 주장이 있다. 호건(2005)은 속임수를 사회적 적응의 표시라고 주장했는데 (마음에 가지고 있는 자신의 욕구와 환경에 놓여 있는 상황에서의 욕망을 수용할 수 있는 정도) 그의 말에 따르면, 일반적으로 속임수는 개인이 가지고 있는 좋은 '사회적 기술'을 나타내는 것으로 긍정적인 성격 특성으로 간주되어야 한다는 것이다. 즉, 입사지원자가 성격 검사에서 사회적으로 바람직한 응답을 구별할 수 있다면, 그들은 직장 내에서 의사 결정을 할 때 올바른 선택이 무엇인지를 알고 그에 맞게 수행할 수 있을 것으로 예상된다는 것이다. 자신의 행동과 충동을 관찰하는 능력은 사회라는 현장에서 필요하고, 우리는 모두 어느 정도는 자신을 잘 보이기 위해 무언가를 한다. 속임수는 비즈니스 상황에서 효과적이다. 예를 들면 판매원은 더 많은 판매를 하기 위해 효과적으로 사회적 신호를 읽고 자신의 행동과 태도를 적절하게 조절함으로써 그들의 고객과 관계를 잘 맺을 수 있어야 한다.

이상과 같이 속임수가 문제가 되지 않을 수 있다는 연구에도 불구하고 모겐슨과 동료들(Morgeson et al., 2007)은 회사들이 속임수의 발생을 최소화하길 원한다고 보고 하였다. 어떻게 하면 속임수의 발생을 최소화할 수 있을까? 속임수를 줄이기 위한 여러 가지 전략들은 많은 연구에서 제안되어 왔다. 가장 기본적인 방법은 피험자들에게 속임수를 확인할 수 있다는 것을 경고하는 것이었다. 이 방법은 논리적인 접근이기는 하나 피험자에 따라 작용될 수도 있고 안 될 수도 있을 것이다. 예를 들면 정상적인 심리 범주에서 벗어난 사람은 면접관들의 말에 귀를 기울이지 않을 수 있는 반면, 불안한 사람은 각각의 질문에 너무 많은 의미를 부여하여 하나하나 심사숙고할 수 있다. 또 다른 접근법은 이분질문도구를 활용하는 것이다. 예를 들면 "당신은 사교적이고 말을 많이 하고 우호적이다."거나 "당신은 보수적이고 조용하며 내향적이다."라는 항목에서 하나를 선택해야 한다. 일부 연구자들은 이분질문도구의 사용은 피험자가 응답하는 데 모호성을 없앨 수 있다고 주장한다. 그러나 고핀, 장, 스키너(Goffin, Jang, & Skinner, 2011)는 이분질문도구와 전통적인 평가 도구 중 어느 것이 더 유용한 결과를 도출하는지는 확실하지 않으나 서로의 상관관계는 높다고 보고하였다.

속임수를 최소화하기 위해 가장 일반적으로 쓰고 있는 전략은 검사도구에 가짜 항목이 포함된 사회적 바람직성 척도를 사용하는 것이다. 즉, 입사지원자들에게 완전히 허구인 질문에 답을 하도록 한다. 만약 피험자들이 이 질문에 긍정적인 대답을 한다면 그들은 속임수를 쓰는 것이 확실하다. 예를 들면 "나는 컴퓨터 언어 ULTNIX에 매우 능숙하다". 이 것은 그냥 만들어 낸 허구적인 컴퓨터 언어이다. 그러나 이 방법은 사회적 바람직성을 관찰하는 데는 효과적일 수 있으나 성격 검사의 타당성에는 영향을 주지 않기 때문에 속임수를 최소화하는 문제는 해결하지 못한다.

결론

속임수는 성격 평가에서 가장 심각한 문제라고 생각한다. 특히 속여서 어떤 이득을 보게 된 경우가 그렇다. 하지만 속임수에 대한 문제를 조사 한 연구들은 이것이 실제적인 문제도 이론적인 문제도 되지 않는다고 말 한다. 속이는 것 성격 검사에 많은 문제는 되지 않으나 자기보고식 검사 지 사용에 관해서는 여전한 논쟁이다. 결론은 기관이나 회사들이 이력 서, 인터뷰, 성격 검사를 사용할 때는 필터링 과정이 있어야 한다는 것이 다. 분명히 속이는 문제는 어느 방법으로도 제거되기 어렵다. 일반적으 로 고용주는 자신의 직감을 믿기 때문에 면접을 선호한다. 하지만 자기 보고식 검사가 면접이나 다른 채용 방법보다 신뢰도와 타당도가 더 좋다 는 것은 많은 연구로 증명되어 왔다. 게다가 관리하는 데도 훨씬 더 효율 적이다. 본질적인 문제는 속임수가 문제인지의 여부나 자기보고식 검사 에 어떤 좋은 대안이 있는지의 여부가 아니다. 업무 능력을 예측하기 위 해 성격 검사 시행을 생각하고 있다면, 직원들의 선택권이 고려되어야만 한다. 선택할 다른 것들이 있어도 자기보고식 검사보다 더 나은 것은 없 다. 따라서 만약 목표가 어떤 사람의 성격 특성이나 일을 수행할 수 있는 잠재력을 평가하는 것이라면, 자기보고식 검사는 현재 가장 좋은 방법

중 하나다. 이것은 어떤 사람이 사회적으로 바람직하게 반응하는지 아닌지와는 상관이 없기 때문이다.

종합적 결론

성격 검사가 개인에 대한 정보를 얻기 위한 목적으로 활용될 수 있는지에 대한 논쟁은 여전히 존재하고 있다. 논쟁은 두 가지 주제로 나눌 수 있는데, 첫째는 자기보고식 검사로 개인에 대한 정보를 얻을 수 있는가에 대한 것이고 둘째는 자기보고식 검사의 사용이 윤리·도덕적인지의 여부이다. 첫 번째 논쟁에서 자기보고식 검사가 사람들의 성격과 잠재력을 평가하는 데 있어서 가장 정확한 도구라는 점에서는 의심의 여지가 없다. 두 번째 논쟁은 과학적인 측면보다는 개인적 가치의 문제이기에 논쟁의 여지가 있는 부분이다. 당신은 위험하고 역기능적인 성격 특성은 초기에 밝혀져서 다루어져야 한다거나 또는 위험하고 역기능적인 성격 특성을 가지고 있는 사람이라고 증명될 때까지 그런 성격 특성을 가지고 있다는 것을 믿지 않을 수도 있다. 당신은 소비자에 대한 정보 수집이 소비자들의 제품 취향을 아는 데 효율적인 수단이거나 또는 개인 정보 보호의 위반이라고 믿을 수도 있다. 당신은 온라인 데이트 사이트가 자신과 어울리는 누군가를 만나기 위한 최선의 길이거나 또는 온라인 데이트 사이트가 로맨스와 운명을 거스르는 것이라고 생각할 수도 있다. 분명히 성격 프로파일의 도덕적인 측면은 해결하기 어려운 부분이다. 이런 윤리에 대한 논의는 학제적 접근 방식을 필요로 하기 때문에 이 책에서는 다루지 않기로 하겠다. 연구자로서 우리가 다루고자 하는 목표는 경험적 사실에 입각한 내용들이다. 성격 검사 사용의 윤리·도덕적 문제는 주관적인 것이기에 사람마다 같은 사실에 근거한 현실을 다르게 생각할 수도 있다. 성격 검사가 타당하고 신뢰성이 있다는 사실은 사람들에 대한 정보를 얻기 위한 목적에 맞는 것일 수도 있다. 성격 검사가 그러한 목적을 위해서 사용될지 아닐지의 여부는 주관적인 문제이다. 이 문제는 여전히 심리학자들 사이에서 논쟁거리이다. 다른 분야나 일반 대중에게도 논쟁거리 중 하나이다.

앞으로의 방향과 연구

지금까지 살펴본 성격 본질에 대한 내용들을 마무리하고자 한다. 이 장에서는 1장부터 5장에서 논의된 성격에 대한 주요 주제들을 검토하고 전반적인 결론을 내리고자 한다. 또한 성격 연구의 몇 가지 새로운 방향 제시와 앞으로 해야 할 부분들을 제시하고자 한다.

성격에 대해 우리가 알고 있는 것

자신과 타인의 성격에 대해 얘기할 때는 언제든 핵심적인 세 가지 질문에 대한 명확한 설명을 원하는 것 같다. 세 가지 질문이란 사람마다 성격이 어떻게, 왜 다른지, 그런 차이를 유발하는 것은 무엇인지에 관한 것이다. 먼저, 사람들마다 성격이 어떻게 다른지 살펴보는 것이 필요하다. 당신은 동료나 동년배들과 성격이 어떻게 다른가? 그들이 더 내성적이고 자신감이 덜하고 집중을 더 잘하고 근심 걱정을 더 많이 하는가? 당신은 왜 그 사람들과 다른 걸까? 당신과 동료 간에 성격이 다른 원인은 무엇인가? 당신이 자란 곳, 부모의 양육 방식 또는 당신이 가지고 태어난 선천적인 유전 차이 때문인가? 마지막으로, 이러한 차이가 당신에게 의미하는 것은 무엇이고 어떤 결과를 가져올 수 있나? 과연 당신의 인생에 영향을 미칠까?

우리 모두는 이러한 질문들에 대해 직관적인 답변을 가지고 있다. 그러나 4장에서 언급한 것 같이 직관적 대답이 가지고 있는 문제는 관찰로 이루어지는 것이기에 서로 상반될 수 있다는 것이다. 성격심리학은 인간의 본성에 대한 확실한 증거 자료를 근거로 대답을 줄 수 있다. 성격심리학에도 다소의 차이가 있긴 하나 성격 본성에 대해 많은 연구를 해 오고 있으므로 다음과 같은 몇 가지 근본적인 질문에 대한 대답은 확신할 수 있다. "성격은 무엇인가?", "사람들은 서로 어떻게 다른가?", "왜 사람들은 서로 하는 방식이 다른가?", "당신의 성격은 타인의 미래에 얼마나 영향을 미칠까?", 마지막으로 "성격은 바뀔 수 있나?"와 같은 질문이다.

성격은 사람들이 기분, 행동, 생각하는 방법에서 관찰되는 안정적이고 일관된 패턴을 의미한다. 비록 수백 수천의 다른 성격 패턴이 있더라도, 그동안의 연구들은 행동, 인지, 감정 패턴은 크게 다섯 가지 패턴이 있다는 것을 보고하고 있다.

사람들이 서로 왜 다른지에 대한 질문에는 두 가지 대답이 있다. 첫 번째는 환경이 행동, 사고, 감정에 많은 영향을 미친다는 것이다. 두 번째는 인간은 생물학적으로 외부 자극에 대한 기본적인 적응 수준 및 반응성이 차이가 있다는 것이다. 그러한 생물학적인 메커니즘은 유전을 근거로 두고 있는데, 그 말은 유전자는 사람들 간 차이에 대해 직접적인 책임이 있다는 것을 의미한다. 유전자는 또한 형성된 환경에 의해 간접적으로 개인차를 야기한다. 즉, 유전자는 사람들이 환경에 어떻게 적응하고 반응할 것인지를 결정하는 것뿐만 아니라 어떤 환경을 선택하느냐에도 영향을 주기 때문이다.

성격이 개인의 삶, 특히 사회적 관계에 중요하고 그 영향력은 우리가 생각하고 있는 것보다 훨씬 크다. 성격은 우리가 다른 사람과 어떻게 관계를 맺을 것인지, 우리가 사회적 상황에서 어떤 방식으로 행동할 것인지, 우리가 취할 정치적 종교적 신념, 우리가 얼마나 행복할 것인지 그리고 심지어는 우리가 얼마나 오래 살 것인지에도 영향을 미친다.

마지막 질문은 성격 변화에 관한 것이다. 사람들은 성격이 안정성과 일관성이 있다는 개념적 정의를 생각하면 변화라는 단어가 어울리지 않는다고 생각한다. 많은 연구들이 주장하고 있는 성격의 안정성을 성격이 바뀌지 않는다는 의미로 받아들여서는 안 된다. 또한 이러한 내용이 바뀔 수 없는 성격이 다른 환경에 노출됨으로써 자연스럽게 바뀐다는 의미로 말하는 것도 아니다. 실제로, 성격의 안정성을 지지하는 연구들은 동시에 성격의 변화를 동일하게 지지한다. 행동, 사고, 감정은 나이가 들면서 또는 다양한 환경과 상황의 노출을 통해서(특히, 장시간 노출) 변한다. 그리고 이런 변화는 지속될 수 있으나 급격한 변화는 보통 일어나지 않고, 변화가 나타날 때에는 일반적으로 모든 사람에게서 동일한 정도로 나타난다. 따라서 다른 사람의 성격이 바뀌는 것에 대해 부정하지도 기대하지도 말아야 한다.

나가야 할 방향

앞으로 성격심리학이 해야 할 일은 무엇인가? 먼저, 성격에 대한 폭넓은 지식을 갖고 있다는 것에 안주하지 말아야 할 것이다. 성격에 대해 많은 것들이 발견되긴 했지만, 아직 갈 길이 멀다. 성격심리학은 아직 발견하지 못한 인간 본성에 대한 연구를 계속해야 하며 이 중 몇몇 분야에는 특별한 관심을 가질 가치가 있다.

가장 기본적으로 할 수 있는 일은 다양한 생활 영역에서의 성격 관련 연구들이다. 학업 성취, 업무 능력, 리더십, 주관적 웰빙과 로맨틱 관계에서 성격의 영향력에 대한 연구가 많이 수행되어야 한다. 이 분야에서 해결해야 할 문제가 아직 많이 남아있긴 하나 우선 어떤 성격 특성들이 강하게, 약하게 아니면 아예 영향이 없다는 정확한 예측과 구체성을 다루는 연구는 계속되어야 한다.

성격심리학자가 관심을 갖고 있는 분야 중 하나는 소비자의 취향과 행동을 예측하는 소비심리학이다. 소비자의 일반적인 심리적 메커니즘에 대한 방대한 조사 연구는 있지만(예 : 인지적 편향과 탐구학습법; Ahmetoglu et al., 2010), 거의 소비자 행동, 정서, 인지적인 측면에서의 개인차를 조사한 것이 대부분이다. 그렇기 때문에 일반적인 심리적 원칙에 따른 최상의 관행이나 정부의 정책과 개입에 따른 소비자의 구매 과정에 대한 광범위한 영향에 대해서는 연구가 소홀했다. 소비자 보호를 위한 정부의 개입과 규제(예 : Ahmetoglu et al., 2010)가 최근 증가하는 것을 고려해 볼 때, 이에 대한 소비자들의 인지적 · 정서적 행동적 차이에 대해 아는 것은 매우 필요한 부분이다.

현재 성격심리학에서 쟁점이 되고 있는 것은 연구에서 나온 실제 데이터와 그 데이터 해석에 대한 것이다. 이 점에서 최근 주목하고 있는 주장은 성격 차이를 신경생물학적 및 유전적 특성으로 보는 것이다(Canli, 2006). 예를 들면, 얼마전까지 자기공명 영상연구와 성격 영역의 연구가 활발히 진행되었으나, 최근에는 자기공명 영상연구 결과의 타당성에 대해 회의론적 제기가 증가되었다. 즉, 많은 연구에서 뇌 활동과 성격 검사 간의 상관관계가 자기공명 영상연구와 성격 검사 모두에서 기대한 것(알고 있는 한계)보다 더 높은 신뢰성이 있음을 주장했다(Vul et al., 2009). 이 같은 결과는 자기공명 영상연구를 사용하여 나온 현재의 연구 결과들이 뇌와 성격 과정 사이의 관계를 과장했는지의 여부에 대해 심각하게 생각해 봐야 하는 것으로 보인다.

유사하게, 성격 특성과 연관된 유전자 변형 검사와 게놈 관련 연구(genome-wide association studies, GWAS)는 처음 기대와는 다르게 연구의 유효성에 대한 의심이 증가하고 있다(Kraft & Hunter, 2009). GWAS는 비용이 많이 들며(Amos, 2009), 연구 결과를 재증명할 증거 부족으로 인해 연구의 신뢰성에 모호함이 있었다. 이것은 연구를 포기해야 한다는 말이 아니라 구체적이고 명확한 새로운 방향과 발전에 대해 논의할 필요가 있다는 것이다.

좀 더 일반적인 방향은 다른 심리적 영역과의 통합 모델 구축에 관한 것이다. 대체로 성격, 지능, 창의성, 동기, 흥미 등의 영역은 서로 분리해서 공부하는 경향이 있다. 이러한 영역은 각각에 관심을 기울일 가치가 있다는 것은 이해하나 영역을 통합적으로 보는 것에 실패하면 이론의 차이나 오해를 가져올 수 있으므로 연구 진행이 안 될 수 있다(Revelle et al., 2011). 각 영역 내에서 경험적으로 확립된 이론 모델을 바탕으로 하여 어떻게 다른 영역들과 상호작용하는지에 대해 통합적인 방식으로 연구하는 연구자들이 나와야 할 때인 것 같다.

이에 발맞춰 진행되고 있는 영역은 성격과 지능의 연관성 연구이다. 성격과 지능 간에는 상관관계가 있음이 보고되었고(Chamorro-Premuzic & Furnham, 2006; Furhan, Monsen & Ahmetoglu, 2009), 연구진들은 이 두 영역을 통합하는 모델 구축을 코앞에 두고 있다. 이 통합모델에는 여러 개념적 메커니즘이 제시되었는데, 특히 그중 눈에 띄는 세 가지가 투자, 보상, 차별화다(von Stumm, Chamorro-Premuzic & Ackerman, 2011). 투자는 지능은 성격과 흥미에 의해 부분적으로 결정된다는 개념을 언급하는 데 사용되어 왔다. 그런 의미에서 후자의 영역인 흥미는 한 사람이 학습 활동에 얼마큼 참여하는지가 영향을 미친다(독서, 여행, 새로운 기술을 배우는 것; Ackerman, 1996). 보상은 자신의 능력을 보완하거나 보상하기 위해 다른 방식을 활용하는 것이다(더 열심히 지속적으로 공부하는 것, 수업에서 더 활발한 등등; Chamorro-Premuzic & Furnham, 2005b). 어떤 방식을 선택하느냐는 그 사람의 성향이나 성격에 달렸다. 차별화는 지능이 평범한지 특별한지의 여부에 영향을 미칠 성격을 찾는 것을 의미한다. 즉, 성격과 지적 업무나 시험 간의 상관관계를 말한다[오스틴과 동료들(Austin et al., 2002)은 시험 점수가 높은 사람일수록 신경증에서 더 낮은 점수가 나타나는 상관관계가 있음을 발견했다].

이 분야에서는 해야 할 일들이 아직 많이 남아 있다. 그러나 이 연구를 통해 영역 통합은 행동 예측의 궁극적인 목표를 얻기 위해서는 확실히 필요한 부분임을 보여 준다. 통합이 안 되면 불완전한 예측이 계속될 수밖에 없다. 현재 연구자들 사이에서 통합에 대한 노력을 많이 하고 있다는 것은 고무적인 일이며(von Stumm et al., 2011), 이러한 가치 있는 정보들은 인간 본성에 대해 더 포괄적인 모델이 될 가능성이 있다.

끝으로, 앞으로도 논쟁이 될 성격 검사에 관한 얘기를 하고 책을 마무리하고자 한다. 성격에 대해 신뢰할 수 있고 타당하며 객관적인 측정이 개발될 때까지 지금의 성격 검사가 계속 활용될지에 대해서는 아직 의문이다. 그러나 자기보고식 성격 검사를 사용하는 회사들이 늘고 있고, 일반 사람들도 이전보다 설문 조사의 개념을 더 잘 받아들이고 있다. 이것은 일반 대중들 사이에 심리검사의 노출과 인지도가 높아졌기 때문일 것이다(소위 '정보에 입각한 소비자 효과'). 사람들은 점점 더 '이야기를 하는' 태도보다는 '자료를 알리는' 방식으로 치우쳐지는 것 같다. 그럼에도 신뢰할 수 있고 유효한 객관적인 성격 측정은 그러한 측정의 유용성에 대한 의심을 확실히 없앨 것이다. 이런 성격 검사를 개발하기 위한 노력은 계속될 것이고, 만족할 만한 성격 검사가 개발될 날이 올 것임을 확신한다. 그러기 위해서 신뢰성과 타당성이 높은 성격 검사 개발은 성격심리학에서 가장 중요한 목표가 되어야 한다는 것이 우리의 주장이다. 그래도 지금까지 우리는 성격의 구조와 개인차의 원인을 이해하고, 성격 검사를 활용하여 사람들의 행동을 부분적으로나마 예측할 수 있었으며 인간 본성의 본질에 대한 많은 부분을 이해할 수 있었다.

참고문헌

Ackerman, P. L. (2006). A theory of adult intellectual development: Process, personality, interests and knowledge. *Intelligence, 22*(2), 227–257.

Ackerman, P. L., & Heggestad, E. D. (1997). Intelligence, personality and interests: Evidence for overlapping traits. *Psychological Bulletin, 121*, 219–245.

Adorno, T. W., Frenkel-Brunswik, E., Levinson, D. J., & Sanford, R. N. (1950). *The authoritarian personality.* New York, NY: Harper & Row.

Ahmetoglu, G., & Chamorro-Premuzic, T. (2010). *Measure of entrepreneurial tendencies and abilities.* Unpublished Measure (available on request).

Ahmetoglu, G., Fried, S., Dawes, J., & Furnham, A. (2010). *Pricing practices: Their effects on consumer behaviour and welfare.* Prepared for the Office of Fair Trading. London, UK: Mountainview Learning.

Ahmetoglu, G., Leutner, F., & Chamorro-Premuzic, T. (2011). Eq-nomics: Understanding the relationship between individual differences in trait emotional intelligence and entrepreneurship. *Personality and Individual Differences, 51*(8), 1028–1033.

Ahmetoglu, G., & Swami, V. (2012). Do women prefer "nice guys?" The effect of male dominance behavior on women's ratings of sexual attractiveness. *Social Behavior and Personality, 40*(4), 667–672.

Ahmetoglu, G., Swami, V., & Chamorro-Premuzic, T. (2009). The relationship between dimensions of love, personality and relationship length. *Archives of Sexual Behaviour, 39*, 1181–1190.

Alden, L. (1989). Short-term structured treatment for avoidant personality disorder. *Journal of Consulting and Clinical Psychology, 57*, 756–764.

Aldrich, H. (1999). *Organizations evolving*. London, UK: Sage.

Alexander, F. (1939). Emotional factors in essential hypertension. *Psychosomatic Medicine, 1*, 175–179.

Alexander, W. P. (1935). Intelligence, concrete and abstract. *British Journal of Psychology Monograph Supplement, 29*, 177.

Allport, G. W., & Odbert, H. S. (1936). Trait-names: A psycho-lexical study. *Psychological Monographs, 47*(1, Whole No. 211).

American Psychiatric Association. (1994). *Diagnostic and statistical manual of mental disorders* (4th ed.). Washington, DC: Author.

Amos, C. I. (2007). Successful design and conduct of genome-wide association studies. *Human Molecular Genetics, 16*(2), R220–R225.

Anokhin, A. P., Golosheykin, S., & Heath, A. C. (2007). Genetic and environmental influences on emotion-modulated startle reflex: A twin study. *Psychophysiology, 44*(1), 106–112.

Arthaud-day, M. L., Rode, J. C., Mooner, C. H., & Near, J. P. (2005). The subjective well-being construct: A test of its convergent, discriminant, and factorial validity. *Social Indicators Research, 74*, 445–476.

ARWU. (2011). *Academic rankings of world universities–2011*. Shanghai Ranking Consultancy. Retrieved October 26, 2011, from www.shanghairanking.com/ARWU2011.html

Asendorpf, J. B. (2008). Shyness. In M. M. Haith & J. B. Benson (Eds.), *Encyclopedia of infant and childhood development* (pp. 146–153). San Diego, CA: Elsevier.

Asendorpf, J. B., Banse, R., & Mücke, D. (2002). Double dissociation between implicit and explicit personality self-concept: The case of shy behaviour. *Journal of Personality and Social Psychology, 83*, 380–393.

Atkinson, J. W. (1958). *Motives in fantasy, action, and society*. Princeton, NJ: Van Nostrand.

Austin, E. J., Manning, J. T., McInroy, K., & Matthews, E. (2002). A preliminary investigation of the associations between personality, cognitive ability, and digit ratio. *Personality and Individual Differences, 33*(7), 1115–1124.

Babiak, P., & Hare, R. (2007). *Snakes in suits: When psychopaths go to work*. New York, NY: HarperCollins.

Babiak, P., Neumann, C. S., & Hare, R. D. (2010, April). Corporate psychopathy: Talking the walk. *Behavioral Sciences and the Law, 28*, 174–193.

Bandura, A. (1977). Self-efficacy: Toward a unifying theory of behavioral change. *Psychological Review, 84*(2), 191–215.

Bandura, A. (1986). *Social foundations of thought and action: A social cognitive theory.* Englewood Cliffs, NJ: Prentice-Hall.

Bandura, A., Ross, D., & Ross, S. (1961). Transmission of aggression through imitation of aggressive models. *Journal of Abnormal and Social Psychology, 63,* 575–582.

Bannatyne, D. (2007). *Anyone can do it: My story.* London, UK: Orion Books.

Barelds, D. P. H. (2005). Self and partner personality in intimate relationships. *European Journal of Personality, 19,* 501–518.

Baron, R. A., & Byrne, D. (1987). *Social psychology: Understanding human interaction* (5th ed.). Boston, MA: Allyn & Bacon.

Baron, R. A., & Henry, R. A. (2010). Entrepreneurship: The genesis of organizations. In S. Zedeck (Ed.), *APA handbook of industrial and organizational psychology, Vol 1: Building and developing the organization* (pp. 241–273). Washington, DC: APA.

Baron, R. M., & Kenny, D. A. (1986). The moderator-mediator variable distinction in social psychological research: Conceptual, strategic, and statistical considerations. *Journal of Personality and Social Psychology, 51,* 1173–1182.

Barrick, M. R., & Mount, M. K. (1991). The Big Five personality dimensions and job performance: A meta-analysis. *Personnel Psychology, 44,* 1–26.

Barrick, M. R., Mount, M. K., & Strauss, J. P. (1993). Conscientiousness and performance of sales representatives: Test of the mediating effects of goal setting. *Journal of Applied Psychology, 78,* 715–722.

Bass, B. M. (2008). *The Bass handbook of leadership: Theory, research, and managerial applications* (4th ed.). New York, NY: The Free Press.

Bates, G. P. (2005). The molecular genetics of Huntington disease—A history. *Nature Reviews Genetics, 6,* 766–773.

Beloff, H. (1957). The structure and origin of the anal character. *Genetic Psychology Monographs, 55,* 141–172.

Bergen, S. E., Gardner, C. O., & Kendler, K. S. (2007). Age-related changes in heritability of behavioral phenotypes over adolescence and young adulthood: A meta-analysis. *Twin Research and Human Genetics, 10,* 423–433.

Berscheid, E. (1999). The greening of relationship science. *American Psychologist, 54,* 260–266.

Bidjerano, T., & Dai, D. Y. (2007). The relationship between the Big-Five model of personality and self-regulated learning strategies. *Learning and Individual Differences, 17,* 69–81.

Binet, A. (1904). Les frontières anthropométriques des anormaux. *Bulletin de la Société libre de l'étude psychologique de l'enfant, 16,* 430–438.

Bleidorn, W., Kandler, C., Riemann, R., Angleitner, A., & Spinath, F. (2009). Patterns and sources of adult personality development: Growth curve analyses of the NEO-PI-R scales in a longitudinal twin study. *Journal of Personality and Social Psychology, 97,* 142–155.

Blumenthal, T. D. (2001). Extraversion, attention, and startle response reactivity. *Personality and Individual Differences, 4,* 495–503.

Bogaert, A. F., & Fisher, W. A. (1995). Predictors of university men's number of sexual partners. *Journal of Sex Research, 32,* 119–130.

Bono, J. E., & Judge, T. A. (2003). Core self-evaluations: A review of the trait and its role in job satisfaction and job performance. *European Journal of Personality, 17,* S5–S18.

Booth, A., & Amato, P. R. (2001). Parental predivorce relations and offspring postdivorce well-being. *Journal of Marriage and Family, 63*(1), 197–212.

Botwin, M. D., Buss, D. M., & Shackelford, T. K. (1997). Personality and mate preferences: Five factors in mate selection and marital satisfaction. *Journal of Personality, 65,* 107–136.

Bouchard, G., Lussier, Y., & Sabourin, S. (1999). Personality and marital adjustment: Utility of the five-factor model of personality. *Journal of Marriage and the Family, 61,* 651–666.

Bowlby, J. (1969). *Attachment and loss (Vol. 1): Attachment.* New York, NY: Basic Books.

Boyle, G. J. (2008). Critique of the five-factor model of personality. *Humanities & Social Sciences Papers.* Paper 297. Retrieved from http://epublications.bond.edu.au/hss_pubs/297

Boyle, G. J., Matthews, G., & Saklofske, D. H. (2008). Personality theories and models: An overview. In G. J. Boyle, G. Matthews, & D. H. Saklofske (Eds.), *Personality theory and assessment. Personality theories and models* (Vol. 1, pp. 1–29). London, UK: Sage.

Bradbury, T. N., & Fincham, F. D. (1988). Individual difference variables in close relationships: A contextual model of marriage as an integrative framework. *Journal of Personality and Social Psychology*, *54*, 713–721.

Brickman, P., & Campbell, D. T. (1971). Hedonic relativism and planning the good society. In M. H. Appley (Ed.), *Adaptation-level theory: A symposium* (pp. 287–305). New York, NY: Academic Press.

Burns, G. N., & Christiansen, N. D. (2011). Methods of measuring faking behavior. *Human Performance, 24*(4), 358–372.

Buss, A. H., & Perry, M. (1992). The Aggression Questionnaire. *Journal of Personality and Social Psychology, 63*, 452–459.

Buss, A. H., & Plomin, R. (1975). *A temperament theory of personality development*. New York, NY: Wiley-Interscience.

Buss, A. H., & Plomin, R. (1984). *Temperament: Early developing personality traits*. Hillsdale, NJ: Erlbaum.

Buss, D. M. (2009). How can evolutionary psychology successfully explain personality and individual differences? *Perspectives on Psychological Science, 4*(4), 359–366.

Cale, E. M. (2006). A quantitative review of the relations between the "Big 3" higher order personality dimensions and antisocial behavior. *Journal of Research in Personality, 40*, 250–284.

Canli, T. (2004). Functional brain mapping of extraversion and neuroticism: Learning from individual differences in emotion processing. *Journal of Personality, 72*, 1105–1132.

Canli, T. (2006). *Biology of personality and individual differences* (pp. xv, 462). New York, NY: Guilford Press.

Canli, T., Zhao, Z., Desmond, J. E., Kang, E., Gross, J., & Gabrieli, J. D. E. (2001). An fMRI study of personality influences on brain reactivity to emotional stimuli. *Behavioral Neuroscience, 115*(1), 33–42.

Carlo, G., Okun, M. A., Knight, G., & de Guzman, M. R. T. (2005). The interplay of traits and motives on volunteering: Agreeableness, extraversion and prosocial value motivation. *Personality and Individual Differences, 38*, 1293–1305.

Carlyle, T. (1907). *On heroes, hero-worship, and the heroic in history*. Boston, MA: Houghton Mifflin.

Caseras, X., Mataix-Cols, D., Giampietro, V., Rimes, K. A., Brammer, M., Zelaya, F., ... Godfrey, E. L. (2006). Probing the working memory system in chronic fatigue syndrome: A functional magnetic resonance imaging study using the n-back task. *Psychosomatic Medicine, 68*, 947–955.

Caspi, A., & Herbener, E. S. (1990). Continuity and change: Assortative marriage and the consistency of personality in adulthood. *Journal of Personality and Social Psychology, 58,* 250–258.

Caspi, A., McClay, J., Moffitt, T. E., Mill, J., Martin, J., Craig, I. W., ... Poulton, R. (2002). Role of genotype in the cycle of violence in maltreated children. *Science, 297,* 851–854.

Caspi, A., Roberts, B. W., & Shiner, R. L. (2005). Personality development: Stability and change. *Annual Review of Psychology, 56,* 453–484.

Cattell, R. B. (1943). The description of personality: Basic traits resolved into clusters. *The Journal of Abnormal and Social Psychology, 8*(4), 476–506.

Cattell, R. B. (1950). The main personality factors in questionnaire, self-estimate material. *Journal of Social Psychology, 31,* 3–38.

Cattell, R. B. (1957). *Personality and motivation structure and measurement.* New York, NY: World Book.

Cattell, R., & Kline, P. (1977). *The scientific analysis of personality and motivation.* New York, NY: Academic Press.

Cattell, R. B., & Schuerger, J. M. (1978). *Personality theory in action: Handbook for the objective-analytic (O-A) test kit.* Champaign, IL: Institute for Personality & Ability Testing.

Cattell, R. B., & Warburton, F. W. (1967). *Objective personality and motivation tests.* Urbana, IL: University of Illinois Press.

Chamorro-Premuzic, T. (2011). *Personality and individual differences.* Oxford, UK: Wiley-Blackwell.

Chamorro-Premuzic, T., Ahmetoglu, G., & Furnham, A. (2008). Little more than personality: Dispositional determinants of test anxiety (the Big Five, core self-evaluations, and self-assessed intelligence). *Learning and Individual Differences, 18*(2), 258–263.

Chamorro-Premuzic, T., Fagan, P., & Furnham, A. (2010). Personality and uses of music as predictors of preferences for music consensually classified as happy, sad, complex, and background. *Psychology of Aesthetics, Creativity and the Arts, 4,* 205–213.

Chamorro-Premuzic, T., & Furnham, A. (2003a). Personality predicts academic performance: Evidence from two longitudinal university samples. *Journal of Research in Personality, 37,* 319–338.

Chamorro-Premuzic, T., & Furnham, A. (2003b). Personality traits and academic exam performance. *European Journal of Personality, 17,* 237–250.

Chamorro-Premuzic, T., & Furnham, A. (2004). A possible model for explaining the personality-intelligence interface. *British Journal of Psychology, 95*, 249-264.

Chamorro-Premuzic, T., & Furnham, A. (2005a). *Personality and intellectual competence.* Mahwah, NJ: Lawrence Erlbaum.

Chamorro-Premuzic, T., & Furnham, A. (2005b). Personality, intelligence, and general knowledge. *Learning and Individual Differences, 16*(1), 79-90.

Chamorro-Premuzic, T., & Furnham, A. (2006). Intellectual competence and the intelligent personality: A third way in differential psychology. *Review of General Psychology, 10*, 251-267.

Chamorro-Premuzic, T., & Furnham, A. (2010a). *The psychology of personnel selection.* New York, NY: Cambridge University Press.

Chamorro-Premuzic, T., & Furnham, A. (2010b). Consensual beliefs about the accuracy and fairness of selection methods at university. *International Journal of Selection and Assessment, 4*, 417-424.

Chamorro-Premuzic, T., Kallias, A., & Hsu, A. (in press). Personality as predictor of movie uses and preferences: A psychographic approach. In J. Kaufman & D. K. Simonton (Eds.), *The social science of cinema.* Oxford, UK: Oxford University Press.

Chamorro-Premuzic, T., Reimers, S., Hsu, A., & Ahmetoglu, G. (2008). Who art thou? Personality predictors of artistic preferences in a large UK sample: The importance of openness. *British Journal of Psychology, 100*(3), 501-516.

Cicchetti, D., & Rogosch, F. A. (1996). Equifinality and multifinality in developmental psychopathology. *Development and Psychopathology, 8*, 597-600.

Ciulla, J. B. (2004). Ethics and leadership effectiveness. In J. Antonakis, A. T. Cianciolo, & R. J. Sternberg (Eds.), *The nature of leadership* (pp. 302-327). Thousand Oaks, CA: Sage Publications.

Clarke, D., Gabriels, T., & Barnes, J. (1996). Astrological sign as determinants of extroversion and emotionality: An empirical study. *The Journal of Psychology, 130*, 131-140.

Cleckley, H. (1942). *The mask of sanity.* St. Louis, MO: Mosby Medical Library.

Coan, R. W. (1974). *The optimal personality.* New York, NY: Columbia University Press.

Cohen, J. (1988). *Statistical power analysis for the behavioral sciences* (2nd ed.). Hillsdale, NJ: Erlbaum.

Collins, J. (2001). Level 5 leadership: The triumph of humility and fierce resolve. *Harvard Business Review, 79*(1), 66–79.

Cohen, J. D. (2005). The vulcanization of the human brain: A neural perspective on interactions between cognition and emotion. *Journal of Economic Perspectives, 19*, 3–24.

Conger, R. D., Cui, M., Bryant, M., & Elder, G. H., Jr. (2000). Competence in early adult romantic relationships: A developmental perspective on family influences. *Journal of Personality and Social Psychology, 79*, 224–237.

Conger, R. D., & Ge, X. (1999). Conflict and cohesion in parent–adolescent relations: Changes in emotional expression from early to mid-adolescence. In M. Cox & J. Brooks-Gunn (Eds.), *Conflict and cohesion in families: Causes and consequences* (pp. 185–206). Mahwah, NJ: Erlbaum.

Contrada, R. J., Cather, C., & O'Leary, A. (1999). Personality and health: Dispositions and processes in disease susceptibility and adaptation to illness. In L. A. Pervin & O. P. John (Eds.), *Handbook of personality: Theory and research* (2nd ed., pp. 576–604). New York, NY: Guilford Press.

Conway, J. M., Jako, R. A., & Goodman, D. F. (1995). A meta-analysis of interrater and internal consistency reliability of selection interviews. *Journal of Applied Psychology, 80*(5), 565–579.

Cook, B. G. (2004). Inclusive teachers' attitudes toward their students with disabilities: A replication and extension. *The Elementary School Journal, 104*, 307–320.

Cook, M. (2004). *Personnel selection.* Chichester, UK: Wiley.

Costa, P. T., & McCrae, R. R. (1985). *The NEO Personality Inventory manual.* Odessa, FL: Psychological Assessment Resources.

Costa, P. T., & McCrae, R. R. (1990). Personality disorders and the five-factor model of personality. *Journal of Personality Disorders, 4*, 362–371.

Costa, P. T., & McCrae, R. R. (1992). *The NEO-PI-R professional manual.* Odessa, FL: Psychological Assessment Resources.

Costa, P. T., & McCrae, R. R. (1994a). "Set like plaster?" Evidence for the stability of adult personality. In T. Heatherton & J. Weinberger (Eds.), *Can personality change?* (pp. 21–40). Washington, DC: American Psychological Association.

Costa, P. T., & McCrae, R. R. (1994b). Stability and change in personality from adolescence through adulthood. In C. F. Halverson, G. A. Kohnstamm, & R. P. Martin (Eds.), *The developing structure of* temperament and personality from infancy to adulthood (pp. 139–150). Hillsdale, NJ: Erlbaum.

Covey, S. (1989).*The seven habits of highly effective people*. New York, NY: Simon & Schuster.

Cronbach, L. J., & Meehl, P. E. (1955). Construct validity in psychological tests. *Psychological Bulletin, 52*, 281–302.

Davison, G. C., & Neale, J. M. (1998). *Abnormal psychology*. New York, NY: John Wiley.

De Raad, B., & Schouwenburg, H. C. (1996). Personality in learning and education: A review. *European Journal of Personality, 10*, 303–336.

Dean, G. (1987). Does astrology need to be true? Part 2. *Skeptical Inquirer, 11*(3), 257–273.

Deary, I. J., Whiteman, M. C., Starr, J. M., Whalley, L. J., & Fox, H. C. (2004). The impact of childhood intelligence on later life: Following up the Scottish Mental Surveys of 1932 and 1947. *Journal of Personality and Social Psychology, 86*, 130–147.

Denissen, J. J. A., Asendorpf, J. B., & van Aken, M. A. G. (2008). Childhood personality predicts long-term trajectories of shyness and aggressiveness in the context of demographic transitions in emerging adulthood. *Journal of Personality, 76*, 67–99.

Denissen, J. J. A., & Penke, L. (2008). Individual reaction norms underlying the Five Factor Model of personality: First steps towards a theory-based conceptual framework. *Journal of Research in Personality, 42*, 1285–1302.

Denissen, J. J. A., van Aken, M. A. G., & Roberts, B. W. (2011). Personality development across the life span. In T. Chamorro-Premuzic, S. von Stumm, & A. Furnham (Eds.), *The Wiley-Blackwell handbook of individual differences* (pp. 512–537). Oxford, UK: Wiley-Blackwell.

DeYoung, C. G., Hirsh, J. B., Shane, M. S., Papademetris, X., Rajeevan, N., & Gray, J. R. (2010). Testing predictions from personality neuroscience: Brain structure and the Big Five. *Psychological Science, 21*, 820–828.

DeYoung, C. G., Shamosh, N. A., Green, E. A., Braver, T. S., & Gray, J. R. (2009). Intellect as distinct from openness: Differences revealed through fMRI of working memory. *Journal of Personality and Social Psychology, 97*, 883–892.

Diener, E. (1984). Subjective well-being. *Psychological Bulletin, 95*, 542–575.

Diener, E. (2000). Subjective well-being: The science of happiness and a proposal for a national index. *American Psychologist, 55,* 34–43.

Diener, E., Oishi, S., & Lucas, R. E. (2003). Personality, culture, and subjective well-being: Emotional and cognitive evaluations of life. *Annual Review of Psychology, 54,* 403–425.

Diener, E., Suh, E. M., Lucas, R. E., & Smith, H. L. (1999). Subjective well-being: Three decades of progress. *Psychological Bulletin, 125,* 276–302.

Digman, J. M. (1990). Personality structure: Emergence of the five-factor model. *Annual Review of Psychology, 41,* 417–440.

Digman, J. M. (1997). Higher-order factors of the Big Five. *Journal of Personality and Social Psychology, 73*(6), 1246–1256.

Digman, J. M., & Inouye, J. (1986). Further specification of the five robust factors of personality. *Journal of Personality and Social Psychology, 50,* 116–123.

Donnellan, M. B, Conger, R. D., & Bryant, C. M. (2004). The Big Five and enduring marriages. *Journal of Research in Personality, 38,* 481–504.

Donnellan, M. B., Larsen-Rife, D., & Conger, R. D. (2005). Personality, family history, and competence in early adult romantic relationships. *Journal of Personality and Social Psychology, 88,* 562–576.

Dunn, J., & Plomin, R. (1990). *Separate lives: Why siblings are so different.* New York, NY: Basic Books.

Egan, V. (2011). Individual differences and antisocial behaviour. In T. Chamorro-Premuzic, A. Furnham, & S. von Stumm (Eds.), *Handbook of individual differences* (pp. 522–548). London, UK: Wiley-Blackwell.

Egan, V., & Hamilton, E. (2008). Personality, mating effort and alcohol-related violence expectancies. *Addiction Research and Theory, 16,* 369–381.

Ekman, P. (2001). *Telling lies: Clues to deceit in the marketplace, politics, and marriage.* New York, NY: W. W. Norton.

Exner, J. E., Jr. (1986). *The Rorschach. A comprehensive system volume I: Basic foundations* (2nd ed.). New York, NY: Wiley.

Eysenck, H. J., & Eysenck, M. (1985). *Personality and individual differences: A natural science approach.* New York, NY: Plenum.

Eysenck, H. J., & Eysenck, S. B. G. (1975). *Manual of the Eysenck Personality Questionnaire.* Sevenoaks, UK: Hodder & Stoughton.

Eysenck, H. J., & Eysenck, S. B. G. (1976). *Psychoticism as a dimension of personality.* London, UK: Hodder & Stoughton.

Fallon, J. H. (2006). Neuroanatomical background to understanding the brain of the young psychopath. *Ohio State Journal of Criminal Law, 3*(34), 341–367.

Farringdon, D. P., Barnes, G. C., & Lambert, S. (1996). The concentration of offending in families. *Legal and Criminological Psychology, 1*, 47–63.

Ferguson, E., Chamorro-Premuzic, T., Pickering, A., & Weiss, A. (2011). Five into one doesn't go: A critique of the general factor of personality. In T. Chamorro-Premuzic, S. von Stumm, & A. Furnham (Eds.), *The Wiley-Blackwell handbook of individual differences* (pp. 162–186). London, UK: Wiley-Blackwell.

Ferraro, K. F., & Nuriddin, T. A. (2006). Psychological distress and mortality: Are women more vulnerable? *Journal of Health and Social Behavior, 47*, 227–241.

Fiedler, F. E., & Garcia, J. E. (1987). *New approach to effective leadership: Cognitive resources and organizational performance.* New York, NY: John Wiley.

Fleeson, W., & Gallagher, P. (2009). The implications of Big Five standing for the distribution of trait manifestation in behavior: Fifteen experience-sampling studies and a meta-analysis. *Journal of Personality and Social Psychology, 97*(6), 1097–1114.

Flynn, F. J. (2005). Having an open mind: The impact of openness to experience on interracial attitudes and impression formation. *Journal of Personality and Social Psychology, 88*(5), 816–826.

Forbes.com. (2011). *The world's billionaires.* Retrieved from October 21, 2011, from www.forbes.com/wealth/billionaires/list

Franz, C. (1994). Reconsituting the self: The role of history, personality and loss in one woman's life. In C. E. Franz & A. J. Stewart (Eds.), *Women creating lives: Identities, resilience, and resistance* (pp. 213–227). Boulder, CO: Westview Press.

Freud, S. (1900). *The interpretation of dreams* (std. ed. 4 & 5). London, UK: Hogarth Press.

Friedman, H. S., & Booth-Kewley, S. (1987). The "disease-prone personality": A meta-analytic view of the construct. *American Psychologist, 42*, 539–555.

Friedman, H. S., Kern, M. L., & Reynolds, C. A. (2010). Personality and health, subjective well-being, and longevity as adults age. *Journal of Personality, 78*, 179–216.

Friedman, H. S., Riggio, R. E., & Casella, D. F. (1988). Nonverbal skill, personal charisma, and initial attraction. *Journal of Personality and Social Psychology, 14*, 203–211.

Friedman, H. S., Tucker, J. S., Tomlinson-Keasey, C., Schwartz, J. E., Wingard, D. L., & Criqui, M. H. (1993). Does childhood personality predict longevity? *Journal of Personality and Social Psychology, 65*, 176–185.

Fujita, F., & Diener, E. (2005). Life satisfaction set point: Stability and change. *Journal of Personality and Social Psychology, 88*, 158–164.

Furedy, J. J. (2008). Psychophysiological window on personality: Pragmatic and philosophical considerations. In G. J. Boyle, G. Matthews, & D. H. Saklofske (Eds.), *The Sage handbook of personality theory and assessment: Vol. 2. Personality measurement and testing* (pp. 295–312). Los Angeles, CA: Sage.

Furnham, A. (1994). *Personality at work: The role of individual differences in the workplace* (2nd ed.; 1st ed., 1992). New York, NY: Routledge.

Furnham, A., & Chamorro-Premuzic, T. (2004). Personality and intelligence as predictors of statistics examination grades. *Personality and Individual Differences, 37*, 943–955.

Furnham, A., Monsen, J., & Ahmetoglu, G. (2009). Typical intellectual engagement, Big Five personality traits, approaches to learning and cognitive ability predictors of academic performance. *British Journal of Educational Psychology, 79*, 769–782.

Furnham, A., Moutafi, J., & Chamorro-Premuzic, T. (2005). Personality and intelligence: Gender, the Big Five, self-estimated and psychometric intelligence. *International Journal of Selection and Assessment, 13*(1), 11–24.

Gale, A. (1973). The psychophysiology of individual differences: Studies of extraversion and the EEG. In P. Kline (Ed.), *New approaches in psychological measurement* (pp. 211–256). New York, NY: Wiley.

Gale, A. (1983). Electroencephalographic studies of extraversion-introversion: A case study in the psychophysiology of individual differences. *Personality and Individual Differences, 4*, 429–435.

Galton, F. (1888). Co-relations and their measurement, chiefly from anthropometric data. *Proceedings of the Royal Society of London, 45*, 135–145.

Gattis, K. S., Berns, S., Simpson, L. E., & Christensen, A. (2004). Birds of a feather or strange birds? Ties among personality dimensions, similarity, and marital quality. *Journal of Family Psychology, 18,* 564–574.

Gauquelin, M., Gauquelin, F., & Eysenck, S. B. G. (1979). Personality and the position of the planets at birth: An empirical study. *British Journal of Social and Clinical Psychology, 18,* 71–75.

Geen, R. G. (1984). Preferred stimulation levels in introverts and extraverts: Effects on arousal and performance. *Journal of Personality and Social Psychology, 46*(6), 1303–1312.

Geen, R. G., McCown, E. J., & Broyles, J. W. (1985). Effects of noise on sensitivity of introverts and extraverts to signals in a vigilance task. *Personality and Individual Differences, 6,* 237–241.

Ghiselli, E. E., & Barthol, R. P. (1953). The validity of personality inventories in the selection of employees. *Journal of Applied Psychology, 37,* 18–20.

Ghiselli, E. E., & Brown, C. W. (1955). *Personnel and industrial psychology.* New York, NY: McGraw-Hill.

Glenn, A. L., Kurzban, R., & Raine, A. (2011). Evolutionary theory and psychopathy. *Aggression and Violent Behavior, 16*(5), 371–380.

Glenn, N. D. (1990). Quantitative research on marital quality in the 1980s: A critical review. *Journal of Marriage and the Family, 52,* 818–831.

Glick, P., Gottesman, D., & Jolton, J. (1989). The fault is not in the stars: Susceptibility of sceptics and believers in astrology to the Barnum effect. *Personality and Social Psychology Bulletin, 15,* 572–583.

Goff, M., & Ackerman, P. L. (1992). Personality–intelligence relations: Assessing typical intellectual engagement. *Journal of Educational Psychology, 84,* 537–552.

Goffin, R. D., Jang, I., & Skinner, E. (2011). Forced-choice and conventional personality assessment: Each may have unique value in pre-employment testing. *Personality and Individual Differences, 51*(7), 840–844.

Goldberg, L. R. (1982). From Ace to Zombie: Some explorations in the language of personality. In C. D. Spielberger & J. N. Butcher (Eds.), *Advances in personality assessment* (Vol. 1, pp. 203–234). Hillsdale, NJ: Erlbaum.

Goldberg, L. R. (1990). An alternative "description of personality": The Big-Five factor structure. *Personality Processes and Individual Differences, 59*(6), 1216–1229.

Goldberg, L. R. (1993). The structure of phenotypic personality traits. *American Psychologist, 48*(1), 26–34.

Gottfredson, L. S. (2002). Highly general and highly practical. In R. J. Steinberg & E. L. Grigorenko (Eds.), *The general factor of intelligence: How general is it?* (pp. 331–380). Mahwah, NJ: Erlbaum.

Gough, H. G. (1957). *Manual for the California Psychological Inventory.* Palo Alto, CA: Consulting Psychologists Press.

Graham, L. T., Sandy, C. J., & Gosling, S. D. (2011). Manifestations of individual differences in physical and virtual environments. In T. Chamorro-Premuzic, S. von Stumm, & A. Furnham (Eds.), *The Wiley-Blackwell handbook of individual differences* (pp. 773–800). London, UK: Wiley-Blackwell.

Gray, J. A. (1981). A critique of Eysenck's theory of personality. In H. J. Eysenck (Ed.), *A model for personality* (pp. 246–276). New York, NY: Springer.

Gray, J. A. (1982). *The neuropsychology of anxiety: An enquiry into the functions of the septo-hippocampal system.* Oxford, UK: Oxford University Press.

Gray, J. A. (1987). Perspectives on anxiety and impulsivity: A commentary. *Journal of Research in Personality, 21,* 493–509.

Gray, J. A. (1991). Neural systems of motivation, emotion and affect. In J. Madden (Ed.), *Neurobiology of learning, emotion and affect* (pp. 273–306). New York, NY: Raven Press.

Graziano, W. G., Jensen-Campbell, L. A., & Hair, E. C. (1996). Perceiving interpersonal conflict and reacting to it: The case for agreeableness. *Journal of Personality and Social Psychology, 70,* 820–835.

Greenberg, J., & Jonas, E. (2003). Psychological motives and political orientation—The left, the right, and the rigid: Comment on Jost et al. (2003). *Psychological Bulletin, 129,* 376–382.

Greenleaf, R. K., & Spears, L. C. (2002). *Servant leadership: A journey into the nature of legitimate power and greatness* (25th Anniversary ed.). Mahwah, NJ: Paulist Press.

Greenwald, A. G., McGhee, D. E., & Schwartz, J. L. K. (1998). Measuring individual differences in implicit cognition: The Implicit Association Test. *Journal of Personality and Social Psychology, 74,* 1464–1480.

Greenwald, A. G., Poehlman, T. A., Uhlmann, E. L., & Banaji, M. R. (2009). Understanding and using the Implicit Association Test: III. Meta-analysis of predictive validity. *Journal of Personality and Social Psychology, 97*(1), 17–41.

Griffiths, M. (2007). The psychology of love. *Psychology Review, 12,* 5–6.

Griscom, R. (2002). Why are online personals so hot? *Wired*, Issue 10.11. Retrieved from www.wired.co.uk/magazine

Gross, A. E., & Crofton, C. (1977). What is good is beautiful. *Sociometry, 40*, 85–90.

Guion, R. M., & Gottier, R. F. (1965). Validity of personality measures in personnel selection. *Personnel Psychology, 18*, 135–164.

Haggbloom, S., Warnick, R., Warnick, J. E., Jones, V. K., Yarbrough, G. L., Russell, T. M., … Monte, E. (2002). The 100 most eminent psychologists of the 20th century. *Reviews in General Psychology, 6*, 139–152.

Hair, P., & Hampson, S. E. (2006). The role of impulsivity in predicting maladaptive behaviour among female students. *Personality and Individual Differences, 40*, 943–952.

Halamandaris, K. F., & Power, K. G. (1999). Individual differences, social support and coping with examination stress: A study of the psychosocial and academic adjustment of first year home students. *Personality and Individual Differences, 26*, 665–685.

Hamer, D., & Copeland, P. (1998). *Living with our genes.* New York, NY: Doubleday.

Hamilton, M. M. (1995). Incorporation of astrology-based personality information into long-term self-concept. *Journal of Social Behavior and Personality, 10*, 707–718.

Hansemark, O. C. (2000). Predictive validity of TAT and CMPS on the entrepreneurial activity, "start of a new business": A longitudinal study. *Journal of Managerial Psychology, 15*(7), 634–654.

Hare, R. D., & Neumann, C. S. (2008). Psychopathy as a clinical and empirical construct. *Annual Review of Clinical Psychology, 4*, 217–246.

Harris, D. (1940). Factors affecting college grades: A review of the literature, 1930–1937. *Psychological Bulletin, 37*, 125–166.

Harris, M. M. (1989). Reconsidering the employment interview: A review of recent literature and suggestions for future research. *Personnel Psychology, 42*(4), 691–726.

Harter, S. (1993). Causes and consequences of low self-esteem in children and adolescents. In R. F. Baumeister (Ed.), *Self-esteem: The puzzle of low self-regard* (pp. 87–116). New York, NY: Plenum Press.

Hathaway, S. R., & McKinley, J. C. (1940). *The Minnesota Multiphasic Personality Inventory manual.* New York, NY: The Psychological Corporation.

Hathaway, S. R., & McKinley, J. C. (1951). *Manual of the M.M.P.I.* New York, NY: The Psychological Corporation.

Heady, B., & Wearing, A. (1989). Personality, life events, and subjective well-being: Towards a dynamic equilibrium model. *Journal of Personality and Social Psychology, 57*, 731-739.

Heaven, P. C. L. (1996). Personality and self-reported delinquency: Analysis of the 'Big Five' personality dimensions. *Personality and Individual Differences, 20*, 47-54.

Heaven, P. C. L., Smith, L., Prabhakar, S. M., Abraham, J., & Mete, M. E. (2006). Personality and conflict communication patterns in cohabiting couples. *Journal of Research in Personality, 40*, 829-840.

Hempel, C. G. (1966). *Philosophy of natural science.* New York, NY: Prentice-Hall.

Hisrich, R. D., Langan-Fox, J., & Grant, S. (2007). Entrepreneurship research and practice. A call to action for psychology. *American Psychologist, 62*, 575-589.

Hogan, J., Barrett, P., & Hogan, R. (2007). Personality measurement, faking, and employment selection. *The Journal of Applied Psychology, 92*(5), 1270-1285.

Hogan, J., Hogan, R., & Kaiser, R. B. (2010). Management derailment. In S. Zedeck (Ed.), *American Psychological Association handbook of industrial and organizational psychology* (pp. 555-575). Washington, DC: American Psychological Association.

Hogan, J., Rybicki, S. L., Motowildo, S. J., & Borman, W. C. (1998). Relations between contextual performance, personality, and occupational advancement. *Human Performance, 11*, 189-207.

Hogan, R. (2005). In defense of personality measurement. *Human Performance, 18*, 331-334.

Hogan, R. (2007). *Personality and the fate of organizations.* Mahwah, NJ: Lawrence Erlbaum.

Hogan, R., & Ahmad, G. (2011). Leadership. In T. Chamorro-Premuzic, A. Furnham, & S. von Stumm (Eds.), *Handbook of individual differences* (pp. 408-426). London, UK: Wiley-Blackwell.

Hogan, R., & Chamorro-Premuzic, T. (2011). Personality and the laws of history. In T. Chamorro-Premuzic, S. von Stumm, & A. Furnham (Eds.), *The Wiley-Blackwell handbook of individual differences* (pp. 491-511) . Oxford, UK: Wiley-Blackwell.

Hogan, R., Curphy, G. J., & Hogan, J. (1994). What we know about leadership: Effectiveness and personality. *American Psychologist, 49*, 493-504.

Hogan, R., & Fico, J. (in press). Narcissism and leadership. In W. K. Campbell & J. Miller (Eds.), *The handbook of narcissism and narcissistic personality disorder*. New York, NY: Wiley.

Hogan, R., & Hogan, J. (2001). Assessing leadership: A view from the dark side. *International Journal of Selection and Assessment, 9*, 40-51.

Holden, R. R., & Passey, J. (2010). Socially desirable responding in personality assessment: Not necessarily faking and not necessarily substance. *Personality and Individual Differences, 49*(5), 446-450.

Hollander, E., Allen, A., Lopez, R. P., Bienstock, C. A., Grossman, R., Siever, L. J.,... Stein, D. J. (2001). A preliminary double-blind, placebo-controlled trial of divalproex sodium in borderline personality disorder. *Journal of Clinical Psychiatry, 62*, 199-203.

Horne, R., Weinman, J., Barber, N., Elliott, R., & Morgan, M. (2005). Concordance, adherence, and compliance in medicine taking (pp. 1-301). *Report for the NCCSDO*. London, UK.

Hough, L. M., Eaton, N. K., Dunnette, M. D., Kamp, J. D., & McCloy, R. A. (1990). Criterion-related validities of personality constructs and the effect of response distortion on those validities [Monograph]. *Journal of Applied Psychology, 75*, 581-595.

Hundleby, J. D., Pawlik, K., & Cattell, R. B. (1965). *Personality factors in objective test devices: A critical integration of a quarter century's research*. San Diego, CA: Robert R. Knapp.

Hunsley, J., & Bailey, J. M. (1999). The clinical utility of the Rorschach: Unfulfilled promises and an uncertain future. *Psychological Assessment, 11*, 266-277.

Jacobson, K. C., Prescott, C. A., & Kendler, K. S. (2002). Sex differences in the genetic and environmental influences on the development of antisocial behaviour. *Development and Psychopathology, 14*, 395-416.

Jaffee, S. R., Caspi, A., Moffitt, T. E., Dodge, K. A., Rutter, M., Taylor, A., & Tully, L. A. (2005). Nature x nurture: Genetic vulnerabilities interact with physical maltreatment to promote conduct problems. *Development and Psychopathology, 17*, 67-84.

James, W. (1950/1890). *The principles of psychology*. New York, NY: Dover.

Jensen-Campbell, L. A., & Graziano, W. G. (2001). Agreeableness as a moderator of interpersonal conflict. *Journal of Personality, 69*(2), 323-362.

John, O. P., Robins, R. W., & Pervin, L. A. (2008). *Handbook of personality: Theory and research*. New York, NY: The Guilford Press.

Johnson, D. L., Wiebe, J. S., Gold, S. M., Andreasen, N. C., Hichwa, R. D., Watkins, G. L., & Boles Ponto, L. L. (1999). Cerebral blood flow and personality: A positron emission tomography study. *American Journal of Psychiatry, 156,* 252-257.

Johnson, W., McGue, M., Krueger, R. F., & Bouchard, T. J., Jr. (2004). Marriage and personality: A genetic analysis. *Journal of Personality and Social Psychology, 86*(2), 285-294.

Jorgensen, R. S., Blair, T. J., Kolodziej, M. E., & Schreer, G. E. (1996). Elevated blood pressure and personality: A meta-analytic review. *Psychological Bulletin, 2,* 293-320.

Joseph, D. L., & Newman, D. A. (2010). Emotional intelligence: An integrative meta-analysis and cascading model. *Journal of Applied Psychology, 95,* 54-78.

Judge, T. A., & Bono, J. E. (2001). Relationship of core self-evaluation traits—Self-esteem, generalized self-efficacy, locus of control, and emotional stability—with job satisfaction and job performance: A meta-analysis. *Journal of Applied Psychology, 86,* 80-92.

Judge, T. A., Bono, J. E., Ilies, R., & Gerhardt, M. W. (2002). Personality and leadership: A qualitative and quantitative review. *Journal of Applied Psychology, 87*(4), 765-780.

Judge, T. A., Colbert, A. E., & Ilies, R. (2004). Intelligence and leadership: A quantitative review and test of theoretical propositions. *Journal of Applied Psychology, 83*(3), 542-552.

Judge, T. A., Jackson, C. L., Shaw, J. C., Scott, B. A., & Rich, B. A. (2007). Self-efficacy and work-related performance: The integral role of individual differences. *Journal of Applied Psychology, 92,* 107-127.

Judge, T. A., LePine, J. A., & Rich, B. L. (2006). The narcissistic personality: Relationship with inflated self-ratings of leadership and with task and contextual performance. *Journal of Applied Psychology, 91,* 762-776.

Kagan, J. (1994). *Galen's prophecy.* New York, NY: Basic Books.

Kagan, J., & Snidman, N. (1999). Early childhood predictors of adult anxiety disorders. *Biological Psychiatry, 46*(11), 1536-1541.

Kaiser, R. B., Hogan, R., & Craig, S. B. (2008). Leadership and the fate of organizations. *American Psychologist, 63*(2), 96-110.

Kelly, E. L., & Conley, J. J. (1987). Personality and compatibility: A prospective analysis of marital stability and marital satisfaction. *Journal of Personality and Social Psychology, 52,* 27-40.

Kelly, I. (1997). Modern astrology: A critique. *Psychological Reports, 81,* 1035-1066.

Kern, M. L., & Friedman, H. S. (2011). Personality and differences in health and longevity. In T. Chamorro-Premuzic, A. Furnham, & S. von Stumm (Eds.), *Handbook of individual differences* (pp. 461–490). London, UK: Wiley-Blackwell.

Kern, M. L., Martin, L. R., & Friedman, H. S. (2010). *Personality and longevity across seven decades.* Poster presented at the 11th Annual Meeting of the Society of Personality and Social Psychology, Las Vegas, NV.

Kiehl, K. (2006). A cognitive neuroscience perspective on psychopathy: Evidence for paralimbic system dysfunction. *Psychiatry Research, 142*(2–3), 107–128.

Kline, P. (1988). *Psychology exposed, or the emperor's new clothes.* London, UK: Routledge.

Kline, P. (1992). *Psychometric testing in personnel selection and appraisal.* Surrey, UK: Croner Publications.

Kline, P. (1993). *The handbook of psychological testing.* London, UK: Routledge.

Kline, P. (2000). *The handbook of psychological testing.* London, UK: Routledge.

Koenigsberg, H. W., Reynolds, D., Goodman, M., New, A. S., Mitropoulou, V., Trestman, R. L.,...Siever, L. J. (2003). Risperidone in the treatment of schizotypal personality disorder. *Journal of Clinical Psychiatry, 64,* 628–634.

Korn, J., Davis, R., & Davis, S. (1991). Historians' and chairpersons' judgments of eminence among psychologists. *American Psychologist, 46*(7), 789–792.

Kraft, P., & Hunter, D. J. (2009). Genetic risk prediction—Are we there yet? *The New England Journal of Medicine, 360*(17), 1701–1703.

Kring, A., Davison, G., Neale, J., & Johnson, S. (2007). *Abnormal psychology.* Hoboken, NJ: John Wiley.

Krueger, R. F., Hicks, B. M., & McGue, M. (2001). Altruism and antisocial behavior: Independent tendencies, unique personality correlates, distinct etiologies. *Psychological Science, 12,* 397–402.

Kuratko, D. F. (2007). Entrepreneurial leadership in the 21st century: Guest editor's perspective. *Journal of Leadership and Organisational Studies, 13,* 1–11.

Langlois, J. H., Kalakanis, L., Rubenstein, A. J., Larson, A., Hallam, M., & Smoot, M. (2000). Maxims or myths of beauty? A meta-analytic and theoretical review. *Psychological Bulletin, 126,* 390–423.

Larsson, H., Viding, E., & Plomin, R. (2008). Callous unemotional traits and antisocial behavior: Genetic, environmental, and early parenting characteristics. *Criminal Justice and Behavior, 35*(2), 197–211.

Latham, G. P., Ganegoda, D. B., & Locke, E. A. (2011). Goal-setting. In T. Chamorro-Premuzic, S. von Stumm, & A. Furnham (Eds.), *The Wiley-Blackwell handbook of individual differences* (pp. 579–588). Oxford, UK: Wiley-Blackwell.

Lazarus, R. S., & Folkman, S. (1984). *Stress, appraisal, and coping.* New York, NY: Springer.

Lehnart, J., & Neyer, F. J. (2006). Should I stay or should I go? Attachment and personality in stable and instable romantic relationships. *European Journal of Personality, 20*, 475–495.

Lesch, K. P., Bengel, D., Heils, A., Sabol, S. Z., Greenberg, B. D., Petri, S.,...Murphy, D. L. (1996). Association of anxiety-related traits with a polymorphism in the serotonin transporter gene regulatory region. *Science, 274*, 1527–1531.

Lewandowski, G. W., Aron, A., & Gee, J. (2007). Personality goes a long way: The malleability of opposite-sex physical attractiveness. *Personal Relationships, 14*, 571–585.

Li, N., Liang, J., & Crant, J. M. (2010). The role of proactive personality in job satisfaction and organizational citizenship behavior: A relational perspective. *Journal of Applied Psychology, 95*(2), 395–404.

Lilienfeld, S. O., Wood, J. M., & Garb, H. N. (2000). The scientific status of projective techniques. *Psychological Science in the Public Interest, 1*, 27–66.

Linehan, M. M., & Heard, H. (1999). Borderline personality disorder: Costs, course, and treatment outcomes. In N. Miller & K. Magruder (Eds.), *The cost-effectiveness of psychotherapy: A guide for practitioners, researchers, and policy-makers* (pp. 291–305). New York, NY: Oxford University Press.

Little, A. C., Burt, D. M., & Perrett, D. I. (2006). What is beautiful is good: Face preference reflects desired personality. *Personality and Individual Differences, 41*, 1107–1118.

Locke, E. A. (1997). The motivation to work: What we know. *Advances in Motivation and Achievement, 10*, 375–412.

Loehlin, J. C. (1992). *Genes and environment in personality development.* Newbury Park, CA: Sage.

Lord, R. G., De Vader, C. L., & Alliger, G. M. (1986). A meta-analysis of the relation between personality traits and leadership perceptions: An application of validity generalization proce-dures. *Journal of Applied Psychology, 71*(3), 402–410.

Lucas, R. E. (2007). Long-term disability is associated with lasting changes in subjective well-being: Evidence from two nationally representative longitudinal studies. *Journal of Personality and Social Psychology, 92,* 717–731.

Lucas, R. E., Clark, A. E., Georgellis, Y., & Diener, E. (2004). Unemployment alters the set point for life satisfaction. *Psychological Science, 15,* 8–13.

Lucas, R. E., Diener, E., & Suh, E. (1996). Discriminant validity of well-being measures. *Journal of Personality and Social Psychology, 71,* 616–628.

Lykken, D., Bouchard, T., McGue, M., & Tellegen, A. (1993). Heritability of interests: A twin study. *Journal of Applied Psychology, 78,* 649–661.

Magnus, K., Diener, E., Fujita, F., & Pavot, W. (1993). Personality and events: A longitudinal analysis. *Journal of Personality and Social Psychology, 65,* 1046–1053.

Manuck, S. B., Kaplan, J. R., Adams, M. R., & Clarkson, T. B. (1988). Studies of psychosocial influences on coronary artery athero-genesis in cynomolgus monkeys. *Health Psychology, 7,* 113–124.

Margrain, S. A. (1978). Student characteristics and academic perfor-mance in higher education: A review. *Research in Higher Education, 8*(2), 111–123.

Marketdata Enterprises. (2005). *The U.S. market for self-improvement products and services.* Retrieved from www.marketresearch.com/map/prod/1338280.html

Martin, P., Baenziger, J., MacDonald, M., Siegler, I. C., & Poon, L. W. (2009). Engaged lifestyle, personality, and mental status among centenarians. *Journal of Adult Development, 16,* 199–208.

Martin, R. P., Wisenbaker, J., & Huttunen, M. O. (1994). The factor structure of instruments based on the Chess-Thomas model of temperament: Implications for the Big Five. In C. F. Halverson, G. Kohnstamm, & R. Martin (Eds.), *The developing structure of tem-perament and personality from infancy to adulthood* (pp. 157–172). Hillsdale, NJ: Erlbaum.

Matthews, G., Davies, D. R., Westerman, S. J., & Stammers, R. B. (2000). *Human performance. Cognition, stress, and individual differ-ences.* Hove, UK: Psychology Press.

Matthews, G., & Deary, I. J. (1998). *Personality traits*. Cambridge, UK: Cambridge University Press.

Mayo, J., White, O., & Eysenck, H. J. (1978). An empirical study of the relation between astrological factors and personality. *Journal of Social Psychology, 105*, 179–286.

McClelland, D. C. (1961). *The achieving society*. New York, NY: Van Nostrand.

McCrae, R. R. (1987). Creativity, divergent thinking, and openness to experience. *Journal of Personality and Social Psychology, 52*, 1258–1265.

McCrae, R. R. (1996). Social consequences of experiential openness. *Psychological Bulletin, 120*, 323–337.

McCrae, R. R., & Costa, P. T., Jr. (1997). Conceptions and correlates of openness to experience. In R. Hogan & J. Johnson (Eds.), *Handbook of personality psychology* (pp. 825–847). San Diego, CA: Academic Press.

McCrae, R. R., & Costa, P. T., Jr. (1999). A five-factor theory of personality. In L. Pervin & O. P. John (Eds.), *Handbook of personality* (2nd ed., pp. 139–153). New York, NY: Guilford Press.

McCrae, R. R., & Costa, P. T. (2008). Empirical and theoretical status of the Five-Factor Model of personality traits. In G. J. Boyle, G. Matthews, & D. H. Saklofske (Eds.), *The Sage handbook of personality theory and assessment: Personality theories and models* (Vol. 1, pp. 273–295). London, UK: Sage.

McCrae, R. R., Costa, P. T., Jr., Ostendorf, F., Angleitner, A., Hrebíčková, M., Avia, M. D., … Smith, P. B. (2000). Nature over nurture: Temperament, personality, and lifespan development. *Journal of Personality and Social Psychology, 78*, 173–186.

McDaniel, M., Margaret, E., Perkins, W., Goggin, S., & Frankel, B. (2009). An assessment of the fakeability of self-report and implicit personality measures. *Journal of Research in Personality, 43*(4), 682–685.

McGregor, I., Nail, P. R., Marigold, D. C., & Kang, S. J. (2005). Defensive pride and consensus: Strength in imaginary numbers. *Journal of Personality and Social Psychology, 89*, 978–996.

McGue, M., Bacon, S., & Lykken, D. T. (1993). Personality stability and change in early adulthood: A behavioral genetic analysis. *Developmental Psychology, 29*, 96–109.

McKenzie, B., Ugbah, S. D., & Smothers, N. (2007). Who is entrepreneur? Is it still the wrong question? *Academy of Entrepreneurship Journal, 13*, 23–43.

Meeus, W., Iedema, J., Helsen, M., & Vollebergh, W. (1999). Patterns of adolescent development: Review of literature and longitudinal analysis. *Developmental Review, 19*, 419–461.

Meyer, G. J., Finn, S. E., Eyde, L. D., Kay, G. G., Moreland, K. L., Dies, R. R., ... Reed, G. M. (2001). Psychological testing and psychological assessment. A review of evidence and issues. *American Journal of Psychology, 56*(2), 128–165.

Miller, J. D., Lynam, D., & Leukefeld, C. (2003). Examining antisocial behavior through the lens of the five factor model of personality. *Aggressive Behavior, 29*(6), 497–514.

Mischel, W. (1968). *Personality and assessment.* New York, NY: Wiley.

Monroe, S. M., & Simons, A. D. (1991). Diathesis—Stress theories in the context of life stress research: Implications for the depressive disorders. *Psychological Bulletin, 110*(3), 406–425.

Morgeson, F. P., Campion, M. A., Dipboye, R. L., Hollenbeck, J. R., Murphy, K., & Schmitt, N. (2007). Reconsidering the use of personality tests in personnel selection contexts. *Personnel Psychology, 60*(3), 683–729.

Moutafi, J., Furnham, A., & Tsaousis, I. (2006). Is the relationship between intelligence and trait neuroticism mediated by test anxiety? *Personality and Individual Differences, 40*(3), 587–597.

Mueller-Hanson, R., Heggestad, E. D., & Thorton, G. C., III. (2003). Faking and selection: The use of personality from select-in and select-out perspectives. *Journal of Applied Psychology, 88*, 348–355.

Murray, H. A. (1938). *Explorations in personality.* New York, NY: Oxford University Press.

Murray, H. A. (1943). *Thematic Apperception Test.* Cambridge, MA: Harvard University Press.

Nanninga, R. (1996). The Astrotest: A tough match for astrologers. *Correlation, Northern Winter, 15*(2), 14–20.

National Center for Health Statistics. (2004). *Almost half of Americans use at least one prescription drug, annual report on nation's health shows.* Retrieved from http://www.cdc.gov/nchs/pressroom/04news/hus04.htm

Newman, D. L., Caspi, A., Moffitt, T. E., & Silva, P. A. (1997). Antecedents of adult interpersonal functioning: Effects of individual differences in age-3 temperament. *Developmental Psychology, 33*, 206–217.

Norman, W. T. (1967). *2800 personality trait descriptors: Normative operating characteristics for a university population.* Ann Arbor, MI: Department of Psychology, University of Michigan.

O'Boyle, E., Humphrey, R. H., Pollack, J. M., Hawver, T. H., & Story, P. (2010). The relation between emotional intelligence and job performance: A meta-analysis. *Journal of Organizational Behavior.* Advance online publication.

O'Connor, M., & Paunonen, S. (2007). Big Five personality predictors of post-secondary academic performance. *Personality and Individual Differences, 43,* 971–990.

O'Gorman, J., & Baxter, E. (2002). Self-control as a personality measure. *Personality and Individual Differences, 32,* 533–359.

Ones, D. S., Dilchert, S., Viswesvaran, C., & Judge, T. A. (2007). In support of personality assessment in organizational settings. *Personnel Psychology, 60,* 995–1027.

Ones, D. S., & Vishveswaran, C. (2011). Individual differences at work. In T. Chamorro-Premuzic, S. von Stumm, & A. Furnham (Eds.), *The Wiley-Blackwell handbook of individual differences* (pp. 379–407). London, UK: Wiley-Blackwell.

Ones, D. S., Viswesvaran, C., & Dilchert, S. (2005). Cognitive ability in personnel selection decisions. In A. Evers, O. Voskuijl, & N. Anderson (Eds.), *Handbook of selection* (pp. 143–173). Oxford, UK: Blackwell.

Ones, D. S., Viswesvaran, C., Hough, L. M., & Dilchert, S. (2005). Managers, leaders, and executives: Successful personality. In J. Deller & D. S. Ones (Eds.), *International symposium on personality at work: Proceedings* (p. 8). Lüneburg, Germany: University of Applied Sciences.

Ones, D. S., Viswesvaran, C., & Reiss, A. D. (1996). Role of social desirability in personality testing for personnel selection: The red herring. *Journal of Applied Psychology, 81*(6), 660–679.

Ones, D. S., Viswesvaran, C., & Schmidt, F. L. (1993). Comprehensive meta-analysis of integrity test validities: Findings and implications for personnel selection and theories of job performance. *Journal of Applied Psychology, 78,* 679–703.

Organisation for Economic Cooperation and Development (OECD). (2011a). *Education at a glance: 2011 indicators; how does educational attainment affect participation in the labour market?* Retrieved March 10, 2012, from www.oecd.org/dataoecd/61/62/48630772.pdf

Organisation for Economic Cooperation and Development (OECD). (2011b). *Education at a glance: 2011 indicators; what proportion of national wealth is spent on education?* Retrieved March 10, 2012, from www.oecd.org/dataoecd/61/17/48630884.pdf

Ozer, D. J., & Benet-Martinez, V. (2006). Personality and the prediction of consequential outcomes. *Annual Review of Psychology, 57,* 201–221.

Ozer, D. J., & Reise, S. P. (1994). Personality assessment. *Annual Review of Psychology, 45,* 357–388.

Pavot, W., & Diener, E. (2011). Personality and happiness: Predicting the experience of subjective well-being. In T. Chamorro-Premuzic, A. Furnham, & S. von Stumm (Eds.), *Handbook of individual differences* (pp. 699–717). London, UK: Wiley-Blackwell.

Pavot, W., Diener, E., Colvin, C. R., & Sandvik, E. (1991). Further validation of the satisfaction with life scale: Evidence for the cross-method convergence of well-being measures. *Journal of Personality Assessment, 57,* 149–161.

Pearson, K. (1896). Mathematical contributions to the theory of evolution. III. Regression, heredity and panmixia. *Philosophical Transactions of the Royal Society of London, Series A, 187,* 253–318.

Penner, L. A. (2002). The causes of sustained volunteerism: An interactionist perspective. *Journal of Social Issues, 58,* 447–467.

Penner, L. A., Fritzsche, B. A., Craiger, J. P., & Freifeld, T. R. (1995). Measuring the prosocial personality. In J. Butcher & C. D. Spielberger (Eds.), *Advances in personality assessment* (Vol. 10, pp. 147–163). Hillsdale, NJ: Erlbaum.

Petrides, K. V., & Furnham, A. (2001). Trait emotional intelligence. Psychometric investigation with reference to established trait taxonomies. *European Journal of Personality, 15,* 425–448.

Plomin, R., & Daniels, D. (1987). Why are children in the same family so different from one another? *Behavioral and Brain Sciences, 10,* 1–60.

Ploubidis, G. B., & Grundy, E. (2009). Personality and all-cause mortality: Evidence for indirect links. *Personality and Individual Differences, 47,* 203–208.

Poropat, A. (2009). A meta-analysis of the five-factor model of personality and academic performance. *Psychological Bulletin, 135,* 322–332.

Raine, A., Brennan, P., Mednick, B., & Mednick, S. A. (1996). High rates of violence, crime, academic and behavioural problems in males with both early neuromotor deficits and unstable family environments. *Archives of General Psychiatry, 53,* 544–549.

Rasul, F., Stansfeld, S. A., Hart, C. L., & Smith, G. D. (2005). Psychological distress, physical illness, and risk of coronary heart disease. *Journal of Epidemiology & Community Health, 59,* 140–145.

Rauch, A., & Frese, M. (2007). Let's put the person back into entrepreneurship research: A meta-analysis on the relationship between business owners' personality traits, business creation, and success. *European Journal of Work and Organizational Psychology, 16,* 353–385.

Redding, S. G., & Wong, G. Y. Y. (1986). The psychology of Chinese organization behaviour. In M. H. Bond (Ed.), *The psychology of Chinese people* (pp. 106–170). Hong Kong: Oxford University Press.

Renninger, L. A., Wade, T. J., & Grammer, K. (2004). Getting that female glance: Patterns and consequences of male nonverbal behavior in courtship contexts. *Evolution and Human Behaviour, 25,* 416–431.

Revelle, W., Wilt, J., & Condon, D. (2011). Individual differences and differential psychology: A brief history and prospect. In T. Chamorro-Premuzic, A. Furnham, & S. von Stumm (Eds.), *Handbook of individual differences* (pp. 3–38). Oxford, UK: Wiley-Blackwell.

Reynolds, P. D., Bygrave, W. D., & Autio, E. (2004). *Global Entrepreneurship Monitor 2003 executive report.* Babson Park, MA: Babson College.

Riemann, R., Grubich, C., Hempel, S., Mergl, S., & Richter, M. (1993). Personality and attitudes towards current political topics. *Personality and Individual Differences, 15,* 313–321.

Riggio, R. E., Friedman, H. S., & DiMatteo, M. R. (1981). Nonverbal greetings: Effects of the situation and personality. *Personality and Social Psychology Bulletin, 7,* 682–689.

Roberts, B. W. (1997). Plaster or plasticity: Are adult work experiences associated with personality change in women? *Journal of Personality, 65,* 205–232.

Roberts, B. W., Caspi, A., & Moffitt, T. (2003). Work experiences and personality development in young adulthood. *Journal of Personality and Social Psychology, 84,* 582–593.

Roberts, B. W., & DelVecchio, W. F. (2000). The rank-order consistency of personality traits from childhood to old age: A quantitative review of longitudinal studies. *Psychological Bulletin, 126,* 3–25.

Roberts, B. W., Kuncel, N. R., Shiner, R., Caspi, A., & Goldberg, L. R. (2007). The power of personality: The comparative validity of personality traits, socioeconomic status, and cognitive ability for predicting important life outcomes. *Perspectives on Psychological Science, 2*, 313–345.

Roberts, B. W., Walton, K. E., & Viechtbauer, W. (2006). Patterns of mean-level change in personality traits across the life course: A meta-analysis of longitudinal studies. *Psychological Bulletin, 132*, 3–27.

Roberts, B. W., Wood, D., & Smith, J. L. (2005). Evaluating five-factor theory and social investment perspectives on personality trait development. *Journal of Research in Personality, 39*, 166–184.

Robins, R. W., Caspi, A., & Moffitt, T. E. (2002). It's not just who you're with, it's who you are: Personality and relationship experiences across multiple relationships. *Journal of Personality, 70*(6), 925–964.

Robinson, D. L. (1996). *Brain, mind, and behavior: A new perspective on human nature.* Westport, CT: Praeger Press.

Rorschach, H. (1921). *Psychodiagnostik: Methodik und Ergebnisse eines wahrnehmungsdiagnostischen Experiments.* Bern, Switzerland: Ernst Bircher.

Rosenthal, R. (1990). How are we doing in soft psychology? *American Psychologist, 45*(6), 775–777.

Rosenthal, R., & Rubin, D. B. (1982). Comparing effect sizes of independent studies. *Psychological Bulletin, 92*, 500–504.

Rossen, L., & Rossen, E. (2011). *Obesity 101.* New York, NY: Springer Publishing Company.

Rucas, S., Kaplan, H., Winking, J., Gurven, M., Gangestad, S., & Crespo, M. (2006). Female intrasexual competition and reputational effects on attractiveness among the Tsimane of Bolivia. *Evolution and Human Behavior, 27*, 40–52.

Rugulies, R. (2002). Depression as a predictor for coronary heart disease: A review and meta-analysis. *American Journal of Preventive Medicine, 23*, 51–61.

Rummel, R. (1994). *Death by government.* New Brunswick, NJ: Transaction.

Rushton, J. P., & Irwing, P. (2011). The general factor of personality. In T. Chamorro-Premuzic, S. von Stumm, & A. Furnham (Eds.), *The Wiley-Blackwell handbook of individual differences* (pp. 132–161). London, UK: Wiley-Blackwell.

Sachs, G. (1999). *Die Akte Astrologie* [The astrology file] (Rev. ed.). München, Germany: Goldmann.

Sackett, P. R. (2011). Integrating and prioritizing theoretical perspectives on applicant faking of personality measures. *Human Performance, 24*(4), 379–385.

Salekin, R. T. (2002). Psychopathy and therapeutic pessimism. Clinical lore or clinical reality? *Clinical Psychology Review, 22*, 79–112.

Salgado, J. F. (1997). The five factor model of personality and job performance in the European community. *Journal of Applied Psychology, 82*, 30–43.

Salgado, J. F. (2003). Predicting job performance using FFM and non-FFM personality measures. *Journal of Occupational and Organizational Psychology, 76*, 323–346.

Samuels, J., Bienvenu, J., Cullen, B., Costa, P. T., Eaton, W. W., & Nestadt, G. (2004). Personality dimensions and criminal arrest. *Comprehensive Psychiatry, 45*, 275–280.

Saroglou, V. (2002). Religion and the five factors of personality: A meta-analytic review. *Personality and Individual Differences, 32*(1), 15–25.

Saulsman, L. M., & Page, A. C. (2004). The Five-Factor Model and personality disorder empirical literature: A meta-analytic review. *Clinical Psychology Review, 23*(8), 1055–1085.

Schmidt, F. L., & Hunter, J. E. (1998). The validity and utility of selection methods in personnel psychology: Practical and theoretical implications of 85 years of research findings. *Psychological Bulletin, 124*, 262–274.

Schmidt, F. L., Hunter, J. E., McKenzie, R., & Muldrow, T. (1979). The impact of valid selection procedures on workforce productivity. *Journal of Applied Psychology, 64*, 609–626.

Schnabel, K., Asendorpf, J. B., & Greenwald, A. G. (2008). Using Implicit Association Tests for the assessment of implicit personality self-concept. In G. J. Boyle, G. Matthews, & D. H. Saklofske (Eds.), *The Sage handbook of personality theory and assessment: Vol. 2. Personality measurement and testing* (pp. 508–528). Los Angeles, CA: Sage.

Schnabel, K., Banse, R., & Asendorpf, J. B. (2006). Assessment of implicit personality self-concept using the Implicit Association Test (IAT): Concurrent assessment of anxiousness and angriness. *British Journal of Social Psychology, 45*, 373–396.

Schuerger, J. M. (2008). The Objective-Analytic Test Battery. In G. J. Boyle, G. Matthews, & D. H. Saklofske (Eds.), *The Sage handbook of* personality theory and assessment: Vol. 2. Personality measurement and testing (pp. 295–312). Los Angeles, CA: Sage.

Seibert, S. E., & Lumpkin, G. T. (2009). The relationship of personality to entrepreneurial intentions and performance: A meta-analytic review. *Journal of Management, 36*(2), 381–404.

Sen, S., Burmeister, M., & Ghosh, D. (2004). Meta-analysis of the association between a serotonin transporter promoter polymorphism (5-HTTLPR) and anxiety-related personality traits. *American Journal of Medical Genetics B, 127*, 85–89.

Shane, S. (2008). *The illusions of entrepreneurship: The costly myths that entrepreneurs, investors, and policy makers live by.* New London, CT: Yale University Press.

Shane, S., & Venkataraman, S. (2000). The promise of entrepreneurship as a field of research. *Academy of Management Journal, 25*, 217–226.

Shiner, R. L. (1998). How shall we speak of children's personality traits in middle childhood? A preliminary taxonomy. *Psychological Bulletin, 124*, 308–332.

Shontz, F. C. (1975). *The psychological aspects of physical illness and disability.* New York, NY: Macmillan.

Shumpeter, J. (1911). *The theory of economic development.* Cambridge, MA: Harvard University Press.

Silversthorne, C. (2001). Leadership effectiveness and personality: A cross-cultural evaluation. *Personality and Individual Differences, 30*, 303–309.

Simonton, D. K. (1986). Presidential personality: Biographical use of the Gouch adjective check list. *Journal of Personality and Social Psychology, 51*, 149–160.

Skinner, B. F. (1971). *Beyond freedom and dignity.* Indianapolis, IN: Hackett Publishing.

Smit, D. J., Posthuma, D., Boomsma, D. I., & De Geus, E. J. (2007). The relation between frontal EEG asymmetry and the risk for anxiety and depression. *Biological Psychology, 74*(1), 26–33.

Smith, T. W., & Spiro, A. (2002). Personality, health, and aging: Prolegomenon for the next generation. *Journal of Research in Personality, 36*, 363–394.

Smith, T. W., Uchino, B. N., Berg, C. A., Florsheim, P., Pearce, G., Hawkins, N.,…Yoon, H. C. (2008). Associations of self-reports versus spouse ratings of negative affectivity, dominance, and affiliation with coronary artery disease: Where should we look and who should we ask when studying personality and health? *Health Psychology, 27*, 676–684.

Snyder, M. (1987). *Public appearances, private realities: The psychology of self-monitoring.* New York, NY: W H Freeman.

Spearman, C. (1927). *The abilities of man: Their nature and measurement.* New York, NY: Macmillan.

Spinath, F. M., & Johnson, W. (2011). Behavior genetics. In T. Chamorro-Premuzic, S. von Stumm, & A. Furnham (Eds.), *The Wiley-Blackwell handbook of individual differences* (pp. 271–304). Oxford, UK: Wiley-Blackwell.

Steel, P., Schmidt, J., & Shultz, J. (2008). Refining the relationship between personality and subjective well-being. *Psychological Bulletin, 134*, 138–161.

Steffens, M. C., & Schulze-König, S. (2006). Predicting spontaneous big five behavior with implicit association tests. *European Journal of Psychological Assessment, 22*, 13–20.

Stein, M. I. (1963). *Personality measures in admissions: Antecedent and personality factors as predictors of college success.* New York, NY: College Entrance Examination Board (CEEB).

Sternberg, R. J. (1986). A triangular theory of love. *Psychological Bulletin, 93*, 119–138.

Stogdill, R. M. (1948). Personal factors associated with leadership: A survey of the literature. *Journal of Psychology, 25*, 35–71.

Stone, W. F., & Smith, L. D. (1993). Authoritarianism: Left and right. In W. Stone, G. Lederer, & R. Christie (Eds.), *Strength and weakness: The authoritarian personality today* (pp. 144–156). New York, NY: Springer Verlag.

Strack, F., & Deutsch, R. (2004). Reflective and impulsive determinants of social behavior. *Personality and Social Psychology Review, 8*, 220–247.

Suls, J., & Bunde, J. (2005). Anger, anxiety, and depression as risk factors for cardiovascular disease: The problems and implications of overlapping affective dispositions. *Psychological Bulletin, 131*, 260–300.

Swami, V. (2007). *The missing arms of Vénus de Milo: Reflections on the science of physical attractiveness.* Brighton, UK: Book Guild.

Swami, V., Buchanan, T., Furnham, A., & Tovée, M. J. (2008). Five-factor personality correlates of perceptions of women's body sizes. *Personality and Individual Differences, 45*, 697–699.

Swami, V., & Furnham, A. (2008). *The psychology of physical attraction*. London, UK: Routledge.

Swami, V., Furnham, A., Balakumar, N., Williams, C., Canaway, K., & Stanistreet, D. (2008). Factors influencing preferences for height: A replication and extension. *Personality and Individual Differences, 45*, 395–400.

Swami, V., Furnham, A., Chamorro-Premuzic, T., Akbar, K., Gordon, N., Harris, T.,...Tovée, M. J. (2010). More than skin deep? Personality information influences men's ratings of the attractiveness of women's body sizes. *The Journal of Social Psychology, 150*, 628–647.

Swami, V., Stieger, S., Haubner, T., Voracek, M., & Furnham, A. (2009). Evaluating the physical attractiveness and oneself and one's romantic partner: Individual and relationship correlates of the love-is-blind bias. *Journal of Individual Differences, 30*, 35–43.

Tellegen, A. (1982). *Brief manual for the Differential Personality Questionnaire*. Unpublished manuscript, University of Minnesota, Minneapolis, MN.

Terman, L. M., Sears, R. R., Cronbach, L. J., & Sears, P. S. (2002). *The Terman life-cycle study of children with high ability, 1922–1986, Volume 2, 1936–1945*. Ann Arbor, MI: Inter-University Consortium for Political and Social Research.

Tett, R. P., Jackson, D. N., & Rothstein, M. (1991). Personality measures as predictors of job performance: A meta-analytic review. *Personnel Psychology, 44*, 703–742.

Thomas, A., & Chess, S. (1977). *Temperament and development*. New York, NY: Brunner/Mazel.

Thorndike, R. L. (1959). California Psychological Inventory. In O. K. Euros (Ed.), *The fifth mental measurements yearbook*. Highland Park, NJ: Gryphon.

Tobin, R. M., Graziano, W. G., Vanman, E. J., & Tassinary, L. G. (2000). Personality, emotional experience, and efforts to control emotions. *Journal of Personality and Social Psychology, 79*, 656–669.

Tolman, E. C. (1938). The determiners of behavior at a choice point. *The Psychological Review, 45*(1), 1–41.

Tooby, J., & Cosmides, L. (1990). The past explains the present: Emotional adaptations and the structure of ancestral environments. *Ethology and Sociobiology, 11*, 375–424.

Trapman, S., Hell, B., Hirn, J. O. W., & Schuler, H. (2007). Meta-analysis of the relationship between the Big Five and academic success at university. *Journal of Psychology, 215*(2), 132–151.

Trapnell, P. D. (1994). Openness versus intellect: A lexical left turn. *European Journal of Personality, 8,* 273–290.

Trautwein, U., Lüdtke, O., Schnyder, I., & Niggli, A. (2006). Predicting homework effort: Support for a domain-specific multilevel homework model. *Journal of Educational Psychology, 98,* 438–456.

Tupes, E. C., & Christal, R. E. (1961). *Recurrent personality factors based on trait ratings.* Technical Report. TX: USAF, Lackland Air Force Base.

Tupes, E. C., & Christal, R. E. (1992). Recurrent personality factors based on trait ratings. *Journal of Personality, 60,* 225–251.

Twenge, J. M. (1997). Changes in masculine and feminine traits over time: A meta-analysis. *Sex Roles, 36,* 305–325.

Twenge, J. M. (2000). The age of anxiety? Birth cohort change in anxiety and neuroticism, 1952–1993. *Journal of Personality and Social Psychology, 79,* 1007–1021.

Twenge, J. M. (2001b). Birth cohort changes in extraversion: A cross-temporal meta-analysis, 1966–1993. *Personality and Individual Differences, 30,* 735–748.

Twenge, J. M., & Campbell, W. K. (2001). Age and birth cohort differences in self-esteem: A cross-temporal meta-analysis. *Personality and Social Psychology Review, 5,* 321–344.

Twenge, J. M., Zhang, L., & Im, C. (2004). It's beyond my control: A cross-temporal meta-analysis of increasing externality in locus of control, 1960–2002. *Personality and Social Psychology Review, 8,* 308–319.

Van Hiel, A., & Mervielde, I. (1996). Personality and current political beliefs. *Psychologica Belgica, 36,* 211–216.

Van Rooij, J. J. F. (1994). Introversion-extroversion: Astrology versus psychology. *Personality and Individual Differences, 16*(6), 985–988.

Van Rooij, J. J. F. (1999). Self-concept in terms of astrological Sun-sign traits. *Psychological Reports, 84,* 541–546.

Vermetten, Y., Lodewijks, J., & Vermunt, J. (2001). The role of personality traits and goal orientations in strategy use. *Contemporary Educational Psychology, 26*(2), 149–170.

Verona, E., Patrick, C. J., & Joiner, T. T. (2001). Psychopathy, antisocial personality, and suicide risk. *Journal of Abnormal Psychology, 110,* 462–470.

Viding, E., Blair, R. J. R., Moffitt, T. E., & Plomin, R. (2005). Evidence for substantial genetic risk for psychopathy in 7-year-olds. *Journal of Child Psychology and Psychiatry, and Allied Disciplines, 46*(6), 592–597.

Vollrath, M. (2001). Personality and stress. *Scandinavian Journal of Psychology, 42*, 335–347.

Von Eye, A., Lösel, F., & Mayzer, R. (2003). Is it all written in the stars? A methodological commentary on Sachs' astrology monograph and re-analyses of his data on crime statistics. *Psychology Science, 45*(1), 78–91.

Von Stumm, S., Chamorro-Premuzic, T., & Ackerman, P. L. (2011). Re-visiting intelligence-personality associations; vindicating intellectual investment. In T. Chamorro-Premuzic, A. Furnham, & S. von Stumm (Eds.), *Handbook of individual differences* (pp. 217–241). London, UK: Wiley-Blackwell.

Von Stumm, S., Hell, B., & Chamorro-Premuzic, T. (2011). The "hungry mind": Intellectual curiosity as third pillar of academic performance. *Perspectives on Psychological Science, 6*(6), 574–588.

Vul, E., Harris, C., Winkielman, P., & Pashler, H. (2009). Puzzlingly high correlations in fMRI studies of emotion, personality, and social cognition. *Perspectives on Psychological Science, 4*(3), 274–290.

Wacker, J., Chavanon, M. L., & Stemmler, G. (2006). Investigating the dopaminergic basis of extraversion in humans: A multilevel approach. *Journal of Personality and Social Psychology, 91*, 171–187.

Walton, K. E., & Roberts, B. W. (2004). On the relationship between substance use and personality traits: Abstainers are not maladjusted. *Journal of Research in Personality, 38*, 515–535.

Watson, D., Hubbard, B., & Wiese, D. (2000). Self-other agreement in personality and affectivity: Effects of acquaintanceship, trait visibility, and assumed similarity. *Journal of Personality and Social Psychology, 78*, 546–558.

Webb, E. (1915). *Character and intelligence: An attempt at an exact study of character.* Cambridge, UK: Cambridge University Press.

Wiebe, R. P. (2004). Delinquent behavior and the Five Factor model: Hiding in the adaptive landscape? *Individual Difference Research, 2*, 38–62.

Wilde, O. (2003). *The picture of Dorian Gray.* London, UK: Penguin Classics.

Wilson, G. D. (1973). *The psychology of conservatism.* London, UK: Academic Press.

Wilson, G. D. (1994). *Psychology for performing artists: Butterflies and bouquets.* London, UK: Jessica Kingsley.

Winston, A., Laikin, M., Pollack, J., Samstag, L. W., McCullough, L., & Muran, J. C. (1994). Short-term psychotherapy of personality disorders. *American Journal of Psychiatry, 151,* 190–194.

Wood, D., & Brumbaugh, C. C. (2009). Using revealed mate preferences to evaluate market force and differential preference explanations for mate selection. *Journal of Personality and Social Psychology, 96,* 1226–1244.

Woodworth, R. S. (1919). Examination of emotional fitness for warfare. *Psychological Bulletin, 16,* 59–60.

Yerkes, R. M., & Dodson, J. D. (1908). The relation of strength of stimulus to rapidity of habit-formation. *Journal of Comparative Neurology and Psychology, 18,* 459–482.

Zeidner, M., & Matthews, G. (2010). *Anxiety 101.* New York, NY: Springer Publishing Company.

Zhao, H., Siebert, S. E., & Lumpkin, G. T. (2010). The relationship of personality to entrepreneurial intentions and performance: A meta-analytic review. *Journal of Management, 36,* 381–404.

Zimmerman, M., & Coryell, W. (1989). DSM-III personality disorder diagnoses in a nonpatient sample: Demographic correlates and comorbidity. *Archives of General Psychiatry, 46*(8), 682–689.

Zuckerman, M. (1991). *Psychobiology of personality.* Cambridge, UK: Cambridge University Press.

Zuckerman, M. (1996). Psychobiology of sensation seeking. *Neuropsychobiology, 34,* 125–129.

찾아보기

저자 소개

Gorkan Ahmetoglu, PhD

심리학자이며 런던 골드스미스대학교와 헤이스롭대학의 초빙강사이다. 심리 측정, 인사, 조직 교육 및 개발 영역의 전문가로, 주요 연구 분야는 성격 심리학, 기업가 정신, 소비자 심리 등이다. 경제·사회연구위원회로부터 지원을 받아 기업가 정신에 관한 연구를 수행하였으며, 다수의 학술지에 많은 논문을 등재하였다. 여러 방송에 출연한 바 있으며 정부, 방송, 기업체 고문으로 HSBC, Channel 4, Google, Ford, Tesco, Sainsbury's, Mars, The Edrington Group, the office of Fair Trading, the British Brand Groups, The Grocer, Marketing magazine, KPMG, Harvard's Entrepreneurial Finance Lab과 연계하여 활동하고 있다.

Tomas Chamorro-Premuzic, PhD

성격프로파일과 성격검사 분야의 세계적 권위자이다. 현재 유니버시티칼리지런던 (UCL) 산업심리학 교수이자 뉴욕대학교 초빙교수로 있으며 런던경제대학에서 강의를 하기도 했다. 6권의 책을 저술했으며 100편 이상의 논문으로 그 세대 가장 많은 논문을 기고한 사람 중 한 명이기도 하다. 이사로 있는 미국심리학회와 개인차 연구를 하는 International Society에서 상을 받기도 하였으며 UCL 산업조직 심리학과와 런던골드스미스대학교 직업심리학 MSC 프로그램의 이사를 역임하기도 했다. 지난 20년 동안 민간 및 공공 기관에서 컨설팅 서비스를 제공하고 있으며 JP Morgan, HSBC, JLT group, Prudential, Unilever, Reckitt Benckiser, Entrepreneurial Finance Lab과 연계하여 활동하고 있다. 방송 출현만 해도 200회가 넘으며 BBC, CNN, Sky News에 70회 이상 출현하여 심리적인 전문 지식을 제공하였다. 또한 경제부에서 기조연설자로도 활동하고 있다.

역자 소개

정미경

학력 연세대학교 화학과 학사

아주대학교 대학원 상담심리 석사

아주대학교 대학원 교육상담 및 심리 박사

현직 원광디지털대학교 상담심리학과 초빙교수

아주대학교 교육대학원 상담심리 전공 겸임교수

한국노년교육학회 이사

경력 용문상담심리대학원대학교 전임강사

아주대학교 대학원, 용인대학교, 강남대학교, 대진대학교 강사

서울시 영등포구 노인상담센터 전문자문위원

경기도 가족여성연구원 자문위원

경기복지재단 연구 개발위원

노인교육지도사

저서 노인복지상담(공저, 공동체, 2013)

김동현

학력 고려대학교 교육학과 학사

서울교육대학교 대학원 초등상담학 석사

아주대학교 대학원 교육상담 및 심리 박사

현직 용인한일초등학교 교사

아주대학교 교육대학원 심리치료 전공 겸임교수

교육부 학교생활컨설턴트

경력 아주대학교 교육대학원 강사

미국 시애틀퍼시픽대학교 박사후연구원

청소년 상담사 1급

저서 아동과 청소년을 위한 긍정상담(공저, 학지사, 2014)

학교폭력의 이해와 대책(공저, 시그마프레스, 2014)